한눈으로 보는
신약성경

이노균 지음

한눈으로 보는 신약성경

초판발행_ 2002년 6월 12일
개정1판_ 2013년 5월 24일

지 은 이_ 이노균
펴 낸 곳_ 도서출판 美南
등록번호_ 02-06-162
주　　소_ 부산광역시 동래구 사직1동 100-7
전　　화_ 051) 502-0763
팩　　스_ 051) 503-2241

공 급 처_ (주)비전북
주　　소_ 경기도 고양시 일산서구 송산로 499-10(덕이동)
전　　화_ 031) 907-3927

값 13,000원

※ 파본은 바꾸어 드립니다.

한눈으로 보는 신약성경

이번 이노균 목사님이 한눈으로 보는 구약성경에 이어서 자매편으로 한눈으로 보는 신약성경을 출판하게 된 것을 먼저 축하하는 바이다.

신약성경도 구약성경과 마찬가지로 역사적 관점에서 성경연구를 시도한 점이 돋보인다. 특별히 구약성경과 신약성경의 교량 역할을 하는 중간사(中間史)를 간단명료하게 해설하여 신약성경을 쉽게 접근할 수 있게 하였다.

본서를 통하여 신약의 세계를 이해하는데 큰 도움이 되리라 믿어 이에 추천하는 바이다.

전 총신대학장 김의환

기독교를 가리켜 '책의 종교'
(Religion of books)라고 말합니다.
기독교는 구약성경과 신약성경 곧 경
전으로써 성경을 소지하고 있기 때문
입니다. 이 점이 기독교가 타 종교와
의 큰 차이점으로 간주되어 왔습니
다. 기독교가 발생할 당시 헬라 로마
에는 많은 종교들이 있었습니다. 그
러나 그 종교는 제단이나 상(像)이 있
었고 제의(祭儀)의 종교였습니다. 가
르침이나 권면이 없었습니다. 정해진
절차에 따라 의식을 행하면 됩니다.
그러니 기독교는 신상이나 제단은 없
었으나 처음부터 책이 있었고, 그 책
에 기초하여 가르치고 권면했습니다.
그래서 초기 기독교는 학파나 학문집
단으로 간주되기도 했습니다. 저명한
사학자인 에드윈 저지(Edwin
Judge)는 이런 점에서 기독교를 '학
문공동체'(scholastic community)
라고 명명한 바 있습니다.

실제로 우리에게는 구약과 신약이
있으나 이 책에 대해 깊이 알지 못하
는 것이 현실입니다. 신앙생활을 오
래하신 분들도 성경의 내력에 대한
이해가 부족합니다. 이런 현실에서
성도들에게 성경에 대한 바른 이해

를 돕기 위하여 이노균 목사님은 구약성경에 대한 해설서인 『한눈으로 보는 구약성경』을 출판한 바 있고, 이어서 이번에 『한눈으로 보는 신약성경』을 펴내게 된 것으로 압니다. 우리는 신약성경을 사랑하고 순종하며 읽고 있다고 말하지만, 이 책이 어떤 역사적 배경에서 형성되었고, 어떤 내용으로 구성되어 있고, 신약의 본문이 어떤 과정을 거쳐 오늘 우리 손에 들려지게 되었는가에 대해 잘 알지 못하고 있습니다. 이런 점을 고려하여 이노균 목사님은 성도들이 반드시 알아야 할 신약성경에 대한 해설집을 출판하게 된 것으로 알고 있습니다. 이것은 아마도 저자이신 이 목사님께서 목회하시면서 이런 류의 책이 절실하다는 필요에서 이 책을 출판한 것으로 압니다. 목회적 동기가 이 책 출판의 정신이라고 생각합니다.

이 책은 예수님의 생애와 가르침을 이해할 수 있도록 중간사라고 불리는 예수님 탄생 이전의 역사적 배경과 탄생 당시 헬라 로마적 상황을 아주 간단하면서도 분명하게 제시하고 있습니다. 또 신약사라고 할 수 있는 역사적 배경을 예수님의 삶의 여정과 대비하여 설명했고, 신약의 각 책에 대해 적절하게 해설하고 있습니다. 저는 이 책이 아주 긴요한 책이라고 생각합니다. 저는 두 가지 점에서 이 책을 가장 적절한 신약성경 해설서라고 확신합니다. 첫째는 이 책은 개혁주의 혹은 복음주의적 관점에서 신약성경을 해설하고 있다는 점입니다. 그래서 안심하고 이 책을 권할 수 있습니다. 두 번째는 이 책은 교회에서 실제로 가르쳤던 경험을 기초로 하여 저술했기 때문에 독자들에 대한 사랑과 애정이 스며 있다는 점입니다.

이 책을 성경 찬송과 함께 두고 수시로 펴 보시고 읽으시면 성경을 잘 이해할 뿐만 아니라 바르게 이해하게 될 줄로 확신합니다. 이런 점에서 저는 기쁨으로 이 책을 추천합니다.

2013년 3월 25일

고신대학교 이 상 규 교수 겸 부총장

나는 50이 가까워서 총신 신
대원을 졸업하고 대구 서문교회에서
대학부를 지도하게 되었다. 중·고
등학교에서 근 20년간을 근무하면
서 전공 이외 숱한 과목을 가르쳐 보
았지만 별 어려움 없이 지도할 수 있
었다. 그러나 성경을 가르치려니 체
계적인 지식이 부족한 것을 절감하
게 되었다. 성경을 좀 쉽게 이해할
수 있는 교재가 없을까 백방으로 물
색해 보다가 적당한 책이 없어 직접
교재를 만들기로 작정하고 구약부터
시작했다. 학생들과 함께 공부하며
가르치며 2년간의 각고 끝에 한 권
의 교재를 만들게 되었다. 먼저
4000년의 구약의 역사를 정리하고
그 다음 구약성경 각 권이 어떤 역사
적 배경에서 기록되었으며 신학적
의미는 무엇인가를 밝혔다. 학생들
의 반응이 좋았다.

나는 교재에 대한 자신감을 갖게
되었고 부산중앙교회에 부임하여 구
역장 성경공부, 전 교인 성경공부(주
일 오후 예배)에 활용하여 많은 호평
을 받았다.

이어서 부산 여전도회 연합회 주부대학, 부산장신대. 각종 교사세미나에 활용하였더니 하나같이 찬사를 아끼지 않았다. 나는 직분이 무엇이던 모든 성도들이 한결같이 바라는 것은 성경을 알고싶어 한다는 사실을 알았다. 이 교재가 구약성경을 쉽게 접근할 수 있는 독창적인 방법이라고 스스로 자부한다.

부산중앙교회 시무하면서 신약성경도 같은 원리로 만들기로 작정했다. 신약이던 구약이던 역사를 모르면 성경을 바로 이해할 수 없다는 확신을 갖고, 먼저 구약과 신약의 교량 역할을 하는 400년간의 중간시대 역사를 서술하고 그리고 예수 그리스도의 탄생으로 시작되는 신약의 역사를 정리했다.

그 다음 신약성경 27권이 어떤 역사적 배경에서 기록 되었으며, 신학적인 의미와 특성이 무엇인가를 밝혔다.

신약의 세계를 폭 넓게 이해하기 위해서는 주변 분야 지식을 필요로 하므로 외경(外經)과 위경(僞經) 그리고 사본(寫本)과 역본(譯本)까지 핵심부분을 정리하였다.

이 교재도 구약성경과 같이 활용해 본 결과 같은 효과를 거둘 수가 있었다. 이 두 권의 책은 나의 오랜 목회생활의 동반자였다.

은퇴를 앞두고 ,〈한눈으로 보는 신약성경〉이란 제목으로 출판했다.

초판(2002년 5월 출판)이 절판되고 난 다음 10년 만에 다시 재판하면서 이상규 고신대학 교수 겸 부총장님의 추천서를 추가했다.

모쪼록 이 부족한 글이 신약성경을 알고 싶어 하는 분들에게 조금이라도 도움이 된다면 그 이상의 보람이 없겠다.

2013년 3월
경주 소금강산자락에서 이노균

목 차

한눈으로 보는 신약성경

제1편 신약사 >>>>>>>>>

제1장 중간사

18 **1. 바사(페르시아)시대(B.C. 539-331)**
18 　1) 고레스(B.C. 539-529)
19 　2) 캄비세스2세(B.C. 529-522)
19 　3) 스메레디스(B.C. 522)
19 　4) 다리오(B.C. 522-486)
20 　5) 아하수에로(B.C. 486-465)
20 　6) 아닥사스다(B.C. 465-425)

22 **2. 헬라시대(B.C. 331-167)**
22 　1) 알렉산더 대왕(B.C. 336-323)
24 　2) 프톨레미 왕조(B.C. 323-198)
26 　3) 셀류쿠스 왕조(B.C. 312-150)

32 **3. 마카비시대(B.C. 167-63)**
32 　1) 마카비 혁명
32 　2) 마카비 가보

35 　3) 하스모니안 왕조

39 **4. 로마시대(B.C. 63-70)**
39 　1) 힐카누스 2세(B.C. 63-40)
40 　2) 안티고누스(B.C. 40-37)
40 　3) 헤롯대왕(B.C. 37-A.D. 4)
42 　4) 헤롯의 후손들의 유다통치
43 　5) 로마의 총독정치
45 　6) 유대인의 반란(A.D. 66-70)

46 **5. 유대종교**
46 　1) 유대주의의 발흥
46 　2) 사마리아인의 종파 대두
47 　3) 대제사장의 신분상의 변화
47 　4) 서기관의 활동영역 확대
48 　5) 제사장과 서기관간의 불화
48 　6) 회당의 확산
49 　7) 바사시대가 신앙에 끼친 결과

CONTENTS

50 **6. 유대교의 종파**
50 1) 바리새파
51 2) 사두개파
52 3) 에세네파
52 4) 열심당
53 5) 헤롯당

54 **7. 외경과 위경**
54 1) 외경
59 2) 위경

제 2 장 신약사

71 **1. 예수 그리스도의 탄생과 사역**
72 1) 예수 그리스도의 탄생과 성장
72 2) 예수 그리스도의 사역
74 3) 예수 그리스도의 수난과 부활
78 4) 예수 그리스도의 지상명령
78 5) 예루살렘교회의 창설

79 **2. 사도시대**
79 1) 12사도
87 2) 바울사도

90 **3. 기독교 박해**
90 1) 박해의 원인
91 2) 박해의 방법
91 3) 박해의 결과

92 **4. 초대교회 이단**
92 1) 혼합적 이단
93 2) 유대적 이단

94 **5. 사도후 시대(교부시대)**
94 1) 속사도 교부
98 2) 변증가
100 3) 헬라교부
104 4) 라틴교부

목 차

한눈으로 보는 신약성경

제 2 편 신약개론 >>>>>>>>

제 1 장 신약전서의 서론

115 1. 신약성경

115 2. 신약의 편성

116 3. 신약의 저자

117 4. 서신서의 수신자(교회)

118 5. 신약의 수집

118 6. 기록언어 및 원본

제 2 장 신약개론

121 1. 마태복음

134 2. 마가복음

143 3. 누가복음

154 4. 요한복음

164 5. 사도행전

178 6. 로마서

187 7. 고린도전서

196 8. 고린도후서

203 9. 갈라디아서

212 10. 에베소서

221 11. 빌립보서

229 12. 골로새서

236 13. 데살로니가전서

244 14. 데살로니가후서

CONTENTS

248 15. 디모데전서

257 16. 디모데후서

263 17. 디도서

270 18. 빌레몬서

277 19. 히브리서

285 20. 야고보서

294 21. 베드로전서

303 22. 베드로후서

308 23. 요한일서

315 24. 요한이서

318 25. 요한삼서

321 26. 유다서

326 27. 요한계시록

부록 1 >>> 부록 2

344 부록 1

공관복음서 대조표

351 부록 2

성경번역사

제1편 신 약 사

제1장 · 중간사

구약의 역사는 유다가 바벨론에게 멸망당하여 포로로 끌려갔다가 돌아오는 것으로 끝을 맺는다. B.C. 586년 유다는 바벨론에 멸망당하고 포로로 끌려갔다. 그러나 오래지 않아 바벨론을 멸망시킨 바사의 고레스왕은 유대민족에게 본국으로의 귀환을 허락하였다. 그리하여 B.C. 536년 가장 먼저 세스바살과 스룹바벨 지도 하에 유대인 약 5만여 명이 돌아와 성전을 건축하였다.(B.C. 566) 또한 아닥사스다(B.C. 465-424)왕 때에는 왕의 술관원인 느헤미야가 유다 총독으로 임명되어 본토에 돌아와서 예루살렘 성을 쌓고 유다백성을 지도하는 것으로 구약의 역사는 끝이 난다. 그로부터 약 400년 뒤에 예수님이 이 땅에 오셔서 신약의 역사가 시작된다. 그 사이 400년간은 성경이 침묵하고 있다. 그러나 신학적으로 그리스도의 도래와 복음선포를 위한 준비가 활발하였으며, 정치적으로는 유다 백성이 많은 신흥국가들의 지배를 받아왔다. 400년간 팔레스틴을 지배한 나라별로 시대를 구분하면 다음과 같다.

① 바사 시대(B.C. 539-331)
② 헬라 시대(B.C. 331-167)
③ 마카비 시대 - 자치행정(B.C. 167-63)
④ 로마 시대(B.C. 63 이후)

1. 바사(페르시아)시대 (B.C. 539-331)

B.C. 586년 유다는 바벨론에게 멸망당하고 3차에 걸쳐 바벨론으로 포로되어 갔다. 그러나 오래지 않아 바벨론은 바사에게 멸망당하고(B.C. 537-539) 포로민으로 끌려갔던 유다 백성은 신흥제국 바사의 지배를 받게 되었다.

1) 고레스 (B.C. 539-529)

고레스는 B.C. 559년 40세의 나이로 메대제국의 안산국을 상속받았다. 그는 곧이어 메대를 정복하고 메대 - 바사제국을 세웠으며 뒤이어 바벨론까지 정복하였다.(B.C. 539) 고레스는 역대 바벨론왕과는 대조적으로 넓은 영토를 자신이 직접 다스리지 않고 제2의 통치자들에게 맡기고 다만 자신의 주권만을 인정받으려 하였다. 따라서 그의 통치정책은 정복 민족 및 국가들에게 최대한의 자유를 인정해주고 가능한 무력을 자제하는 유화정책을 실시했다. 그 결과로 각 민족은 그들의 독자적인 생활을 보장받게 되었고, 민족의 종교, 제사제도도 인정받았다. 이러한 관대한 정치로 그는 역사상 정복자들 가운데 가장 존경받는 인물로 평가받고 있다. 한편 알렉산더 대왕이 그의 무덤을 수축했다는 일화도 남아있다. 이렇게 정치적으로, 종교적으로 유화정책을 쓴 고레스왕은 특별히 유대인을 더욱 크게 배려해 주었다. 통치 원년에 귀환이 허락되어(스 1:1-5, 대하 36:23)

유대인들은 느부갓네살이 탈취해갔던 성전 기명을 모두 받아 가지고 세스바살의 인솔하에 귀환하게 되었다. 이에 대해 이사야서에는 고레스왕을 "하나님의 기름부음 받은 자"(사 45:1)로 소개하고 있는데 이는 그가 하나님의 도구가 되어 이스라엘의 적을 물리치고 이스라엘 민족에게 자유를 주었다는 의미로 사료된다. 고레스왕이 유대인에게 특히 관대했던 이유는 그의 주위와 왕국 내에 살았던 다니엘 같은 특출하고 성공한 유대인들이 많았기 때문이라고 보는 사람도 있다.

2) 캄비세스 2세 (B.C. 529-522)

고레스의 아들 캄비세스는 왕위를 이어받고 등극한 후 애굽을 침공하면서 왕위찬탈의 반역을 막기 위해 엄밀하게 자신의 형제인 스메레디스를 살해하였다. 그러나 불행하게도 전쟁 중에 스메레디스로 자처하는 사람(가우마타)에 의해 반란이 일어났다. 캄비세스는 애굽과의 전투에서 승리하고 돌아오다가 하마스(Hamath)에서 이 소식을 전해듣고 자살하고 만다. 그가 바로 사마리아 사람들이 유대인의 성전공사는 바사를 반역하는 행위라고 거짓 밀고할 때 성전공사를 중지시킨 왕이다.(스 4:24)

3) 스메레디스 (B.C. 522)

유사 스메레디스는 반란으로 정권을 쟁취하였으나 등극한지 8개월 만에 다리오에게 처형당했다.

4) 다리오 (B.C. 522-486)

캄비세스 2세의 장군이었던 다리오는 반란자였던 유사 - 스메레디스를 즉시 축출하였고, 페르시아를 반대하여 궐기한 9명의 속국 왕들과의 19회의 전투에서 승리한 후에 2년 안에 페르시아의 모든 영토와 민간업무들을 효율적으로 장악하는 강력한 중앙정부를 구축하였고, 군대도 완전히 장악하였다. 그는 우편제도를 수립하여 수사(Susa)에서 사데(Sardis)와 에베소에 이르기까지 111개의 연락소들을 설치하였다. 궁중의 급사(急使)들이 급보를 전하는데 말들을 이용하여 마차로는 석 달이나 걸리는 길을 일주일 동안 릴레이식으로 완주하게 하였다. 특별히 캄비세스 2세 때에 중지되었던(스 4:24) 성전 건축 공사는 다리오왕의 통치 기간에 학개선지자와 스가랴선지자의 활동으로 재개되었다.

5) 아하수에로 (B.C. 486-465)

다리오의 아들 아하수에로가 B.C. 486년에 다리오를 이어 왕위에 등극하였다. 아하수에로 왕은 즉위하자마자 부왕의 통치기간동안 지속적으로 저항하였던 헬라를 침공하고자 하였다. 그의 통치3년(B.C. 483년)에 그는 에스더서(1:3-8)에서 언급된 한 연회에서 그의 정부 및 군사 수뇌들에게 헬라 침공에 대한 자신의 계획을 알렸다. 3년 후 그는 헬라를 침공하였지만 B.C. 480년 9월 살라미에서 패전하여 페르시아로 돌아와 B.C. 479년 12월 (혹은 478년 1월)경에 에스더와 결혼하였다.(에 2:16) 에스더와 모르드개가 유대인을 멸절하려는 하만의 계획을 분쇄하였고, 이를 기념하여 부림절의 절기가 B.C. 473년 3월9일(10일)에 제정되었다.

6) 아닥사스다 (B.C.465-425)

아하수에로의 아들 아닥사스다가 위에 오르자 유대인들은 더 견고한 위치를 얻었으며 예루살렘을 요새화하였다. B.C. 459년에 에스라가 출현하여(스 7:1-10) 율법을 낭독, 해석, 교육하였다. 특히 이방인들과의 잡혼을 경고하고, 순수한 혈통을 지킬 것을 강조했다. 그의 말은 종교적, 정치적 구속력이 있었다. 뿐만 아니라 B.C. 446년에는 느헤미야가 예루살렘을 방문하였다(느 1:1, 2:1). 그의 1차 방문은 총 12년이 소요되었다. B.C. 443년 9월에 성벽을 건축하고 성전을 보수하였다.(느 3:1-32) 430년경에 그는 2차로 예루살렘을 다시 방문했다. 에스라와 느헤미야의 활동결과로 예루살렘은 비교적 자유로운 정치적 독립성을 회복하고 유대민족의 중심지로 부상하였다. 그러나 왕권과 정치력이 완전히 회복되지 못한 상태에서 대제사장이 백성의 지도자 노릇을 함으로써 사제중심의 종교사회로 발전하였다. 예배의식, 제사제도 등이 발달하고 율법교육과 율법의 준수가 민족적 삶의 가장 큰 관심사가 된 것도 이 시기였다. 지도층은 대개 대제사장, 귀족 혹은 장로, 율법학자 등으로 구성되었다. 한편 바사제국은 아닥사스다왕을 정점으로 점점 쇠퇴하여 아닥사스다 사후 백년이 못 되어 헬라제국에게 멸망당하였다.

2. 헬라시대 (B.C. 331-167)

1) 알렉산더 대왕 (B.C. 336-323)

(1) 대왕의 정복사업

알렉산더 대왕은 B.C 356년 벨라에서 마케도니아왕 필립의 아들로 출생하였다. 13세때 아리스토텔레스 문하에서 수학하였고 이때부터 헬라 문예에 깊은 동경심을 갖게 되었다.

한편 필립 왕은 그의 통치영역을 희랍(그리스) 전체로 확장시켰고 바사와 큰 전쟁을 준비하다가 피살되었다. 그로 말미암아 알렉산더 대왕은 불과 나이 20세에 마케도니아의 왕관을 이어받았다. 그가 즉위하자마자 가장 먼저 시작한 일은 마케도니아에서 자기가 왕위에 오르는 것을 못마땅히 여기는 무리를 진멸하고 자기의 위를 견고히 하는 것이었다. 그 후 그의 평생 사업인 외국정벌을 시작하였다. B.C. 334년경 그는 페르시아(바사) 원정의 길에 올라 B.C. 332년 유대를 정복하고 그 다음 애굽을 침공했는데, 애굽이 페르시아 황제를 배반하고 알렉산더 대왕을 맞이하여 아무런 저항없이 애굽을 정복할 수 있었다. 알렉산더 대왕은 평화적으로 애굽을 정복한 것을 기념하여 알렉산드리아를 건설하였다. 애굽을 정복한 알렉산더 대왕은 그 대세를 몰아 B.C. 330년에는 페르시아 정복을 완료하고 이어서 지중해 전역을 점령하였다. 그 다음 그의 발길을 동방으로 돌려 멀리 인도로 진군하여 인도군의 최강부대를 격파하고 갠지스강까지 가고자 하였다. 그러나 사정이 여의치 않아 부득이 회군하여 아라비아 정복 계획을 세우고(B.C. 331) 새로운 군함을 조성케 하였다. 대왕은 고향으로 돌아오던 중 바벨론에서 주연을 베풀며 대취하다가 열병이 발병하였고 발병한 지 불과 몇 시간 만에 마케도니아 군인들의 말없는 비애의 고별인사를 받으며 33세의 일기로 사망하였다.(B.C. 323)

(2) 대왕과 유대인

알렉산더 대왕은 333년 잇수스(Issus)에서 다리오 3세의 대군을 격파하고 방향을 돌려 지중해 동편 연안도시를 정복해 나갔다. 두로와 가사를 차례로 정복하고 예루살렘으로 향하였다. 요세푸스에 따르면 알렉산더가 두로를 포위했을 때 예루살렘의 제사장에게 후원군과 군량미를 지원해 달라고 요청했다고 한다. 이때 예루살렘 대제사장은 바사왕에게 충성을 맹세했기에 지원할 수 없다고 거절했고, 알렉산더는 복수를 다짐하고 두로와 가사를 점령한 뒤 예루살렘으로 달려왔다. 그런데 예루살렘의 성전이 목전에 다다랐을 때 이상한 행렬이 성문으로부터 나오는 것을 그는 목도하였다. 그 행렬 선두에는 예복을 갖추어 입은 대제사장 야두아(Jaddua)가, 그 곁에는 흰 예복의 제사장들이 있었으며, 그 뒤로 전 시민이 흰옷을 입고 따라나오는 것이었다. 그들은 평온한 태도로 대왕을 영접하려는 듯했다. 이에 알렉산더는 유대인의 대제사장 앞에 엎드려 말할 수 없이 높으신 여호와의 성호를 경배하였다. 이 광경을 지켜본 알렉산더의 군인들은 대단히 놀랐다. 장교 중 '바미니오'가 홀로 실례를 무릅쓰고 질문하기를 "어찌하여 모든 사람에게 경배를 받는 대왕께서 유대인의 대제사장에게 경배하나이까?"하니 대왕은 대답하기를 "짐이 그에게 경배함이 아니라 그가 경배하는 하나님께 경배함이라 오래 전에 짐이 마케도니아에서 꾼 꿈 가운데 이와 같은 예복을 입은 사람을 보았는데, 그가 짐을 재촉하여 곧 바사 정복을 시작하고 또 성공하도록 힘쓰라는 말을 하였다"고 대답하였다. 이에 알렉산더는 대제사장의 호의를 받으며 입성하고 대제사장의 인도로 성전에서 하나님께 제사를 드렸다. 이때 어떤 사람이 알렉산더에게 헬라왕이 바사국을 정복하리라고 기록한 선지자 다니엘의 예언서를 보이니 자기가 곧 그 사람인 줄 알고 감사의 뜻으로 유대인에게 종교에 대한 자유를 주고 7년마다(안식년) 한번씩 면세할 것과 자기 군대에 지원하는 유대인에게는 특전을 베풀 것을 약속하므로 많은 유대인이 지원했

다고 한다. 비록 이런 이야기가 많은 학자들에게 비판을 받고 있을지라도
알렉산더가 유대인에게 호의적이었다는 것은 부인할 수 없다. 유대인에게
있어서 바사의 지배 하보다 헬라의 지배를 받을 때가 더욱 유익했다는 것은
확실하다. 알렉산더의 정복사업이 가져다준 중요한 결과 중의 하나는 유대
인의 광범위한 분산인데 이것은 뒤에 기독교 전파에 큰 도움을 주었다.

2) 프톨레미 왕조 (B.C. 323-198)

(1) 프톨레미 1세 (B.C. 323-283)

알렉산더가 죽자 제국은 그의 부하인 4명의 장군에 의해 분할되었다.
프톨레미는 애굽을, 리시마쿠스는 비두니아를, 셀류쿠스는 바벨론의 속주
를, 카산더는 마케도니아를 각각 할당받았다. 애굽을 지배한 프톨레미 왕
조는 향후 100년동안 애굽을 통치하면서 팔레스틴을 지배하게 되었고 이
로 인하여 1세기 동안 유대인들은 프톨레미 왕조의 통치하에 들어갔다.

[프톨레미 왕조의 왕계표]

프톨레미 1세	(Lagus의 아들)	B.C. 323~283
프톨레미 2세	(Philadelphus)	B.C. 283~247
프톨레미 3세	(Euergetes)	B.C. 247~221
프톨레미 4세	(Philopater)	B.C. 221~203
프톨레미 5세	(Epiphanes)	B.C. 203~181
프톨레미 6세	(Philometor)	B.C. 180~146
프톨레미 7세	(Euergetes 2세)	B.C. 145~117

프톨레미 1세는 팔레스틴의 유대인에게 처음에는 엄격하였으나 후에는
관대하게 공직에도 임명하고 높은 직위도 허락하였다. 프톨레미 1세는 알
렉산드리아에 박물관과 도서관을 건축하였고 학문을 크게 숭상하였다.

이때, 탁월한 수학자 유클리드는 궁정에서 기하학을 가르치기도 하였다.

(2) 프톨레미 2세 (B.C. 283~247)

프톨레미 1세의 막내아들 필라데푸스가 부왕의 위를 계승하여 프톨레미 2세로 등극하였다. 그는 프톨레미 왕가에서 가장 뛰어난 인물이었다. 비록 몸이 약해서 수리아와의 세력 다툼에선 기선을 잡지 못하였지만 문예와 상업을 신장시켜 국위를 크게 떨쳤다. 이때 유대인에게는 많은 자유가 주어졌고 특별히 알렉산드리아에 있던 유대인들은 구약성경을 헬라어로 번역하였다(70인역). 프톨레미 2세의 통치기간 동안 헬라어 성경은 온 나라에 널리 읽혀지게 되었다.

(3) 프톨레미 3세 (B.C. 247-221)

프톨레미 2세가 거칠고 사치스런 생활 때문에 62세로 일찍 죽고, 그의 아들 유에르게테스가 프톨레미 3세로 등극하였다. 프톨레미 3세도 부왕과 같이 학문을 크게 숭상했다. 유명한 천문학자인 에라스토스테네스, 과학자인 아르키메데스도 이 때 크게 활약하였다.

(4) 프톨레미 4세 (B.C. 221-203)

프톨레미 4세때 첨예하게 대립하였던 수리아와 전쟁이 발발하였다.

그러나 왕은 팔레스틴을 점령하려는 수리아의 침공을 분쇄하고 승리하였다. 왕은 승리를 축하하기 위하여 팔레스틴을 포함하여 동부지중해 연안을 여행하였다. 이때 예루살렘을 방문하고 성전에서 감사의 제물을 드리고 상당한 제물을 헌납하였다.

유대인의 전설에 따르면 왕은 유대인의 반대를 무릅쓰고 호기심으로 지성소에 들어가려고 하였으나 전신이 마비가 되어 쓰러졌다고 한다. 그는 예루살렘에서 귀환한 후 전날의 수치심과 분함 때문에 유대인의 모든 특전을 박탈하고 박해하기 시작했다.

이때 프톨레미 왕조의 호의 때문에 유대인을 미워하지 못했던 비유대인들도 유대인 박해에 가세하였다. 그러나 이 박해는 오래가지 못했다. 왕은 알렉산드리아에서 발견되는 모든 유대인들을 한데 모아 경기장에 몰아 넣고 술에 취한 코끼리들을 그 경기장 안으로 몰아넣었다. 그렇게 하면 그 코끼리들이 유대인들을 덮쳐 그들을 압사시킬 것으로 생각하였다. 그러나 흥분한 코끼리들은 오히려 경기장을 뛰쳐나가 구경하러 온 많은 사람들을 죽였다. 필로파텔은 이것을 하나님께서 유대인편을 드시는 것이라고 생각하여 그들에 대한 박해를 중단하였다.

프톨레미 4세 때부터 애굽은 사양길로 접어들었고 왕은 호색적이며 사치하였고 대단히 나태했다. 한편 국민의 원성이 높아갔으며 국내 반란이 빈번히 일어나서 국력이 점점 쇠퇴해 갔다.

(5) 프톨레미 5세 (B.C. 203-181)

프톨레미 4세를 이어 어린 왕자 에피파네스가 나이 불과 5세로 프톨레미 5세로 즉위하였다. 이 때 마케도니아와 수리아 왕이 군사동맹을 맺고 애굽을 공격하였다. 로마가 애굽을 자기들의 보호국이라고 경고를 보내자 일단 침공은 중지되었으나 수리아 왕 안티오쿠스 3세는 정략결혼(안티오쿠스 3세의 딸과 애굽왕의 어린왕자가 결혼)을 하고 팔레스틴과 피니키아를 양도받았다.(B.C. 198) 이리하여 프톨레미 왕조가 122년간 통치했던 팔레스틴은 수리아로 그 통치권이 넘어갔다.

3) 셀류쿠스 왕조 (B.C. 312-150)

셀류쿠스 왕조의 시조는 알렉산더 대제의 장군들 중 한사람인 셀류쿠스 니카터이다. 그는 군사적인 정복에 의하여 헬레스폰트와 지중해 연안에서 동쪽으로 인더스 강에 이르는 알렉산더 대제의 넓은 국토를 장악했다.

B.C. 321년에 그는 바벨론 방백으로 임명되었으나 B.C. 316년 프리기아의 통치자인 안티고누스에 의해 축출되었다. 그러나 B.C. 301년 입수스 전투에서 승리하여 수리아와 소아시아를 할당받고 셀류쿠스 시대를 열었다. 셀류쿠스 왕조는 팔레스틴을 사이에 두고 애굽의 프톨레미 왕조와 서로 대립하였다.

[셀류쿠스 왕조]

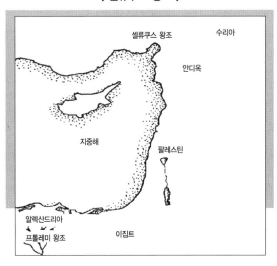

[셀류쿠스 왕조의 왕계표]

셀류쿠스 1세	(Nicator)	B.C. 312-280
안티오쿠스 1세	(Soter)	B.C. 280-261
안티오쿠스 2세	(Theos)	B.C. 261-246
셀류쿠스 2세	(Callinicus)	B.C. 246-226
셀류쿠스 3세	(Keroneos)	B.C. 226-223
안티오쿠스 3세	(Soter)	B.C. 222-187

셀류쿠스 4세	(Philopater)	B.C. 187-175
안티오쿠스 4세	(Epiphanes)	B.C. 175-163
안티오쿠스 5세	(Eupator)	B.C. 163-162
데메트리우스 1세		B.C. 162-150
알렉산더 발라스		B.C. 150-145
데메트리우스 2세		B.C. 145-139
안티오쿠스 7세		B.C. 139-134

(1) 안티오쿠스 3세 (B.C. 222-187)

셀류쿠스 왕조의 탁월한 황제로서 애굽의 프톨레미 왕조로부터 팔레스틴을 인수받고 유대인을 통치하였다. 대왕의 초기 통치기간 동안 유대인들은 자유롭게 신앙 생활을 하였으며 세금을 비롯하여 많은 특권과 호의를 누리며 번성하였다. 그러나 안티오쿠스 3세는 카르타고의 명장 한니발의 격려에 힘입어 로마군과 전쟁을 벌였으나 참패당하고 5,000달란트의 무거운 배상금을 지불해야만 했다. 이 엄청난 액수를 채우기 위해 나라 안의 신전들을 압류하고 예루살렘 성전의 재산도 압류했다. 그는 신전들의 재산을 강탈하는 일에 착수하였고 왕국의 동남부에 있는 한 신전의 재물을 압수하는 도중에 피살당하였다.

(2) 셀류쿠스 4세 (B.C. 187-175)

셀류쿠스 4세도 선왕에 이어 과중한 배상금을 로마에 지불하기 위해 신전의 재산을 강탈하기 시작하였다. 예루살렘 성전을 강탈하려고 시도하자 유대인들의 강한 반대에 부딪쳤다. 이 때 성전 곳간에 보관된 보물은 은 400달란트와 금200달란트에 이르렀다고 한다. 강력한 반대시위가 벌어지자 수리아 총독 헬리오도루스는 성전의 금을 압류하는 일을 보류했다. 이 일은 하나의 기적으로 간주되었다. 얼마 후 셀류쿠스 4세는 정권을 장악하고자 의도하였던 헬리오도루스에 의하여 살해당하였다.

(3) 안티오쿠스 4세 (B.C. 175-163)

셀류쿠스 4세의 동생이며 에피파네스라고 불린 안티오쿠스 4세는 선왕들의 강압정책을 그대로 답습했다. 그는 대제국을 실현코자 모든 백성들에게 그리스 문화의 신봉자가 되도록 온갖 정열을 쏟아 부었다. 팔레스틴의 대도시에 체육관, 신전, 경주용 경기장, 대중목욕탕을 건설하고 헬라화 열풍을 일으켰다. 유대인 가운데서도 그리스 복장이 유행하게 되었고 제사장들도 제사 대신 운동경기의 세속적인 쾌락에 탐닉하였다. 안티오쿠스 4세 때 대제사장직에 있었던 오니아스 3세는 수리아 왕의 호의를 얻기 위해 헬라식으로 야손이라고 개명하였다. 그는 대제사장의 자리를 얻기 위해 440달란트의 뇌물을 황제에게 주어 임명받았고(B.C. 175) 유대와 예루살렘을 헬라화시키기 위해 온갖 정열을 다 쏟아 부었다. 그러나 B.C. 172년 야손의 형제인 메넬라우스는 300달란트라는 더 비싼 금액을 제공하고 대제사장직을 빼앗는 데 성공했다. 메넬라우스는 그의 뇌물을 확보하기 위하여 성전 곡간에 비축된 상당 액수의 돈을 강제로 탈취하였다. 사정이 이렇게 돌아가자 유대인들은 분노하여 대제사장과 헬라화를 반대하는 거센 저항 운동이 일어났다. 마카비2서에 의하면 메넬라우스와 오니아스는 피살되었다. 한편 안티오쿠스 4세가 애굽에 대한 전쟁을 성공적으로 수행하고 있을 동안 야손은 무력으로 자기의 자리를 되찾기로 결정하였다. 그는 안티오쿠스 4세가 애굽과의 전쟁을 수행하고 있는 동안이 절호의 기회라고 믿었다. 또한 안티오쿠스 4세가 살해되었다는 소문이 파다하게 퍼졌다. 안티오쿠스 4세는 예루살렘에서 벌어지고 있는 일에 대한 보고를 접하자 격노하여 예루살렘으로 진군해 들어갔다. 피로 얼룩진 보복이 거룩한 성읍에서 자행되었다. 요세푸스의 기록에 의하면 수리아 군병들은 많은 유대인들을 노예로 팔아버렸고 이외에도 4만에 이르는 남녀와 어린이들을 대량 학살하였다고 한다. 그리고 매우 잔인한 인간인 필립이 예루살렘의 총독이 되었다. 이어서 안티오쿠스 4세는 "세상에서 가장 거룩한 성소"에 감히 들어가 약탈을 자행하였다. 황금 제단과 모든 봉헌된 기명들과 기구들이 값으로 따질 수 없는 수많은 보물들과 함께 노략당하였다. 뿐만 아니라 유대인에게 과중한 세금이 부과되었다. 그는 사치스러운 생활과 수차에 걸친 전쟁비용을 충당하기 위하여 인두세(Poll Tax), 제왕세(Crown tax), 성전세와 같은 다양한 세금을 부과하였다. 그리고 추수곡식의 삼분의 일과 추수열매의 절반에 달하는 무거운 세금을 징수하였으며 사해에서 얻어지는 소금에도 세금을 징수하였다. 이와 같이 다양한 세금들을 징수하는 데에 무력을 동원하였으며 세금을 납부하지 못할 때는 개인이나 마을 전체를 노예로 팔았다. 한편 유대인이 크게 핍박을 받게 되는 사건이 발생하였다. B.C. 167년에 안티오쿠스 4세는 그의 마지막이 될 애굽과의 또 다른 전쟁을 시작하였다. 이 전쟁에서 그가 승리할 것 같은 기미가 보이자 애굽은 로마에게 지원을 요청하였으며 로마는 쾌히 승낙하였다. 안티오쿠스가 알렉산드리아에 접근하고 있을 때 로마 사신이 도착하여 수리아군이 즉시 애굽을 떠나도록 요구하였다. 안티오쿠스는 불명예스럽게 퇴진하면서 수리아를 반대하는 유대인들이 남부 국경지대에 거주하고 있기 때문에 수리아에 대해 우려하면서 귀환하였다. 헬라파의 반대자들이 공공연히 정치적으로 애굽을 지지한다고 주장하기 시작하였기에 귀환길에 그는 유대인에게 그의 분노를 풀기로 작정하고 그들의 신앙과 사고를 그리스적으로 개조시키고자 하였다. 그는 22,000명의 군대와 함께 아폴로니우스(Apollonius)를 예루살렘에 파송하였으며, 아폴로니우스는 수천 명의 시민들을 학살하였다. 여자와 아이들이 노예로 팔렸으며 성은 불탔다. 그 후에 안티오쿠스 4세는 칙령을 발표하여 모든 유대인들은 수리아의 법과 관습들, 종교를 추종하게 하였다. 그리스의 신과 여신들에 대한 숭배가 여호와 경배를 대신하게 되었다. 안식일 준수와 할례의식, 부정한 음식의 금지와 같은 특정적인 유대인의 관습들이 사형에 해당하는 죄목으로 금지되었다. 자기 아기들에게 할례를 행한 어머니들은 그들의 목에 아기를 두른 채 십자가에 달려 처형되었다. 한 떼의 돼지를 성전에 몰아넣고 올림푸스의 제우스에게 헌납된 제단 위에서 돼지고기를 제물로 바쳤다. 성전의 기명들에 돼지고기에서 취한 육즙이 뿌려졌고 성전의 뜰은 술꾼들의 체류지가 되었다. 유대인들은 이렇게 잔인하게 박해를 받았지만 그들의 신앙은 결코 꺾이지 않았고, 이교의 헬레니즘의 맹공격에 끝까지 저항하였다. 이러한 반대세력은 에스라서에서 그 기원을 찾는 서기관들에 의하여 형성되었다. 이 서기관들은 정통적이고 율법적이며 엄격하였다. 그들은 이방인들의 것에 전부 반대하였다. 예를 들면, 그들은 유리잔이 이방인의 영토에서 출토된 재료로 만들어진다고 해서 그 사용을 거절하였다. 처음에 이 집단은 소규모였으나 전국의 마을과 성읍들로 확산되었으며 점진적으로 유대인을 헬라화하려는 움직임에 대한 강력한 반대세력이 되었으며, 반수리아적 활동을 격렬하게 펼쳤다. 하시딤, 즉 경건한 자, 혹은 구별된 자로 알려진 바리새파는 바로 이 집단에서 형성되어 나왔다. 그들은 자신들의 종교를 위하여 기꺼이 핍박과 순교를 감내하였으며 선조들의 신앙의 도리를 고수하는데 충실하였다.

3. 마카비시대 (B.C. 167-63)

1) 마카비 혁명

수리아왕 안티오쿠스 4세의 잔인한 박해로 마침내 한 늙은 제사장 맛다디아가 혁명의 봉화를 높이 들어 유대 역사상 가장 영광스러운 마카비시대를 열게 되었다. 안티오쿠스의 사자들은 예루살렘에서 24Km가량 떨어진 모딘이라는 마을에 도착했을 때, 전례대로 제사장 맛다디아(Mattathias)가 이방신에게 제사를 드려 유대 백성에게 좋은 본을 보여줄 것을 바랐다. 그러나 맛다디아가 이를 거절하자 겁이 많은 다른 유대인이 앞으로 나와 제사를 드렸다. 격노한 제사장은 제단에 다가가 그 배교한 유대인과 안티오쿠스의 사자를 살해하였다. 맛다디아는 그의 다섯 아들과 함께 이방 제단을 부숴 버린 후 체포되는 것을 우려해 고원으로 피신했다. 그후 정통유대주의를 추종하는 일단의 무리들이 맛다디아 일가에 합세하여 헬레니즘에 편승한 유대인들을 대항하여 게릴라전을 펼쳤다.

2) 마카비 가보

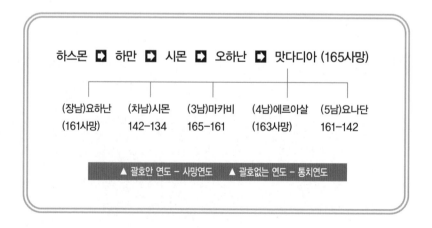

하스몬 ➡ 하만 ➡ 시몬 ➡ 오하난 ➡ 맛다디아 (165사망)

(장남)요하난	(차남)시몬	(3남)마카비	(4남)에르아살	(5남)요나단
(161사망)	142-134	165-161	(163사망)	161-142

▲ 괄호안 연도 – 사망연도   ▲ 괄호없는 연도 – 통치연도

(1) 유다 마카비 (B.C. 165-161)

맛다디아는 혁명 초기에 곧 사망하고 그의 셋째아들인 마카비(쇠망치)로 알려진 유다가 지도자로 추대되었다. 많은 유대인들이 나날이 규합되었고 시리아군을 대항할 자체 군대를 보유하기에 이르렀다. 유다는 기습을 감행하여 엠마오에서 시리아군과 친헬라파 유대인을 패배시켰다. 그는 노획물을 이끌고 예루살렘을 향해 진군해 갔다. 마카비는 아크라를 제외한 전 도시를 점령하게 되었고, 성전에 들어가 거기에 설치되어 있던 이방의 모든 우상들을 제거해 버렸다. 이렇게 해서 성전은 모독당한 지 꼭 3년만에 다시 회복되었다. 그러나 평화는 짧았다. 시리아 장군 루시아가 예루살렘 근처의 전투에서 마카비군을 격퇴시키고, 예루살렘 도시 전체를 공략하였다. 그런데 포위 도중 본국에 큰 위기가 발생했다는 소식을 듣게 되자, 루시아는 유대인에게 화친을 제안했다. 화친조약의 내용은 시리아는 유대인의 자치 및 종교불간섭을, 유대는 시리아의 최고지배권을 승인하는 것이었다. 이 때 마카비군의 장군들을 포함하여 존경받는 서기관과 장로들로 구성된 회의가, 향후의 행동방향을 결정짓기 위해 소집되었다. 이 회의에서 마카비의 반대에도 불구하고 화친이 받아들여졌다. 유다는 그의 추종자와 함께 도시를 떠나 버렸다. 한편 대제사장에 임명된 알키무스는 많은 정통파 유대인을 처형했다. 한편 충성스런 유대인들이 유다에게로 다시금 전향하여 시민 전쟁이 재개되었으나 유다는 장비도 거의 갖추지 못한 800명의 군대로 수많은 시리아 군대를 맞아 교전하다가 전사하고 말았다. 이리하여 마카비 혁명의 제 1 국면이 끝나게 된다.

(2) 요나단 (B.C. 161-142)

유다의 형제인 요나단은 마카비 군대 수백명과 함께 요단강을 건너 달아났다. 그들은 전쟁을 치를 만한 군대를 갖지는 못했으나, 외교적 측면에서 제2의 승리를 성취해 내었다. 시리아 왕좌를 노리는 두 경쟁자가 유대로부터의 도움을 요구했다. 그들은 유대군을 일으키고 지도해 나갈 만한 재질이 요나단 속에 있다고 간파하였다. 요나단은 지연 작전을 펴서 한편으로는 승세를 보이는 후보자를 보좌하고, 또 한편으로는 스파르타 및 로마와 조약을 맺었다. 전쟁이 채 끝나기도 전에 요나단은 유대인의 통치자인 대제사장에 임명됨은 물론 시리아의 귀족이 될 수 있었다. 유다가 용맹과 전략, 결단력으로 정복을 이룬 반면에 그 동생인 요나단은 그의 주무기인 외교술로 정권을 회복하였다. 그러나 불행하게도 요나단은 수리아에서 일어난 분쟁으로 대권을 노리는 트리포에게 처참하게 살해되었다.

(3) 시몬 (B.C. 142-134)

요나단을 계승한 시몬은 맛다디아의 둘째 아들로 마지막까지 살아있던 아들이다.

시몬이 지도자기 되자 곧 수리아의 합법적인 왕인 데메트리우스 2세와 협상을 체결하였다. 데메트리우스 2세는 유대인들을 모든 조세에서 면제시키고 정치적으로 독립을 허락하여 동맹국가로 인정하였다. 독립을 그토록 갈망했던 유다의 오랜 숙원이 마침내 이루어졌다. 이 일이 B.C. 142년에 이루어 졌으며 유대인들은 그들의 독립을 이 때부터 계산한다. 유대인들은 시몬에게 전제군주의 지위를 제공하고 국가 통치자의 직위를 그의 가문에서 세습하도록 하였다. 시몬은 로마와 협정을 맺어 모든 적국들에게 공한을 보내어 동맹국에 대하여 언급하면서 유대인에 대한 전쟁행위를 경고하였다. 그러나 시몬도 요나단과 같이 자신의 영웅적인 노력과 계획의 열매를 즐길 만큼 오랫동안 살지 못하고 왕위를 노리던 그의 사위 프톨레미에 의해 살해되었다. 이렇게 고귀한 맛다디아의 다섯 아들들은 유대인의 유익을 위해 싸우다가 유다와 에르아살은 전쟁터에서 죽음을 맞았고 다른 세 아들은 반역자에 의하여 살해되었다. 모두들 유다가 세운 모데인

(Modein)의 아름답고 감동적인 무덤에 묻혔다. 이리하여 마카비의 다섯 형제가 영웅적인 헌신을 경주하였던 30년의 기간은 시몬의 죽음으로 막을 내렸다. 하지만 적국들에 의해 공략당하여 완전히 존폐의 위협을 받았던 작은 도시국가 예루살렘은 통일된 왕국으로 성장하였다. 유대인은 다시금 한 명의 대제사장과 한 명의 세습군주를 갖고 종교적 자유와 완전한 정치적 독립을 구가하였다.

3) 하스모니안 왕조 (B.C. 135-63)

유대인들이 오랫동안 동경해 왔던 독립은 마침내 혁명을 일으킨 맛다디아의 차남 '시몬'에 의해서 이루어졌을 때, 그의 현명한 통치를 기념하여 이스라엘 지도자들은 "영원한 지도자이며 대제사장이시니, 이는 신실한 선지자가 나타날 때까지이다"라고 칭찬했다. 유대나라는 완전한 독립을 쟁취하고 마카비가(家)의 후예들이 국정을 통치해 갔다. 이 통치 기간을 하스모니안 왕조라 부르는데 그 까닭은 마카비의 부친 맛다디아가 제사장 요아립의 반열중 하스모니안가(家)에 속한 제사장이었기 때문이다. 하스모니안 왕조는 선조의 혁명정신과 건국 이념과는 달리 헬라화되고 타락하게 되어 얼마 못 가서 로마에게 정복당하고 만다.

(1) 요한 힐카누스 (B.C. 135-105)

시몬과 두 아들이 그의 사위에게 암살당할 때 셋째아들 요한 힐카누스는 겨우 살아남아 아버지를 이어 왕이 되었다. 힐카누스는 계속적인 군사적 원정을 통해 영토를 확장하여 B.C. 10세기에는 솔로몬이 통치하였던 전역을 차지하게 되었다. 그리심산의 사마리아인 성전을 파괴하고, 이두매인들에게는 유대교를 신봉하고 할례를 받게 하였다. 힐카누스는 그가 발행한 주화에 자기이름을 새겨 넣은 최초의 유대군주가 되었다. 역사가 요세푸스는 힐카누스를 평하기를 '31년간 최선의 방법으로 왕국을 통치하였다'고 격찬하였다. 다만 힐카누스는 하시딤이 맛다디아에서 시몬에 이르기까지 마카비 일가에 크게 기여한 공적을 깨닫지 못하고 그들을 푸대접하여 국력을 분산시켰다.

(2) 아리스토불루스 1세 (B.C. 104-103)

힐카누스가 B.C. 106년에 죽자 그의 아들 아리스토불루스가 왕위를 계승하였다. 아리스토불루스는 성격이 매우 잔인하였다. 그는 스스로 왕이라 칭하고 왕좌에 앉아 어머니를 투옥시키고 굶어죽게 하였고, 형제인 안티고누스를 살해하고 다른 형제 알렉산더 얀네우스를 구금하였다. 그는 조상들의 사상과는 달리 친헬라적이었고 헬라 문화를 장려하는 데 전력을 다했다. 그리고 국방에도 전념하여 사마리아와 스키토 폴리스 너머의 북부로 국경을 확장하고 '이방인의 갈릴리'에 사는 이투리아인들을 정복하면서 통치의 영역을 확장해 나갔다.

(3) 알렉산더 얀네우스 (B.C. 103-76)

아리스토불루스는 자기의 계승자로 알렉산드라(그의 부인)을 지명하였었다. 그가 죽자 그녀는 그녀의 시동생이 되는 알렉산더 얀네우스를 해금하고 그를 대제사장에 임명하였다. 얼마 후 그녀는 그와 결혼하였고 그를 왕으로 추대하였다. 아리스토불루스 1세와 마찬가지로 알렉산더 얀네우스도 야심가였다. 그는 자신이 헬라파가 되어 바리새파 대신에 사두개파를 지지하였다. 그는 마카비 형제들이 세운 이념과는 달리 동양적 전제군주가 되었다. 알렉산더 얀네우스는 유대의 국경을 갈릴리와 블레셋, 중부 요나단까지 확장시켰다. 알렉산더 얀네우스에 이르러서 하스모니안 왕조는 영토상 절정에 이르렀다. 그러나 그의 실정도 커서, 힐카누스에게 푸대접을 받은 하시딤(거룩한 무리)에서 기원한 바리새파와 수 차례 충돌을 빚었다. 하시딤은 수리아의 세력으로부터 독립을 쟁취하기 위한 투쟁에서는 마카비 일가를 도왔지만 그 후예들이 정치적 야심을 드러낸 후에는 협조하지 않았다. 당시 바리새파가 얀네우스를 대항하여 반란을 일으키자 그는 잔인한 방법으로 진압하면서 바리새파 6,000명을 살해했다. 왕은 많은 백성들의 혐오를 받으며 49세라는 젊은 나이로 세상을 떠났다.

(4) 알렉산드라 (B.C. 76-67)

알렉산더 얀네우스는 죽기 전에 자기 부인에게 위를 계승하도록 하고 바리새인들과 화해할 것을 충고했다. 알렉산드라는 정당하게 유대인을 통치하는 자리를 맡은 최초의 여인이었다. 알렉산드라(살로매)는 남편의 충고에 유념하여 바리새파와 우호적이었고 이로 인하여 그들의 지지를 획득하였다. 그녀는 유능한 여인이었으며 남편의 치세와는 정반대로 평화와 번영을 촉진시킨 통치자였다. 알렉산드라는 시몬의 통치 중에 누렸던 행복과 번영의 시대를 회복할 수 있었다. 여왕은 시몬 벤 샤타흐의 도움으로 중요한 개혁을 시도했다.

1. 추방된 바리새인들의 귀국을 환영하며 투옥 중인 자들을 석방하고 국내에 있는 바리새인들을 요직에 임명하였다.
2. 무관심하였던 유대교의 예식들을 회복하였다.
3. 모든 이스라엘은 성전유지를 위한 인두세(polltax)를 부담해야 했으며 이방인 개종자와 자유민들에게 조세가 부과되었다.
4. 모든 유대인 자녀들에게 의무교육을 실시하였다.

알렉산드라의 통치기간 동안 산헤드린 공회(the Sanhedria)의 권세와 특권이 증대되었고 바리새인들도 이 때부터 막강한 힘을 얻고 계속 영향력을 크게 행사했다. 알렉산드라는 73세로 세상을 떠나기까지 9년간 대단히 성공적으로 통치하면서 신하들의 사랑과 존경을 한몸에 받았다.

(5) 아리스토불루스 2세 (B.C. 67-63)

알렉산드라 통치기간에 여왕의 아들로서 대제사장에 임명되었던 힐카누스 2세가 후계자로 지명되었다. 그러나 여왕의 사후 정권을 이어 받은 그는 성격상 어떠한 반대자에 대한 저항에 맞설 만한 위인이 못되는 나태하고 병약한 인물이었다. 그와 대조적인 성격을 지닌 동생 아리스토불루스 2세는 형이 대권을 잡은 지 불과 3개월 만에 그를 권좌에서 밀어내고 통치권을 빼앗았다. 그러나 아리스토불루스 2세의 통치도 순탄하지 않았다. 헤롯 대왕의 아버지요 이두매의 왕인 안티파터는 아리스토불루스 2세가 자신을 직위에서 쫓아낼까봐 두려워 힐카누스 2세를 지원함으로 재차 왕위탈환을 시도하여 아리스토불루스 2세를 제압하고 예루살렘의 감옥에 감금하기도 하였다. 이후 알렉산드라의 두 아들 사이의 전쟁은 B.C. 63년까지 계속되었다. 이 투쟁을 종식시키기 위하여 두 형제는 로마에 호소하였으며 이를 계기로 팔레스틴에서의 로마의 정치가 개시되었고 이 때부터 로마는 유대 땅에서 신약시대에 이르기까지 계속 지배하게 되었다.

4. 로마시대 (B.C. 63-A.D. 70)

 B.C. 753년경에 건국된 로마는 오랫동안 지속된 공화정시대를 마감하고, B.C. 60년대부터 B.C. 27년 옥타비아누스가 아우구스투스로 즉위하여 제정 시대를 열기까지 군웅이 할거하는 과도기를 맞이했다. 이 기간동안 로마정권은 격변기를 맞이하였으며 정권교체가 빈번했다. 따라서 로마의 지배하에 있던 유대나라도 그 영향으로 많은 격동기를 맞게 되었다.

[로마의 제정시대 초기 역대 황제의 연대표]

아우구스투스 ➡	티베리우스 ➡	칼리굴라 ➡	클라디우스 ➡	네로
(B.C. 27-A.D.14)	(14-37)	(37-41)	(41-54)	(54-68)

1) 힐카누스 2세 (B.C. 63-40)

 알렉산드라의 두 아들이 자기들의 분쟁을 해결해 달라고 로마에 도움을 요청하자, 때마침 수리아와 팔레스틴의 진출을 꾀하고 있던 로마의 폼페이는 그의 장군 스카우루스를 파견했다. 양편에서 장군에게 뇌물을 제공하였으나 스카우루스는 더 많은 뇌물을 제공한 아리스토불루스 2세를 지지했다. 그러나 형제의 분쟁은 완전히 끝나지 않고 계속되었다. 그 결과 B.C. 63년 폼페이는 분쟁을 결판내고자 양측을 송환했다. 폼페이는 아리스토불루스 2세가 자기를 배반한 것을 알고 힐카누스 2세를 지지했다. 그러나 아리스토불루스 2세는 불복하고 폭동을 일으켰다. 힐카누스 2세의 추종자들은 로마에 항복하고자 했고 아리스토불루스 2세의 지지자들은 끝까지 싸울 것을 주장했다. 그러나 성은 마침내 정복되고 12,000명의 유대인이 전사했다. 힐카누스 2세는 다시금 대제사장과 통수권자가 되었다.

그러나 그 주권은 크게 위축되어 시몬과 그 후계자들이 정복하여 하스모니안 왕국에 귀속시켰던 영토는 유대인의 지배에서 벗어나 독립하게 되엇고 사마리아성도 재건되어 세바스테란 지명을 받게 되었다. 힐카누스 2세는 비록 통치권은 부여받았으나 매년 로마에 조공을 바쳐야만 했고 사실상 이 때부터 유다는 로마의 속국으로 전락하고 말았다.

2) 안티고누스 (B.C. 40-37)

로마의 잦은 정변을 틈타 한 번도 로마에게 정복당하지 않았던 파르티아 족속이 B.C. 41년에 예루살렘을 침공해 와서 힐카누스 2세를 파면시키고 그의 조카인 아리스토불루스 2세의 아들인 안티고누스를 왕과 제사장으로 삼고 3년간 유다를 지배했다. 이때 이두매인 헤롯은 힐카누스 사후에 자신이 계승하려 했던 왕위를 빼앗기자 로마로 피신했다.

3) 헤롯대왕 (B.C. 37-A.D. 4)

헤롯은 명목상 유대인에 귀속되었던 이두매왕 안티파터의 아들이다. 안티파터는 알렉산드라의 두 아들 사이에 싸움이 벌어졌을 때 형 힐가누스 2세를 지원하여 그가 정권을 잡게 만들었고 또한 그의 신임을 받아 사실상 그가 유대를 지배했다. 이두매인은 결코 유대에 동화되지 않았으며 자신들의 오랜 적대감도 잊지 않았다. 전술한 바와 같이 이 안티파터의 아들 헤롯이 왕위를 넘보았을 때 파르티아족속의 침공 때문에 로마로 도망가야만 했다. 로마로 피신한 헤롯은 그 곳에서 안토니의 환심을 얻어 유대인의 왕이라는 칭호를 받게 되었다. 그 칭호가 비록 파르티아인이 쫓겨가기까지는 명목상에 지나지 않았으나 파르티아인이 쫓겨간 후 헤롯은 로마 군대와 함께 승전고를 울리며 예루살렘에 입성하여 왕좌에 올랐다. 헤롯은 B.C. 37년에서 A.D. 4년까지 통치했다. 그의 신조는 자기 아버지(안티파터)에게서 물려받은 그대로 로마에서 누가 실권을 행사하든지 로마에 충성하는 것이었다. 헤롯은 먼저 그의 반대자들을 제거했다. 안티고누스와 대부분의 산헤드린 공회원들을 제거하고 노령의 힐카누스도 살해했다. 그는 이두매인이므로 유대인의 심한 혐오감을 받고 있었기에 유대인의 환심을 사기 위하여 전처와 이혼하고 유대인의 명문가 하스몬가의 힐카누스 2세의 손녀인 마리암네와 결혼했다. 그러나 이 결혼은 그에게 불리하게 작용하기도 했다. 장모인 알렉산드라는 애굽을 지배하고 있던 크레오파트라와 깊은 친분이 있었는데 이를 이용하여 압력을 가했기 때문이다. 그는 대제사장을 마음대로 임명했다. 즉 세습제와 함께 종신제도 폐지된 것이다. B.C. 37-36년에 바벨론 사람 에나넬을 임명했다가 크레오파트라의 압력으로 아리스토불루스 3세(처남)를 임명했다. 그의 통치 기간에는 많은 일들이 벌어졌다. 그는 무엇보다도 자신을 능가하는 '유대인의 왕'이 탄생할 것을 두려워해서 예수가 탄생한 즈음에 베들레헴에서 태어난 영아를 살해한 것으로 악명이 높다. 그는 성격이 포악해서 자신의 계획에 방해가 되거나, 그 충성 여부가 조금이라도 의심스러우면 자기 아내와 자식들까지도 가차없이 살해했다. 그는 아름다운 부인이자 많은 사람의 사랑을 받았던 마리암네를 자신의 여동생인 살로메에게 충성스럽지 못하다는 이유로 살해한 것을 비롯하여 열명의 아내 가운데 두 부인과 세 아들, 장모, 처남을 살해한 살인광이었다. 그래서 로마의 아구스도 황제는 그의 사생활을 가리켜, "헤롯의 아들이 되는 것보다는 차라리 그의 돼지가 되는 것이 낫다"고 논평했다. 그는 또한 건축광이기도 했다. 그의 번영기라 할 수 있는 B.C. 25-14에는 유대인의 호의를 얻고자 전 국토에 걸쳐 도시를 세우거나 재건하는가 하면, 목욕탕, 공원, 시장, 도로 및 헬라의 사치스런 문화 시설들을 세웠다. 특별히 헤롯 18년에, 예루살렘 성전 재건이라는 큰 역사(役事)가 시작되었다. 주요 건물은 제사장들이 1년 반 동안 건축했으나, 성전의 복잡한 내부구조는 알비누스시대에 이르러서야 완성되었는데, 10년도 채 못되어 A.D. 70년에 디도의 군대에 의해

완전히 파괴되고 말았다. 그리고 화려한 헤롯궁전도 건축했다.(B.C. 23)
백성들은 불타오르는 증오심으로 헤롯을 지겨워했는데 그에게도 마침내
최후의 날이 찾아왔다. 헤롯은 그의 임종시 애도를 확실히 하고자 국가의
고관들을 경기장 안에 감금시켜 놓고 그가 죽는 순간에 그의 군대에 의하
여 처형시킬 것을 명령하였다. 다행스럽게도 이 명령은 취소되었다. 헤롯
은 34년간의 통치를 마치고 B.C. 4년에 죽었다.

4) 헤롯의 후손들의 유다통치

헤롯이 죽자 그의 왕국은 헤롯의 뜻에 따라 세 아들에게 분할되었다.
즉, 아켈라우스는 유대(사마리아와 이두매를 포함한)의 왕으로, 헤롯 안
티바스(Herod Antipas)는 갈릴리와 베레아의 분봉왕으로, 헤롯 빌립은
트라코니티스와 인근 지역의 분봉왕으로 내정되었다. 이러한 헤롯의 조
치는, 특히 왕위에 있어서는 로마의 인준을 받아야 했다. 왜냐하면 로마
는 어느 왕도 그 왕위를 세습시키는 것을 불허하였기 때문이다. 세 형제
는 모두 인준을 받으려고 로마에 갔다. 이 때 유대백성들은 왕위 계승에
반발하여 백성들의 대표가 로마황제에게 호소했으나 아우구스투스는 세
왕자에게 분봉왕을 승인했다.

(1) 헤롯 아켈라우스 (B.C. 4 - A.D. 6)
① 가장 포악한 왕으로 백성들의 가장 큰 원성을 받음
② 백성들의 규탄으로 마침내 파면(A.D. 6)
③ 영토는 로마총독령에 귀속됨

(2) 헤롯 안티바스 (B.C. 4 - A.D. 39)
① 게네사렛 호수가에 수도(티베리아스) 건설
② 다마스쿠스 왕의 공주와 결혼 - 이혼

③ 자기동생 빌립의 아내(헤로디아)와 결혼 – 살로메(딸)얻음

④ 세례요한을 목베어 죽임(마 14:1-12)

⑤ 예수를 희롱하고 다시 빌라도에게 보냄(눅 23:6-12)

⑥ 로마황제(칼리굴라)의 의심을 받아 갈릴리로 추방당함

(3) 헤롯 빌립 (B.C. 4 – A.D. 34)

① 가이사랴 빌립보에 새로운 수도건설

② 로마황제의 화상을 새긴 화폐를 최초로 주조

③ 후손을 남기지 못하고 사망(A.D. 34)

(4) 헤롯 아그립바 (A.D. 34 – 44) : 헤롯대왕의 손자

① 로마황제(칼리굴라)의 신임을 받고 빌립 영토의 분봉왕이 됨

② 헤롯 안디바스령의 합병

③ 유다, 사마리아, 이두매 통치권 장악 – 대헤롯의 영토확보

④ 야고보처형, 베드로체포(행 12:1-3)

5) 로마의 총독정치

로마는 유다지방(요단지역의 동부와 에스다엘론의 남부를 포함한 전지역)을 로마황제의 직할지로 선정하고 로마황제가 임명한 총독들이 통치하도록 하였다. 예루살렘을 수도로 하고 11개의 지구로 분할하였다. 하나의 지구는 하나의 대도시와 수 개의 부락을 포함하는 인근 지역으로 구성되었다. 관서는 가이사랴에 두고 중요 절기 때에는 예루살렘에 머물었다. 총독은 주로 로마를 위한 재정 대리인이었다. 그의 직무는 '로마 정부가 부과한 세금의 징수, 속주에 주둔한 군대의 통솔, 보다 중요한 사건의 재판' 이었다. 유대는 원로원에 속한 주가 아니라 제국의 속주였기 때문에 징수된 세금은 직접 시저에게 보내졌다(마 22:17). 많은 유대인들이 세금

징수에 종사한 것을 볼 수 있다. 그 과정은 이렇다. 한 세리가 어떤 군(district)에 매년 할당된 세금을 징수하는 권리를 얻을 때, 만일 더 징수하여 배당액을 초과하게 되면 자기가 가져도 되었다. 이 과정에서 부당이득(토색)의 여지가 상당히 있었다. 따라서 세리는 외세에 봉사하는 자와 토색하는 자라는 명목으로 유대인들의 미움을 받았다. 세리들은 다양한 세금을 징수하였다. 즉, 도시에서 도시로 전입되는 상품의 수출입세, 주에서 주로 가는 선편에 대한 세금, 세금에 부과한 세금, 또한 다리의 통과세, 입항할 때의 세금 등이었다. 사법기능도 총독이 관장하였으며 사소한 사건들은 보다 저급한 유대인의 법정이 다루도록 위임된 반면에 중요한 범죄들은 그가 판결하였다. 산헤드린 공회는 사형을 선고할 권세가 없었으며 예수님의 경우에서와 같이 이러한 사건은 총독에게 회부된다. 일상적인 민사소송이나 형사사건은 지방의 공회에 위임되었다. 총독은 또한 군사적 지휘관이기도 하였다. 총독이 유다를 통치한 시기는 제1기(A.D. 6-40), 제2기(A.D. 44-66) 두 차례 실시되었다. 예수에게 사형선고를 내렸던 제1기 통치때는 본디오 빌라도(A.D. 26-36)가 대표적인 총독이었고, 제2기에는 7명의 총독 즉, 파두스, 알렉산더, 쿠마누스, 벨릭스, 베스도 알바누스, 플로루스가 차례로 다스렸다. 처음 두 총독, 즉 파두스와 알렉산더의 행정은 비록 이따금 그들에게 대항하는 폭동이 일어나긴 했지만 온건하고 평화스러웠다. 쿠마누스(A.D. 48-52)의 통치는 심각한 소동으로 점철되었다. 유월절에 한 로마 군병이 성전을 더럽혔다고 해서 폭동을 일으킨 유대인들을 무차별 학살하였다. 그 뒤를 이은 벨릭스(A.D. 52-60)는 전임자보다 더욱 잔인하게 통치했다. 그 뒤를 이은 사도행전 24장에 나오는 베스도는 전임자처럼 잔인하지 않으나 유대인을 대처할 능력이 없어서 소환당했다. 이같은 제2기 총독의 잔인한 통치기간 동안 유대인의 격분과 광란의 상태가 계속되어 로마와의 필사적인 전투를 스스로 준비하고 있었다.

6) 유대인의 반란 (A.D. 66-70)

로마에 대한 혁명은 마침내 플로루스의 통치때(A.D. 66) 폭발했다. 플로루스가 성전의 보물창고에서 얼마를 탈취하자 열심당을 중심한 유대인들이 일제히 일어나 항거하였다. 아그립바 왕은 유대인의 격분을 가라앉히려고 시도하였지만 실패하였다. 수리아의 총독인 케스티우스 갈루스가 유대인의 반란을 진압하고자 시도하였지만 패배하고 극히 소수의 생존자들과 함께 안디옥으로 도피하였다. 이러한 승리는 로마의 굴레를 벗어버리려고 시도하는 유대 혁명주의자들을 대단히 고무시켰다. 상황이 급박해지자 로마제국은 유대에서 일어난 반란을 진압하기 위하여 그들의 뛰어난 장군인 베스파시안을 파견하였다. 일년 사이에 팔레스틴의 대부분의 요새들이 함락되었고 베스파시안은 예루살렘의 성문을 두드리고 있었다. 그런데 바로 그때에 네로가 죽었고 베스파시안은 로마로 돌아가서 황제에 즉위하여야만 하였다. 절호의 기회를 맞이했지만 유대인들은 전력을 보강하지 못하고 오히려 내란에 휩쓸리게 된다. 베스파시안의 아들 디도가 자기 아버지의 직위에 임명되고 4개 군단을 지휘하여 예루살렘 탈환을 위하여 다시 출정하였다. 5개월만에 예루살렘은 함락되고 성전은 완전히 불타버렸다.(A.D. 70) 이리하여 유대는 역사의 종언을 고하고 1948년 이스라엘이 주권국가로 선포되기까지 역사의 무대에서 완전히 사라졌다.

5. 유대종교

1) 유대주의의 발흥

바벨론 포로에서 돌아온 유대백성은 크게 변했다. 신앙적으로 큰 변혁을 가져온 것이다. 포로생활 전까지는 하나님을 공경한다고 했지만 형식적이었고 더욱이 우상에 깊이 빠져있었다. 그러나 바벨론 포로 생활을 통하여 여호와 하나님이 참된 하나님이시며 선지자의 말씀이 참된 하나님의 말씀인 것을 절실히 깨닫게 되었다. 포로에서 돌아왔을 때 유대백성이 섬기는 하나님이 천하를 통치하시는 신이시며, 하나님의 말씀이 참된 진리의 말씀임을 확신하게 되었다. 그들은 비록 정치적으로 조속한 독립을 기대하기는 어려웠지만 자기들이 섬기는 하나님은 다른 이방신들보다 탁월하다는 것을 확신하였고, 하나님의 백성으로서 하나님의 율법을 진실되게 순종하고자 하였다. 이 두 가지의 목적이 유대민족의 근본적인 정신이 되었다. 그들은 여타민족과는 구별되어 강한 선민의식을 가졌다. 그들이 이 유대주의에 얼마나 철저했는가는 포로에서 돌아와 어렵게 성전을 건축할 때 사마리아인들의 협력을 굳이 거절한 데에서 잘 나타나 있다. 더욱이 이방민족과 결혼한 사람들도 그 아내들을 다 돌려보내는 결단(스 10:10-11)까지 하게 되었던 것이다. 국민 총궐기 대회를 소집하여 율법서를 낭독하고 그것을 국가의 성문헌법으로 채용하였다. 바사시대 말기에 에스라, 느헤미야의 지도로 이 유대주의는 견고한 기초 위에 세워졌다.

2) 사마리아인의 종파 대두

유대주의가 강한 모습을 드러내자 반사적으로 사마리아인의 새로운 종파가 일어났다. 요세푸스의 기록에 의하면, 느헤미야가 이방 여인을 돌려보내도록 엄명할 때 대제사장 엘리아십의 손자요, 산발랏의 사위인 므낫세가 이방인인 자기 처를 돌려보내기를 거절하자 느헤미야는 그를 유대

지경에서 추방하였다.(느 13:28) 이때 산발랏이 므낫세에게 만일 자기 땅으로 이주하면 예루살렘에 있는 성전과 같은 성전을 건축하여 주고 그를 대제사장으로 삼겠다고 제의하였다. 므낫세는 그 제의를 받아들이고 사마리아로 들어갔다. 이때 이방여인을 버리기를 싫어하는 다수의 유대인들이 그를 따라갔다. 그리하여 유다와 결별한 사마리아인의 종파가 생겨나게 된 것이다.

3) 대제사장의 신분상의 변화

왕국시대 대제사장은 왕의 정치 하에 있으면서 백성을 대표하여 하나님께 제사지내는 고유한 업무에만 충실했다. 하지만 포로시대에 들어오자 왕이 없는 상태에서 대제사장의 역할은 왕이 하는 일까지 간섭하게 되었다. 대제사장에게 정치적으로도 상당한 권한을 부여하는 것은 바사 제국이 유대백성을 지배하는 데 도움이 되었다. 이제 대제사장은 막강한 정치적인 힘을 갖고 백성을 지배하기에 이르러, 혈통적으로 계승되어 오던 대제사장직을 정치적인 힘에 의하여 선출하게 되었다. 동시에 대제사장직이 이렇게 권력화되자 자연히 타락하여 사리사욕을 취하는 도구로 전락하고 만다. 가장 대표적인 사례가 대제사장 엘리아십의 아들 유다가 죽고 두 아들 요아난과 여호수아가 벌인 대제사장 쟁탈전이었다. 요아난이 장자이므로 법적인 후계자인데 반하여 바사의 대장 바고세가 친분이 두터운 차자 여호수아를 추천하므로 형제간에 내분이 벌어져 마침내 성전구내에서 형이 아우를 죽였다. 요아난은 대제사장이 된 다음 7년 동안 양을 드리는 제사때마다 양 한 마리에 50세겔씩 세금을 부과하여 총액 이만세겔을 착복하였다.

4) 서기관의 활동영역 확대

왕국시대 서기관은 율법의 필사만을 전담했다. 포로기를 통해서 율법의 가치를 새롭게 발견한 유대사회에서 서기관이 해야 될 일은 단순히 율법을 필사할 뿐 아니라 율법의 연구, 율법의 교수, 구전 율법의 집대성에까지 그 영역이 넓혀졌다. 서기관은 학자계급의 인물로서 팔레스틴 각지에 산재하였으나 그들의 중심지는 예루살렘이었다. 율법을 보호하려고 동업조합과 같은 조직을 만들어 그들이 교훈하는 뜻을 통일하고 그것으로 그들의 세력을 확장하였다.

이로 말미암아 서기관은 민중의 절대적인 지지와 존경을 받았다. 더욱이 서기관들은 모세가 여호수아에게 전한 구전율법이 장로들에게, 장로에서 선지자에게, 선지자에서 대공회의장에게 전해 내려왔다는 것을 집대성하여 탈무드를 만들었다. 탈무드는 오백년간에 걸친 서기관들의 노력의 결정체라 할 수 있다.

5) 제사장과 서기관간의 불화

유대사회를 지배하는 두 계급은 바로 제사장과 서기관이었다. 처음에는 서기관이 제사장의 영향권하에 있었고 별 마찰이 없었다. 그러나 바사 통치하에 있으면서 그 본질이 변질되어 갔다. 제사장들은 헬라문학과 헬라예술에 빠져 점차 헬라화하여 율법에 저촉되는 일을 스스럼없이 행하기 시작했다. 뿐만 아니라 유대풍속을 버리고 헬라의 법과 풍속을 지키라고 명하기도 했다. 반면에 서기관들은 헬라화를 반대하고 율법을 철저하게 고수하고자 하였다. 일반민중들은 제사장들에게 등을 돌리고, 서기관들에게 자신들의 지도자가 되어 국가를 위기에서 구하라고 전적인 지지를 표명하였다. 신약시대 제사장들은 사두개파를 형성하게 되었고 서기관들은 바리새파를 이루게 되었다.

6) 회당의 확산

바벨론이 유다를 공격하여 예루살렘 성전을 파괴하고 많은 사람들을 포로로 끌고 갔을 때 사방에 흩어진 유대인들은 회당을 건립하여 하나님을 예배하는 처소로 삼았다. 바벨론 포로에서 돌아온 유대 백성이 다시 제2성전(스룹바벨 성전)을 세웠을 때도 사방에 분산되어 있던 회당은 그대로 존속하였으며 예수님 당시에도 갈릴리 지방에만 90여 개의 회당이 있었다고 한다. 회당의 건축비와 유지비는 구역내 거주하는 주민의 부담금으로 충당하였으나, 경제적으로 어려운 지역에는 독지가가 세우기도 하였다.(행 15:21) 회당은 흔히 해안과 강변에 세워졌다. 이 회당은 후일에 복음을 증거하는 매개처가 되었다.

7) 바사시대가 신앙에 끼친 결과

유대인이 포로에서 귀환한 지 200년이 경과되었으나 독립국가를 건설하려는 그들의 소망은 아득하기만 했다. 비록 포로에서 해방되어 본토로 돌아와 시온을 재건하고 성전을 건축하였으나 그들의 삶은 바벨론 시대에 비해 나아진 것이 없었다. 그러나 신앙적으로는 현저한 변화가 있었다. 첫째로, 율법에 대한 경외심이 두터워졌다. 유대백성들은 율법을 경외하고 율법을 준수하려는 신앙심이 강렬해졌다. 명석한 두뇌를 가진 많은 사람들이 율법연구에 몰두했고 율법을 존중하고 실천하는 데 전력을 다했다. 비록 그들은 율법을 행함으로써 구원을 받는다고 잘못 알았지만 율법을 지키려는 그 열심만은 대단했다.

6. 유대교의 종파

유대인들은 B.C. 538년 바벨론 포로에서 귀환후 두 가지 경향이 현저했다. 하나는 대제사장이 성전 제사 의식을 계속하면서 정치적 입지가 높아졌다는 것과 다른 또 하나는 서기관의 새로운 관심(율법의 전수와 해석)이 대두되었다는 것이다. 이 두 경향은 처음에는 일치하였으나 외세의 지배를 받으면서 점차 변질되어 갔다. 제사장직은 정치적 문제에 깊이 관여하게 되었고 서기관들은 종교적 문제에 몰두했다. 여기서 유대의 양대 종파인 바리새파와 사두개파가 형성되었다. 바리새파는 서기관에서, 사두개파는 제사장에서 그 뿌리를 두고 있다. 다시 말해서 유대의 종파들은 그리스도가 탄생하시기 전 200년 동안에 헬레니즘과 유대주의에 대한 각기 다른 반응에 따라서 생겨났으며 유대종교, 정치에 지대한 영향을 미쳤다.

1) 바리새파

바리새라는 이름의 당파가 최초로 언급된 것은 요한 힐카누스의 통치시대(B.C. 134-104)였다. 바리새라는 말은 '분리된다'라는 뜻으로 원래는 그들을 반대하는 자들이 조소하는 말로 사용하였던 것인데 바리새파들은 오히려 영광스러운 호칭으로 받아들였다. 바리새파의 기원은 마카비시대 율법에 충실하고자 했던 경건한 유대인에서 비롯되었는데, 이들은 정권에는 관심이 없고 오직 율법준수에만 전념했다. 그들은 하나님이 시내산에서 모세에게 주신 율법에는 성문율법(모세오경) 뿐만 아니라 구전율법도 포함되어 있다고 주장하고 구전율법을 성문율법과 같이 신성시했다. 그들은 죽은 짐승의 시체를 만진 사람이나 어떤 경로로든 불결하게 된 사람과의 접촉을 피했다. 그리고 이방인이나 다른 파에 속한 평민들과 어울리기를 거절하였으며 이방인과의 통혼도 엄격히 금지하였다. 바리새파는 자신들의 복장으로 다른 파와 구별하였다. 마태복음 23:5에 언급된 대로 차는 경문을 넓게 하며 옷술을 크게 하여 쉽게 구별되게 하였다. 하루에 3번 기도하고 한 주간에 두 번 금식하고 온전한 십일조(채소까지)를 하고 자기들의 선행과 자선사업을 자랑했다. 시장에서 인사받는 것을 기뻐하고 랍비라 불리우는 것을 좋아하며 회당과 연회에서 스스로 상석에 앉으며 자기네들처럼 엄격하지 않은 모든 사람을 경멸하였다. 바리새파 중에서 극소수만이 제사장들이고 대다수는 평민들이었다. 그들은 예루살렘뿐만 아니라 팔레스틴의 전역에 분포되어 있었다. 율법에 대한 헌신과 종교적 열심 때문에 그들은 하층계급의 사랑을 받았으며, 그들이 지닌 민중에 대한 영향력 때문에 상류계급은 그들을 두려워하였다. B.C. 1세기에 들어와서는 두 명의 지도자에 의하여 두 개의 학파가 생겨났다. 그중 힐렐(Hillel)학파는 보다 온건하여 가난한 자들에게 관대하였고, 유대 정통주의와 양립할 수 있는 것으로서 로마의 법을 수용하기도 했다. 반대로 샴마이(Shammai)학파는 그 해석에 있어 보다 완고하였고, 로마에 대해 철저히 배타적이었다. 바리새파는 마카비 독립운동에 적극 개입하여 많은 공헌을 하였고 특별히 알렉산드라 여왕 때는 크게 세력이 강화되어 산헤드린 공회에 많이 진출하게 되었다. 니고데모, 아리마대 요셉, 가말리엘, 다소의 사울과 같은 인물이 신약성경에 나오는 바리새 귀족의 대표자들이다.

2) 사두개파

사두개란 말은 '의로운' 이란 뜻인 '싸디킴'에서 유래된 것으로 보이며 그 기원은 솔로몬왕 때 대제사장으로 임명된 '사독'에서 유래(왕상 2:35)되었다. 제사장을 중심한 소수의 귀족계급에 속하여 종교보다는 정치에 관심을 쏟았다. 모세 오경만 믿었고 그것도 모세오경이 국법과 모순이 없을 때 존중했다. 천사와 악마의 존재는 부인하였고 육체의 부활을 믿지 않았다. 오직 세속적인 영화에만 몰두했다. 그들은 엄청난 정치적 경제적 영향력을 행사했다. 바리새인들이 개종자를 환영한 반면(마 23:15) 사두개인들은 폐쇄적이었다. 대제사장의 가문이나 예루살렘의 귀족이 아니면 아무도 사두개 일원이 될 수 없었다. A.D. 70년에 예루살렘 성전이 파괴되자 사두개파도 끝장나고 말았다.

3) 에세네파

에세네라는 말은 경건이란 수리아말에서 유래되었다. 에세네파와 바리새파는 모두 그 근원을 마카비혁명 중 헬레니즘에 반대하여 정통주의를 표방하던 지도자들에 두고 있다. 바리새인들은 역사적 유대주의 가운데서 엄격한 정통주의를 고수하기는 했으나, 유대 공동체 자체로부터의 분리를 주장했던 것은 아니었다. 그러나 에세네파는 분리를 주장하였고, 그들만의 공동체를 형성하였다. 율법준수는 바리새인과 비슷하였으나 목축으로 제사하는 것은 반대하였다. 그들의 생활은 사유재산을 부정하고 공동소유로 하여 주로 농업에 종사하였으며 전쟁, 노예를 부정하였고, 심지어는 욕심을 조장하는 것이라고 해서 상업까지 거부했다. 주로 명상과 기도 성경연구에 전력하였으며 구약성경을 많이 필사하여 후대에 전하는데 크게 공헌했다.(쿰란 공동체 - 사해사본) 그리스도 당시에는 그들의 수효가 약 4천명에 달하였다. 예루살렘과 유대의 몇 마을, 특히 사해의 서쪽 해안에 있는 엔게디, 곧 사해의 황야가 그들의 거처였다. 에세네파는 세상과 분리되어 인간사회와 극히 제한적으로 교류하였다.

4) 열심당

열심당(눅 6:15, 행 1:13)은 헤롯의 아들 아켈라우스 폭정 때(A.D. 6년) 어떠한 희생을 치르더라도 로마에 항거할 것을 결의한 열성적인 애국자들로부터 시작되었다. 유대의 극단적인 국수주의자들이었다. 로마황제를 '주' 로 인정하지 아니하고, 가이사의 세금도 거부하였다. 율법을 어기는 자를 엄단하는 것이 하나님을 잘 섬기는 길이라 생각하고 유대의 율법을 어기는 자들에게 폭력사용도 불사했다. 이러한 광신주의는 A.D. 70년에 디도의 군대가 예루살렘과 그 성전을 파괴하게 되는 전쟁을 초래하게 만들었다. 그들이 희생을 각오하고 헌신했던 가장 큰 이유는 그들이 지녔던 종말론 때문이었다.

5) 헤롯당

열심당과 정반대의 성격을 띠고 있는 헤롯당(막 3:6, 마 22:16)은 종교적 집단이 아니라 헤롯 왕조의 이해관계로 형성된 정치적 집단이다. 헤롯을 지지하며 유대인들의 메시야 운동에 반대했다. 바리새인들과 협력하여 가이사에게 불충하다고 예수를 모함하였다.(막 3:6, 12:13)

7. 외경(外經)과 위경(僞經)

1) 외경 (Apocrypha)

외경은 구약 정경이 편집된 '이후' 주로 구약과 신약의 중간시대에 기록된 14권의 책에 붙여진 명칭이다. 이 외경서들은 구약 히브리 정경에 하나도 포함되지 않았다. 이 책들은 헬라어 칠십인역과 라틴어 벌게이트역에 수록되어 구약과 신약 사이에 놓여졌다. 종교개혁시대에 개신교와 로마 카톨릭은 외경에 대하여 상이한 태도를 취하였다. 로마 카톨릭교회는 14권 가운데 11권을 소위 "제2의 정경"으로 인정하여 A.D. 1546년 트렌트 공의회에서 성경의 한 부분으로 선포하였다. 이 입장은 1870년의 바티칸 회의에서도 재확인되었다. 개신교에서는 내·외적 증거로 하여 이 책들의 정경적 지위를 부정한다. 예수님과 사도들도 유대인의 성경(외경 없음)을 용인하시고 그것들을 사용함으로 그 권위를 공인하셨다. 반면에 그들이 외경의 책들을 24권(히브리 구약성경은 24권)의 성경과 동일한 수준의 것으로 간주하였음을 보여주는 증거는 하나도 없다. 『웨스트민스터 신앙고백서』(1647)는 외경에 대하여 다음과 같이 진술한다. 소위 외경이라 불리우는 책들은 영감되지 않은 것으로 성경의 정경에 속하지 않는다. 따라서 하나님의 교회에서 하등의 권위가 없으며 여타의 인간적 저작물 이상의 무엇으로 인정되거나 사용되지 않는다. 그러나 외경이 비록 영감된 정경의 일부는 아닐지라도 이 책들은 종교적이거나 문학적, 역사적으로 생각해볼 때 그 가치를 결코 무시할 수는 없다. 이 책들은 선지자의 소리와 계시가 중단되었던 구약과 신약 사이의 공백을 메워 준다. 정치적인 면에서 외경문헌들은 중요한 기간을 포함한 유대인의 역사를 추적하는 일에 우리를 도와준다. 특별히 종교적이며 정치적인 자유를 얻기 위한 유대인의 투쟁에 대하여 신빙성있고 자세하게 묘사한 마카비 1서와 2서는 귀중한 가치를 지닌다. 이 두 책은 히브리 역사의 가장 영웅적인 기간

중의 하나를 기록하고 있다. 히브리서 11:34-38에서 마카비 시대의 영웅들을 암시하고 있음이 의심의 여지가 없다. 외경은 또한 종교적인 측면에서도 귀중한데 그 이유는 이것들이 그리스도의 탄생 이전 세기들 동안에 펼쳐진 유대인의 영적이며 철학적, 지적 생활에 대한 통찰력을 제공하기 때문이다. 외경에 속한 책들을 열거하면 다음과 같다.

(1) 제1 에스라서 (에스라 상서)

이 책은 에스라, 느헤미야와 역대하 정경과 동일한 역사적 소재를 담고 있다. 그러나 히브리 성경에는 들어있지 않은 광범위한 부분(3:1-5:6)이 수록되어 있다. 이 부분은 대체로 전설적인 이야기로 그 내용은 참지혜를 확증하기 위해 다리오 왕정에서 세 사람의 유대인 시동(侍童)이 벌이는 경연으로 이루어져 있다. 이 책은 B.C. 100년경에 기록되었다.

(2) 제2 에스라서 (에스라 하서)

이 책은 A.D. 100년경에 완성된 몇 편의 예언적 성격을 띤 묵시작품이다.

살랫디엘의 묵시 : 에스라가 어떻게 성문학을 재기록하였는지를 설명하는 전설 등으로 구성되어 있으며 마지막 15,16장은 신약과의 어구적인 일치성을 내포하고 있다. 다소 뒤늦게 기록된 것으로 A.D. 270년으로 추정된다.

(3) 토비트서

이 이야기는 B.C. 150년경에 기록된 종교소설이다. 이것은 앗수르에 이주되어 살고있는 경건한 유대인 토비트에 대한 교훈적인 이야기이다. 토비트는 앗수르 치하에서 살해된 자기 동족을 격식을 갖추어 장사지내다가 사고로 눈이 멀게 된다. 비통중에도 토비트는 하나님의 도움을 간구한다. 그리고 자기 아들 토비아스를 보내서 가바엘이라는 친척에게 예치

해둔 돈 전부(약 2만 달러)를 찾아오게 한다. 천사 라파엘이 믿을만한 친족으로 가장하여 함께 간다. 토비아스는 라파엘의 도움으로 사라와 결혼하고 많은 돈을 받고 돌아와 그들은 가난함에서 벗어나게 되었고, 라파엘의 지시대로 토비아스가 연로한 아버지의 눈에 물고기의 쓸개를 얹어 놓음으로써 소경되었던 토비트는 시력을 회복하게 된다. 천사 라파엘은 자기의 신분을 밝히고는 사라진다.

(4) 유딧서

이것 또한 교훈적인 가치가 있는 소설적인 이야기로 B.C. 2세기에 기록되었다. 유딧은 용모가 아름답고 경건한 유대인으로 베툴리아(세겜의 가명)의 과부이다. 유딧은 뛰어난 그의 외모와 지략으로 홀로페르네스 휘하 느부갓네살 침략군으로부터 그녀가 속한 도시를 구해낸다.

(5) 에스더의 추가시

이것은 헬라어로 기록되었으며 가운데 '하나님'이란 단어를 사용함으로써 이야기 속의 하나님의 손길을 보여준다. 칠십인역에서는 정경 에스더서에 삽입되었다. 그 구성은 모르드개의 꿈과 그가 왕에 대한 모반을 사전에 막는 이야기 등 에스더서의 보충적인 부분과 에스더의 마지막 장에 이어지는 모르드개의 꿈해석과 부림절의 의미에 대한 끝맺음 등으로 이루어져 있다.

(6) 솔로몬의 지혜서

이 책은 매우 매력적이고 흥미있는 외경서 가운데 하나로 B.C. 50년경에 기록되었다.

세 부분으로 나누어져 있는데, 첫 부분(1:1-6:8)은 '종말서'라고 불리는데, 의인과 악인의 운명을 비교함으로써 비도덕성의 진상을 제시하고 있다. 둘째 부분(6:9-11:1)은 솔로몬의 입에서 나오는 감동적이고 아름다운 지혜의 찬사이다. 셋째 부분(11:2-19:22)은 앞부분들보다는 못한데, 이 부분은 애굽과 광야의 이스라엘을 역사적으로 회고하면서 우상숭배(13-15장)의 기원과 악함을 거론하며 끝을 맺는다. 복합적인 이 책은 기록자 불명이다.

(7) 집회서

본서는 '시락의 아들 예수의 지혜서' 라는 다른 명칭으로 불리우는데 일명 '벤시락의 지혜서' 라고도 하며 신구약 중간기 시대 때 속하는 가장 귀한 가치 있는 책 중 하나였다. 51장으로 된 이 책은 '호크마' 또는 히브리 지혜문서에 속한다. 이것은 외경 가운데 저자가 알려진 유일한 책이다. 그는 예루살렘 시락의 아들 예수(50:27)로 B.C. 175년경에 기록하였다. "금언"이 지닌 높은 도덕성과 영적인 성격으로 초기시대 이래 그리스도인들에게 널리 호평을 받았다.

(8) 마카베오상

수준 높은 역사, 문학작품이다. 이 책은 134년 모데인 반란(B.C. 167년)에서 시몬 마카비의 살해(B.C. 134년)까지 마카비 일가의 투쟁에 대한 이야기이다. 안티오쿠스 에피파네스와 그 후임자에 맞서 싸우는 모데인의 맛다디아 아들들, 즉 유다 · 요나단 · 요한 · 엘르아살과 시므온의 용솟음치는 애국심이 전편에 흐르고 있다.

(9) 마카베오하

이 책은 부분적으로 마카베오상과 동시대(B.C. 175-160년)의 기록이나, 역사적인 가치는 그것보다 떨어진다. 그리스 우상숭배를 반대하는 유대인들의 저항운동이 다소 신화적인 찬사로 기록되어 있다.

(10) 바룩

예레미야의 서기 바룩이 바벨론에서 기록한 것으로 두 부분으로 나누어져 있다. 전반부(1:1-3:8)는 산문체로, 후반부(3:9-5:9)는 시가체로 기록되었으며, 이사야 · 예레미야 · 다니엘 및 기타 예언서와 흡사하다. 이책은 포로시대 유대인들의 기도와 신앙고백을 담고 있으며 회복의 약속을 언급하고 있다.

(11) 세 젊은이의 노래

정경 다니엘서에 추가되는 부분으로 풀무불 이야기(단 3:23) 다음에 삽입되었다. 이 책은 아자리아의 감동적인 기도, 기적적인 구원의 기사와세 젊은이가 합창으로 드리는 찬양시로 되어있다.

(12) 수산나 이야기

정숙한 다니엘서에 추가되는 또 하나의 외경이다. 정숙한 바벨론 부인 수산나가 어린 소년 다니엘의 지혜로 어떻게 조작된 간음 혐의에서 벗어나게 되는가를 이야기하고 있다. 헬라어 역본에서는 제1장 앞에, 라틴어 벌게이트역에서는 제13장에 기록되어 있다.

(13) 벨과 뱀

이 책은 다니엘서의 세 번째 추가된 외경을 형성하고 있다. 그 내용은우상숭배를 조롱하는 두 전설적인 이야기로 꾸며져 있다. 하나는 다니엘이 파괴하는 살아있는 우상 벨의 이야기와 다른 하나는 바벨론에서 숭배되는 뱀의 이야기다.

(14) 므낫세의 기도

의도적으로 기록된 므낫세의 참회의 기도이다. 유다의 사악한 왕 므낫세가 앗수르에 바벨론 포로로 끌려왔을 때 그가 했다는 기도이다. 역대하 33:19 이하에 삽입되었으며 대체로 B.C. 1세기에 기록된 것으로 본다.

2) 위경 (Pseudepigrapha)

'외경' 이외에도 '위경'(허위문서)이라고 불리는 문서들이 있다. 이것들은 B.C. 2001년 – A.D. 200년에 걸쳐 기록된 종교적인 작품으로 아담 · 에녹 · 노아 · 모세 · 스바냐 · 바룩과 같이 훌륭한 구약인물들이 저자라고 허위 주장한다. 외경(로마 카톨릭교회는 14권 가운데 11권을 정경으로 인정함)과는 달리 위경문헌들은 한번도 정경의 위치에 오른 적이 없다. 이 책들은 주로 묵시서, 교훈집, 전설적인 이야기들이다. 위경의 수가 너무나 많기 때문에 공인된 목록은 없다.

위경 중에 가장 유명한 책들이 바로 묵시문학에 속한 것으로 그 중 중요한 책들은 다음과 같다
　　① 에녹서
　　② 에녹의 비밀
　　③ 바룩 묵시록
　　④ 바룩의 부록
　　⑤ 모세의 승천서
　　⑥ 모세의 계시록
　　⑦ 예레미야 예언서
　　⑧ 이사야의 승천서
　　⑨ 엘리야 묵시록
　　⑩ 스바냐 묵시록
　　⑪ 에스드라 묵시록
　　⑫ 무녀(Sibyllime)의 신탁서

다음으로 성경적 성격을 띤 전설적인 이야기책들이 있다.
① 아담의 유언
② 희년서, 혹은 '소(小)창세기'
③ 아브라함과 이삭과 야곱의 유언
④ 아브라함 묵시록
⑤ 열두 족장의 유언
⑥ 아스낫(요셉의 아내)의 전기
⑦ 욥의 유언
⑧ 솔로몬의 유언
⑨ 노아서
⑩ 얀네와 얌브레의 회개

그리고 교훈집에 속한 것으로는
① 모세의 신비서
② 앗수르 왕
에살핫돈의 술맡은 장관 아키아카루스 이야기 등이 있으며,
마지막으로 시가의 성격을 띤 것도 있는데 그 대표적인 것은
① 솔로몬의 시가
② 시편의 부록, 시편 151편
③ 수리아의 시편 외경 등이 있다.

중요한 위경의 내용은 다음과 같다.

(1) 모세의 승천서
대 율법 작성자인 모세가 임종 직전에 여호수아에게 전달하고 위임했던 예언들이라고 주장된다. 이 책은 그 당시 바리새파가 점차 세속화됨에 따

라 한 바리새인이 A.D. 15년경에 기록한 항변서이다.

(2) 이사야의 승천서

이 책은 세 부분, 즉 이사야의 순교, 이사야의 환상, 히스기야의 유언으로 구성되어 있다. 오랫동안 사멸되었던 히스기야의 유언부분(2:13-4:18)은 사도시대 말기 그리스도교회의 영적 상황을 살펴보는 데 유용하다. 이사야의 환상(6:1-9:40)은 1세기 삼위일체, 성육신, 부활과 천국에 관한 신앙을 조명해보는 데 그 가치가 있다. 이사야의 순교는 악독한 므낫세에 의해 톱으로 켜서 갈기갈기 찢겨진 이사야의 죽음을 재현해 주고 있다.

(3) 에녹서

이 책은 그리스도의 재림과 장차 올 심판에 대하여 노아와 에녹에게 임했던 묵시서라는 평을 받는 단편 작품이다. 저자 불명으로 B.C. 1, 2세기에 기록되었다.

(4) 희년서

50년 주기(레 25:8-12)의 희년기로 비도덕화하는 헬레니즘의 영향에서 유대교를 구해내기 위해 율법을 격찬하며 히브리 족장들의 우수함을 기록하고 있다.

(5) 시빌신탁서

이 신탁서는 마카비 시대의 것이다. 제국의 몰락과 메시야 시대의 도래를 취급하면서 헬라인 시빌의 예언담을 모방하였다.

(6) 솔로몬의 시편

이것은 B.C. 1세기 중엽부터 내려오는 18편의 시편으로 되어있다. 익명의 바리새인이 기록한 것으로 여겨지며 메시야의 노래를 이야기하고 있다.

(7) 열 두 족장의 유언서

이 12 유언서는 창세기 49장에 시사된 바와 같이 야곱이 열 두 아들에게 유언한 것을 기록한 것이라고 주장한다. 이 책의 자료는 B.C. 2세기 초에 이루어졌으나 대체로 책의 형성은 A.D. 250년 이후로 보고 있다.

[바사시대]

1. 회당은 언제부터 생겼으며 회당에서 하는 일은 무엇입니까?

회당은 예루살렘 성전이 파괴되고 바벨론 포로기간동안에 생겨난 것으로 추정이 된다.(느 8:2, 9:1) 회당의 기능은 주로 예배와 교육에 있었으나 공동체의 여러 가지 공동문제, 법적 처리문제 등을 토론하였다. 그러니까 회당이란 교회·학교·공회당의 기능을 가지고 있었던 곳이다. 그러므로 유대인 사회가 있는 곳에는 어떤 장소에나 회당이 있었다.(행 13:5, 14:1, 17:10) 그리고 회당은 백성의 장로들에 의해 관리되고(눅 7:3-5), 또 회당 장이 여러 가지 일을 지도했다.(막 5:22, 눅 13:14, 행 13:15)

2. 회당은 복음전파에 어떤 구실을 하였습니까?

회당은 복음전파에 매개처가 되었다. 회당에는 적당한 사람이면 누구든지 집회에서 말하는 것이 허용되어 있어서 예수님도 설교하셨고 바울과 바나바도 설교하였다.(눅 4:16, 마 4:23, 행 13:15)

[유대인의 회당] ▶

🌱 3. 바리새인들은 회당의 어떤 좌석에 앉기를 좋아했다고 하였습니까? (마 23:6)

바리새인들은 회당의 상좌에 앉기를 좋아한다고 했다. 회당의 상좌는 두루마리를 넣은 궤 앞의 오른편에 마련된 자리로 교권적인 명예를 상징했다.

뿐만 아니라 금가락지를 끼고 아름다운 옷을 입은 사람이 들어오면 좋은 자리에 앉히고 가난한자가 들어오면 홀대를 했다.(약 2:2-3)

🌱 4. 바벨론 포로에서 돌아온 유다민족이 성전을 건축할 때 사마리아 사람들이 도우려 하는 것을 왜 반대했습니까? (스 4:1-6)

바벨론에서 돌아온 유다백성들이 어렵게 성전공사를 시작했지만 사마리아인들의 협조를 거절했다. 사마리아인들은 앗수르의 이민정책에 의하여 혈통적으로 혼혈족이었기 때문에 협조를 거부했다.

이로 인하여 사마리아의 방해로 공사가 오래 지연되기도 했지만 끝까지 유대인들의 손으로 성전을 완공했다. 유대인들은 사마리아인들과 상종하지 아니했다.(요 4:9)

🌱 5. 대제사장 안나스의 위를 누가 계승하였습니까? (요 18:13)

사위 가야바가 계승했다. 대제사장은 세습제로 대제사장의 장자가 되어야 하는데도 불구하고 바사의 지배하에서부터 계속적으로 정치적으로 임명이 되었다.

탐 구 문 제

[헬라시대]

1. 산헤드린 공회의 구성과 임무에 대해 말해 보세요

유대의 최고의 권력기구로서 그 기원은 구약시대부터 비롯된 것으로(민 11:16, 왕상 12:20, 겔 13:9) 구성원은 제사장 24명, 장로 24명, 서기관 22명 총 70명으로 이루어졌다. 의장은 대제사장이 맡았으며 그 기능은 국민의 종교생활과 민사 형사 문제를 처리했다. A.D. 70까지 존속했다.

2. 예수님은 공회에서 심문받고 왜 총독 빌라도에게 넘겨졌습니까? (막 14:60-15:1)

예수님은 잡히시던 밤에 공회에서 사형에 해당하는 정죄를 받았으나 공회에서는 사형권이 없기 때문에 바로 사형에 처하지 못하고 사형권이 있는 로마 총독에게 넘겼던 것이다.

3. 베드로와 요한은 공회 앞에서 어떻게 증언했습니까? (행 4:19-20)

공회는 베드로와 요한을 체포하여 예수의 이름으로 말하지도 말고 가르치지도 말라고 엄히 경고할 때 베드로와 요한은 '너희 말 듣는 것이 하나님 말씀 듣는 것보다 옳은가 판단하라 우리는 보고 들은 것을 말하지 아니할 수 없다' 며 담대히 증거했다.

4. 헬라파 유대인과 히브리파 유대인은 각각 어떤 사람입니까? (행 6:1-2)

유대가 멸망하자 사방으로 흩어졌던 유대인들은 자국어를 점

차 잊어버리고 헬라사회에 정착하면서 헬라어를 사용한 사람
이 많았다. 헬라어만 알고 자국어를 모르는 사람을 헬라파
유대인이라고 하고, 본토에 머물고 있었던 히브리어 말만 하
는 유대인을 히브리파 유대인이라 불렀다.

[마카비 시대]

🌿 1. 수전절(修殿節)이란 어떤 절기인가요? (요 10:22)

　　신약에 기록된 유일한 절기로서 수리아왕 안티오쿠스 4세
가 예루살렘 성전에 제우스의 제단을 세우고 돼지고기를 제
물로 바치는 등 성전 안에서 온갖 추태를 부린 것을 다 철거
하고 성전을 깨끗이 청소한 것을 기념하여 지킨 절이다. 이
축제는 8일간 계속되었다. 이 절기의 관습은 초막절과 비슷
했다. 유대인은 이 절기를 위해 반드시 예루살렘에 올라갈
필요는 없었고 어디서나 지킬 수 있었다.

🌿 2. 미가 선지자의 예언이 '시몬시대(B.C. 142-134)'에 어떻게
　　이루어졌습니까? (미 4:4)

　　'각 사람이 자기 포도나무 아래와 자기 무화과나무 아래 앉
을 것이라' 라고 미가 선지자가 예언했는데 물론 이 예언은
장차 도래할 그리스도의 왕국에서 누릴 평화를 묘사한 예언
이지만 태평성대를 이룬 시몬시대에도 이같은 풍요를 즐겼던
것을 알 수 있다.

❧ 3. 마카비 시대 역사를 기록한 책은 무엇입니까?

　　외경 마카베오 상·하 두 권이 있다. 상권은 마카비 일가의 투쟁사이고, 하권은 헬라 우상숭배를 반대하는 유대인들의 저항운동을 기술하고 있다.

[로마시대]

❧ 1. 헤롯대왕은 유대왕이 베들레헴에서 태어났다는 소식을 듣고 어떻게 했습니까? (마 2:16)

　　헤롯은 악명높은 살인마였다. 두 부인, 세 아들, 장모, 처남을 살해한 헤롯은 만년에 유대의 왕이 태어났다는 소식을 듣자 그 광기가 극도에 달하여 베들레헴에 두 살 아래 남아들을 전부 죽였다.

❧ 2. 예수님 당시 헤롯성전은 몇 년 동안 지어졌다고 하였습니까? (요 2:20)

　　헤롯은 살인광인 동시에 건축광이기도 했다.

　　유대인의 환심을 사기 위해 B.C. 19년에 스룹바벨 성전 수리에 착공하고 B.C. 10년경에 외형공사를 마무리하고 봉헌식을 드렸으며 내부공사를 계속하여 A.D. 63년경 총독 알비수스 때 완성했다. 그러나 이 헤롯 성전은 완공한지 불과 몇 년뒤인 70년에 로마군에 의하여 돌 하나도 돌 위에 남지 않고 완전히 파괴되었다.

[참고] 성전의 역사

솔로몬 성전 (제1성전)	수룹바벨 성전 (제2성전)	헤롯 성전 (제3성전)

B.C. 909   B.C. 586   B.C. 516   B.C. 19   A.D. 70

3. 헤롯대왕의 왕자들이 왕위를 허락받기 위해 멀리 로마황제에게 다녀온 고사를 예수님이 예화로 든 기사는 어디에 있습니까? (눅 19:12)

'가라사대 어떤 귀인이 왕위를 받아 가지고 오려고 먼 나라로 갈 때에'라고 시작되는 이 예화는 헤롯이 죽자 헤롯의 세 아들 알켈라우스, 헤롯 안디바스, 헤롯 빌립이 로마 황제에게 인준을 받기 위해 멀리 로마까지 간 역사적 사실을 예화로 드신 것이다. 뿐만 아니라 예수님이 드신 부자와 나사로 비유(눅 16:19-31)도 많은 주경학자들이 실화라고 단정한다. 왜냐하면 부자의 이름은 나오지 않았지만 병든 환자 나사로의 이름이 거명되었기 때문이다.

유대인의 전설에 의하여 이 부자의 이름은 니노베라고 한다.

4. 빌라도가 예수를 심문하다가 왜 헤롯(헤롯 안디바)에게 넘겨주었습니까? (눅 23:6-7)

로마총독 빌라도는 죄 없는 예수를 심문하기에 어려움을 겪

다가 예수가 나사렛 출신이라고 하자 나사렛은 자기관할 구역이 아니고 분봉왕 헤롯 안디바 통치구역이기 때문에 그에게 넘겼던 것이다.

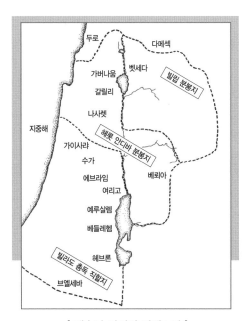

[예수님 당시의 팔레스틴]

제2장 · **신 약 사**

헤롯왕의 죽음(B.C. 4년)으로 암울했던 400년간의 중간사는 끝나고 그
토록 고대하고 기다렸던 메시야가 유대땅 베들레헴에 탄생함으로 신약의
역사는 시작되었다.

1. 예수 그리스도의 탄생과 사역

예수 그리스도는 구약의 예언대로 베들레헴(미 5:2)에서 탄생하셨
다.(B.C. 4년) 로마황제 티베리우스 15년에 광야에서 외치는 소리가 된 세
례요한의 소개로 역사의 무대에 오르게 된다. 예수 그리스도는 공생애 3년
동안 천국복음을 전파하시고 열두 제자를 기르시고 로마총독 빌라도에게
사형을 선고받고 십자가에 못박혀 죽으시고 3일만에 부활하셔서 40일간
증거하시고 승천하셨다.

1) 예수 그리스도의 탄생과 성장

(1) 구약의 탄생예고 - 처녀의 몸에서 탄생(사 7:14)
                              베들레헴에서 탄생(미 5:2)
(2) 예수 잉태의 고지(눅 1:26-38)
(3) 예수의 탄생(베들레헴) (마 1:24-25)
(4) 애굽으로 피난(마 2:13-15)
(5) 나사렛으로 돌아옴(마 2:19-23)
(6) 나사렛에서 성장(눅 2:40)
(7) 12세때 예루살렘 방문(눅 2:41-52)

2) 예수 그리스도의 사역

(1) 전도준비
　① 세례받음(눅 3:21-22)
　② 시험 당하심(눅 4:1-13)
　③ 가나에서 첫 이적(요 2:1-11)

(2) 제1차 갈릴리 전도(전반기)
　① 갈릴리에서 전도시작(마 4:12-17)(눅 4:14-15)
　② 나사렛 회당에서 배척당함(눅 4:16-30)
　③ 베드로 장모 병고침(마 8:14-15)(눅 4:38-39)
　④ 베데스다 연못가 38년된 환자 고침(요 5:1-9)
　⑤ 12제자 선임(마 10:1-4)(눅 6:12-16)
　⑥ 산상수훈(마 5:1-7:29)
　⑦ 씨뿌리는 비유(마 13:1-9)(눅 8:4-8)

(3) 갈릴리 전도(후반기)

① 오병이어의 기적(마 14:13-21)(눅 9:10-17)

② 베드로의 신앙고백(마 16:13-20)(눅 9:19-21)

③ 예수님의 변모(마 17:1-13)(눅 9:28-36)

④ 초막절에 예루살렘에 올라가심(요 7:10-52)

⑤ 간음한 여인 용서(요 7:53, 8:11)

⑥ 마리아와 마르다를 방문(눅 10:38-42)

⑦ 안식일에 병고침(눅 13:10-21)

[팔레스틴 4지역]

(4) 베뢰아 전도

① 베레아로 물러가심
(요 10:40-42)

② 혼인잔치의 비유
(눅 14:7-24)

③ 잃은 양의 비유
(눅 15:1-7)

④ 탕자의 비유
(눅 15:11-32)

⑤ 부자와 나사로
(눅 16:19-31)

(5) 마지막(예루살렘) 전도

① 열 문둥병자 고침(눅 17:11-19)

② 바리새인과 세리의 기도(눅 18:9-14)

③ 부자청년과 대화(눅 18:18-30)

④ 소경 바디매오 눈을 뜨게 함(마 20:29-34)(눅 18:35-43)

⑤ 삭개오의 구원(눅 19:1-10)

⑥ 예루살렘 입성(마 21:1-11)(눅 19:28-44)

⑦ 성전 청결(마 21:12-13)(눅 19:45-48)

3) 예수 그리스도의 수난과 부활

(1) 고난주간의 역사

❖ 고난주간

The Passion Week, The Great Week, The Holy Week
한 주간의 역사가 4복음서마다 예수님의 전 생애의 1/3을 차지
한다.

① 고난주간에 있었던 일

요일	중요기사
일	예루살렘에 입성(마 21:1-17, 요 12:12)
월	무화과 나무 저주(마 21:18-20), 제2차 성전청결(막 11:15-19)
화	여러가지 비유와 논쟁(마 21:20-25:46, 막 11:20-12:37, 눅 20:9-21:38)
수	기사 없음(베다니에서 휴식하셨다.)
목	최후의 만찬(막 14:12-21), 제자들의 발을 씻기심(요 13:1-17) 다락방강화(요 14:1-16:33)
	겟세마네 동산의 기도(마 26:36-46), 잡히심(마 26:47-56, 요 18:1-11)
	공회에서 심문(막 14:53-65), 베드로의 부인(막 14:66-72)
금	빌라도의 심문(막 15:1-15), 십자가에 달리심(마 27:33-56) 장사되심(마 27:57-61)
토	무덤에 계심(마 27:62-66)
일	부활하심(마 28장, 요 20장)

② 예수님이 심문받으신 경로(목요일 밤 – 금요일 새벽)

베다니에서

마가요한 다락방에서 최후의 만찬

겟세마네 동산에서 기도

잡히심

안나스에게 예심

공회에서 심문

빌라도에게 심문

헤롯에게 심문

빌라도에게 사형선고

십자가 짐

골고다 언덕에서 십자가에 달리심

무덤에 묻히심

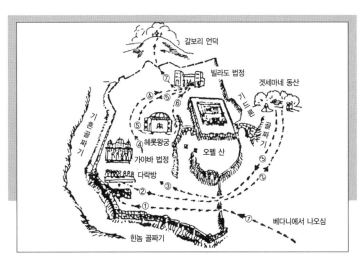

[예수님의 심문경로]

[참고] 웨스트곳의 수난의 시간표(금요일)

오전 1시 : 겟세마네 동산에서 잡히심

　　　2시 : 안나스 심문

　　　3시 : 가야바 심문

　　　5시 : 공회의 정죄, 빌라도의 예심

　　　5시 30분 : 헤롯 심문

　　　6시 30분 : 빌라도의 사형선고

　　　7시 : 군인들에게 조롱 당하심

　　　9시 : 십자가에 달리심

오후 3시 : 운명

③ 십자가를 지시고 걸어가신 길

비아 돌로로사(Via Dolorosa – 슬픔의 길, 수난의 길) : 예수님
이 십자가를 지시고 빌라도 관저에서 골고다 언덕까지 가시면서
14번 멈추심

1. 예수가 빌라도 총독에게 재판받은 곳

2. 십자가를 진 곳

3. 십자가를 지고 가다 첫 번째 쓰러진 곳

4. 모친 마리아를 만났던 곳

5. 구레네 사람 시몬이 대신 십자가를 진 곳

6. 베로니카가 예수께 손수건을 준 곳

7. 예수가 두 번째로 쓰러진 곳(골고다 언덕으로 오르는 길)

8. 예수를 따르는 예루살렘 여인들을 위로했던 곳

9. 예수가 세 번째로 쓰러진 곳

10. 로마 병사가 예수의 옷을 벗긴 곳

11. 예수가 십자가에 못 박혔던 곳

12. 예수를 매단 십자가가 서 있던 곳

13. 십자가에서 예수를 내려놓은 곳

14. 예수가 묻혔던 곳

④ 십자가 위에서 말씀하신 7말씀(架上七言)

1. 아버지여 저희를 사하여 주옵소서 자기의 하는 것을 알지
   못함이니이다 (눅 23:34)

2. 내가 진실로 네게 이르노니 오늘 네가 나와 함께 낙원에
   있으리라 (눅 23:43)

3. 여자여 보소서 아들이니이다, 보라 네 어머니라 (요 19:26-27)

4. 엘리 엘리 라마 사박다니 (막 15:34)

5. 내가 목마르다 (요 19:28)

6. 다 이루었다 (요 19:30)

7. 내 영혼을 아버지 손에 부탁하나이다 (눅 23:46)

(2) 예수님이 부활하신 다음 나타나신 순번(carr)

① 막달라 마리아에게(요 20:14)

② 막달라 마리아와 다른 여자에게(마 28:9)

③ 베드로에게(눅 24:34, 고전 15:5)

④ 글로바와 다른 제자에게(눅 24:13-35)

⑤ 도마가 없을 때 제자에게(막 16:14, 눅 24:36, 요 20:19)

⑥ 도마와 함께 제자에게(요 20:26)

⑦ 디베랴 바다에서 7제자에게(요 21:1-24)

⑧ 갈릴리 산 위에서 11제자에게(마 28:16-17)

⑨ 500형제에게(고전 15:6)

⑩ 주의 형제 야고보에게(고전 15:7)

⑪ 예루살렘 부근에서 11제자에게(막 16:19, 눅 24:50, 행 1:3-11)

4) 예수 그리스도의 지상명령

부활하신 예수 그리스도는 승천하시기 전에 12사도를 비롯한 많은 제자들에게 "그러므로 너희는 가서 모든 족속으로 제자를 삼아 아버지와 아들과 성령의 이름으로 세례(洗禮)를 주고 내가 너희에게 분부한 모든 것을 가르쳐 지키게 하라. 볼지어다, 내가 세상 끝 날까지 너희와 항상 함께 있으리라"(마 28:19-20)는 지상명령을 내리셨다. 뿐만 아니라 부활하신 다음 제자들에게 너희들은 예루살렘을 떠나지 말고 기다리라 몇 날이 못되어 성령의 세례를 받으리라고 약속하시고 또 "오직 성령이 너희에게 임하시면 너희가 권능을 받고 예루살렘과 온 유다와 사마리아와 땅 끝까지 이르러 내 증인이 되리라"(행 1:8)는 선교의 비전을 주셨다.

5) 예루살렘교회의 창설

예수님의 명령을 따라 예루살렘을 떠나지 아니하고 사도들과 120문도가 기도할 때 오순절날 성령이 강림하였다. 이에 모인 무리가 다 성령 충만하여 죽음을 두려워하지 아니하고 그리스도를 담대히 증거하므로 예루살렘교회가 창설되었다.

2. 사도시대

예수님이 승천하신 때부터 최장수한 사도인 사도요한의 죽음까지를 사도시대라 한다.(A.D. 30-100) 12사도를 중심으로 한 주의 제자들은 복음을 신속히 전파했다. 120명으로 시작된 예루살렘교회는 3,000명(행 2:41), 5,000명(행 4:4) 등 헤아릴 수 없는 무리(행 5:14)로 급성장하여 마침내 예루살렘안에 그리스도의 도가 가득 차게 만들었다.(행 5:28)

헤롯의 박해로 사방으로 흩어진 주의 제자들은 유대와 사마리아와 땅끝까지 복음을 전파하게 되었다. 기독교가 로마에까지 전파되자 로마황제는 기독교를 무섭게 탄압했다. 한편 이 기간에 신약성경이 다 기록되었으며, 다른 한편으로는 이때부터 여러 가지 이단이 발생하여 교회를 크게 어지럽게 하였다.

1) 12사도

(1) 베드로
예수님의 12제자를 소개할 때마다 4번 다같이 가장 먼저 그 이름이 나온다.(막 3:16-19, 마 10:1-4, 눅 6:13-19, 행 1:13) 예수님의 수제자라 불린다.(마 16:17-19)

베드로의 직업은 어부였고 요한의 아들(요 1:42)이다. 벳새다에서 출생하였고, 결혼하고(고전 9:5) 가버나움에 나와 살았다.(막 1:21) 동생 안드레와 함께 세례요한의 제자(요 1:35,40)였는데 갈릴리 바다에서 고기잡이를 하다가 예수님의 부름을 받고 제자가 되었다.(마 4:19) 세베대의 아들인 야고보, 요한과 함께 도와가며 고기를 잡았다.(눅 5:10) 원래 이름은 시몬(요 1:41)인데 예수님이 베드로라는 새 이름을 주셨다.(마 16:13-18) 베드로는 12사도의 대변자 역할을 하였으며(마 15:15, 16:16,

막 8:29, 눅 9:20), 예수님도 베드로를 가장 신뢰하였다.(마16:18) 예루살렘 교회를 주도하였으며, 후에 사마리아, 욥바, 가이사랴, 안디옥을 순행하며 복음을 전파(행 9:32-10:48)하였다. 말년에는 로마로 건너가 로마교회 감독이 되었고 로마에서 네로 황제의 박해 때 순교했다.(A.D. 68년경) 전승에 의하면 로마에서 순교당할 때 주님이 돌아가신 방법을 따라 죽을만한 자격이 없다 하여 거꾸로 십자가에 매달아 달라고 요청하여 거꾸로 십자가에 못박혔다고 한다. 신약성경의 베드로전서, 후서를 기록한 저자이다.

그의 상징은 열쇠들이 교차된 거꾸로 된 십자가이다.

(2) 요한

12제자중 두 번째로 탁월한 제자이다.

세베대의 아들로서 베드로와 같이 요한도 그 형제 야고보와 함께 예수님의 제자가 된 사람이다. 가버나움 근처에서 어부생활을 했으나 가정은 대단히 부유했다. 어머니는 살로메라고 추정(막 16:1, 마 27:56에 근거)되며 동시에 예수와 이종사촌으로 여겨진다. 예수님으로부터 우뢰의 아들(막 3:17)이란 별명을 얻었고 주님께 가장 많은 사랑을 받았으며 최후의 만찬때 주의 품에 누워 있기도 하였다.(요 13:23) 예수님이 심문받을 때 제사장의 집안까지 따라갔으며, 십자가 밑에서 예수님의 모친 마리아를 의탁받았다. 베드로와 더불어 초대교회 핵심적인 지도자였으며(행 3:1,4,19) 후일 에베소 교회를 지도하다가 박해받아 밧모섬에 귀향을 갔다가 풀려나 12사도 가운데 유일하게 천수를 누렸다. 바울은 그를 가리켜 교회의 기둥이라 불렀다.(갈 2:9) 12사도 가운데 성경을 가장 많이 기록했다. 요한복음, 요한1,2,3서, 요한계시록은 그의 저서이다. 전승에 의하면 독이 든 성찬배를 주어서 그를 죽이려는 시도가 있었는데 하나님이 독배에서 그의 목숨을 구해주셨다고 한다.

뱀이 든 성찬배가 그의 상징이다.

(3) 야고보

요한과 더불어 부유한 세베대의 아들로서 많은 사람을 고용해서 갈릴리 바다에서 고기를 잡았던 어부였다.(막 1:20, 눅 5:11)

예수님의 12제자 가운데 베드로, 요한과 더불어 가장 신임을 받았던 제자이다. 그의 이름은 언제나 그의 형제 요한과 더불어 나타난다.(막 1:19-20, 마 4:21, 눅 5:10) 12제자를 소개할 때마다 언제든지 그의 이름이 3번째로 나오며, 위의 두 사람과 함께 변화산의 신비한 체험을 했다.(마 17:1) 성경에는 이 탁월한 제자에 대한 기록이 너무 적음에 놀라지 않을 수 없다. 야고보는 12제자 가운데 제일 먼저 순교한 사람이며 동시에 12제자 가운데 유일하게 그의 순교담이 신약성경에 기록되어 있다.(행 12:2)

그의 상징은 3개의 조가비인데, 이는 그가 바닷가에서 순례생활을 한 표시이다.

(4) 안드레

베드로의 동생이다.

형과 더불어 갈릴리 바다에서 고기를 잡던 어부였다.(마 4:18) 요한과 더불어 세례요한의 제자가 되었다가(요 1:35,40) 나중에 예수님을 면담하고 예수가 메시야임을 확인하고(요 1:35-39), 자기형 베드로를 예수께 인도했다.(요 1:40-42) 열두 제자의 이름이 소개될 때 언제나 첫 번째 반열의 네 사람 가운데 포함되어 있다.(마 10:2-3, 막 3:16-19, 눅 5:14-16, 행 1:13) 오병이어로 오천명을 먹이실 때 그가 어린 소년에게 오병이어를 구해왔고(요 12:20-22), 예수께서 승천하신 이후 마가 요한의 다락방에서 성령세례를 기다리며 기도했던 자들 중에 안드레도 포함되어 있었다.(행 1:13) 이 사건 이후 안드레에 대한 언급은 신약성경에 나타나지 않는다.

그러나 구전상에는 그의 생애에 대한 언급이 많다. 외경 안드레행전에서는 안드레가 아가야 지방에서 전도하다가 파트라스에서 'X' 형의 십자가에 달려서 순교한 것으로 나온다. 그 때문에 안드레는 그리스의 수호성인으로 추앙된다.

오늘날까지 'X' 형 십자가는 성 안드레의 십자가로 불리워지며 그의 사도적 상징이 되었다.

(5) 빌립

공관복음에서 열두 제자의 명단 가운데 그 이름이 변함없이 다섯 번째로 나온다.(마 10:3, 막 3:18, 눅 6:14)

갈릴리 바다의 서쪽해안에 자리잡고 있는 조그만 한 어촌인 벳새다 출신이다.(요 12:21) 베드로와 동향인이다. 나다나엘을 예수님께 데려간 사람이며(요 1:45-49) 예수님도 오병이어 기적을 행하시기 전에 그를 시험하셨고(요 6:5) 예수님의 중요 선교를 듣고 질문한 사람(요 14:8)이기도 했다. 그는 12사도들과 함께 부활한 주님을 목격했다.(고전 15:5) 그후의 행적에 대해서는 정확한 기록이 없다. 소아시아의 브루기아에서 말년을 보내다가 히에라폴리스에서 사망한 것은 분명하다. 어떻게 죽었는지에 대한 구전은 일치되지 않으나 순교한 것은 확실하다. 믿을만한 전승에 의하면 그는 마지막 죽어가면서 자기 몸을 세마포에 싸지 말고 파피루스 종이에 싸도록 요청했는데 이는 비록 시신일 망정 예수님과 같은 대우를 받을만한 가치가 없다는 것이다. 그의 유골은 로마의 사도교회에 있다.

그의 상징은 양쪽에 떡덩이가 장식된 십자가이다.(요 6:7)

(6) 바돌로매

바돌로매라는 이름은 12제자를 소개할 때 언제나 네 명단위의 두 번째 그룹에 끼여있다. 공관복음에는 항상 빌립 다음에 나온다.

바돌로매는 돌로매의 아들이란 뜻으로 그 조상의 이름을 따서 지은 이름인 것 같다. 많은 학자들은 제자들 중에 유일하게 왕족 혹은 귀족가문 출신으로 보고 있다. 바돌로매는 공관복음서에서 12제자의 명부에만 기록되고 그 외에는 전혀 언급이 없다. 요한복음에는 바돌로매에 대한 언급이 전혀 없고 또 공관복음에는 나다니엘에 대한 언급이 전혀 없는 점을 들어 바돌로매는 나다나엘과 동일인물이라는 주장이 있으나 추측의 한계를 넘어서지는 못한다.

고대전승에 의하면 바돌로매는 복음서를 썼고, 인도에서 전도하였으며, 알메리아의 알바노폴리스에서 순교했다고 한다.(Hieronymus) 산 채로 살가죽을 칼로 벗기우는 참변을 당했다고 한다.

(7) 도마

도마는 그의 히브리 이름이며 디두모는 그의 헬라 이름이다. 디두모는 헬라어로 쌍둥이란 뜻이다.(요 11:16, 20:24, 21:2)

마태, 마가 및 누가복음에는 도마에 관해서 그 이름 외에는 아무 것도 언급된 것이 없다. 그러나 요한복음에는 도마의 성격이 잘 묘사되어 있다. 나사로가 병들었을 때 예수께서 그를 고쳐주시려고 유다로 가고자 할 때 모든 제자가 유대인이 예수를 쳐죽일 것이라고 하여 가기를 꺼려했으나 도마는 강한 충성심을 보이며 "우리도 주와 함께 죽으러 가자"(요 11:16)고 했다. 그리고 예수께서 아버지집으로 가는 그 길을 제자들이 알 것이라고 말할 때 도마는 "주여 어디로 가시는지 우리가 알지 못하거늘 그 길을 어찌 알겠삽나이까"하며 솔직하게 자기만은 알지 못한다고 시인했다.(요 14:5) 주님이 부활한 다음 다른 제자들이 부활하신 예수를 보았다고 할 때 도마는 "자기가 직접 예수의 상처를 보고 만져보기 전에는 믿을 수 없다"고 했다.(요 20:25) 이 때문에 "의심하는 도마"라는 별명이 붙게 되었다. 예수의 부활 후 도마의 행적에 대한 기록은 신약성경에서는 찾아볼 수 없다. 전승에 의하면 그는 멀리 인도까지 가서 전도하다가 그 곳에서 순교했다고 한다.

(8) 마태

마태복음의 제자 명부에는 세리 마태로 되어 있고(마 10:1-4), 다른 명단에는 그냥 마태라고 되어 있다.(막 3:18, 눅 6:15, 행 1:13)

세리가 주님의 제자가 된 것은 초대교회 주목할만한 사건이 아닐 수 없다. 공관복음서에는 마태가 소명받은 직후에 동료 세리들과 예수님을 위한 만찬을 베풀었던 사실을 기록하고 있다. 이것은 초대교회가 추진한 선교운동의 시발점이 되었다. 예수의 부활후 마태는 약속된 성령을 대망하는 사도단 중에 참가한 것을(행 1:13) 끝으로 그의 행적은 신약성경에 남아있지 않다. 작은 야고보는 아마도 마태의 형제인 것 같다. 전승에 의하면 유대인 사이에서 전도했다고 한다. 마태는 어부였던 다른 사도들과는 달리 글을 쓸 수 있는 제자이어서 히브리어로 예수의 모든 가르침을 기록하여 온 세계에 전파한 최초의 사람이 되었다.

그의 사도적 상징은 3개의 돈자루인데 이는 그가 부르심을 받기 전에 세리였음을 잘 말해주고 있다.

(9) 야고보(알패오의 아들)

세베대의 아들 야고보와 구별하기 위해 알패오의 아들 야고보라 부른다. 그가 12제자 중에 뽑혔다는 것 이외는 다른 기록이 없다.

12제자 중에 한사람인 레위라고도 하는 마태가 알패오의 아들로서 나오기 때문에 이 마태는 아마도 야고보와 형제일지도 모른다.(참고, 마 9:9, 막 2:14) 이것이 사실이라고 한다면 이들 두 형제간의 교제관계에 대한 언급이 마치 베드로와 안드레 및 세베대의 아들 요한과 야고보의 경우와 같이 복음서에 어떤 식으로든 나와 있지 않다는 것은 놀랄만한 일이라 하겠다. 구전에 의하면 이 알패오의 아들 야고보가 갓 지파 사람으로 그리스도를 전파하다가 유대인들에 의하여 돌로 침을 당하여 죽었고 예루살렘의 성소 곁에 매장되었다고 한다.

(10) 다대오

마태복음, 마가복음에는 열두 제자의 명부에 들어가 있으나(마 10:3, 막 3:18), 누가복음에는 '야고보의 아들 유다'로 표시되어 있다.(눅 6:16, 행 1:13) 이 유다는 가룟사람 유다가 아닌 요한복음 14:22에 나오는 유다이다. 다대오 역시 알패오의 아들과 같이 열두 제자의 명부에 나온 기록이 전부이다. 고대전승에 의하면 유브라데의 에뎃사왕 압갈 5세와 예수님 사이에 서신교환이 있었는데 압갈 5세의 병을 고쳐주기 위해 주에 의해 파송되어 압갈의 병을 고쳐주고 그 곳에서 많은 기적을 행하며 전도했다고 한다.

(11) 시몬

가나안 시몬이라고 소개되고 있다.(마 10:4, 막 3:18)

그가 가나안인이라는 것은 가나안 태생 혹은 가나안 출생이 아니라 셀롯당(열심당 혹은 가나안당) 출신임을 말한다. 열심당은 국수적인 민족주의자로 로마에 대한 반기를 들고 민중을 인솔하여 반란을 시도했다.(행 5:37) 시몬 역시 열두 제자의 명부 이외에 그의 행적은 묘연하다. 또한 그에 대한 구전이나 전승도 별로 없다.

(12) 맛디아

예수를 판 가룟유다 대신에 피택된 열두 번째 사도이다.(행 1:23-26)

주님이 승천한 후 제자들이 모여 기도하고 열두 제자의 결원을 보충하기 위해 천거된 요셉과 맛디아 두 사람 중 제비뽑아 맛디아를 선택했다.(행 1:26) 이 기록 이외 다른 행적은 찾을 수 없다. 역사가 유세비우스는 맛디아가 70인 중의 한 사람이었다고 말한다.(눅 10:1) "요한의 세례로부터 우리 가운데서 올리워 가신 날까지 주 예수께서 우리 가운데 출입하실 때에 항상 우리와 함께 다니던 사람"(행 1:21-22)이란 사도의 자격조건을 볼 때 이는 가능한 일이다. 상당히 신빙성있는 전승에 의하면 그는 유대의 지방에서 순교당했거나 에디오피아인에게 복음을 전했다고 한다.

[참고] 가롯유다

　　열두 제자의 한 사람으로 나중에 예수님을 로마군병에게 팔아 넘겼던 자이다.(요 12:4, 13:2)

　　그의 출신지는 가롯으로 예수님의 열두 제자 가운데 유일하게 유대지방 사람이다. 그가 열두 제자의 돈궤를 맡았다는 것을 볼 때 상당한 능력을 가진 사람으로 믿어진다. 가롯 유다의 초기생애에 대해서는 분명하게 알려져 있는 게 하나도 없다. 복음서들에서 유다에 대한 최초의 언급은 열 두 제자를 택하실 때의 기사와 관련하여 나오는데(마 10:4, 막 3:19, 눅6:16), 공관복음서에는 하나같이 그에 대해 "예수를 파는 자 될 가롯 유다"인 것으로 첨부되어 있다. 가롯 유다의 배반동기가 복음서들에는 단언적으로 기술되어 있지 않다. 아마도 유다는 제자들의 나머지 무리들과 같이(〈참고〉 마 16:16, 요1:41, 45, 49, 11:27) 예수가 약속된 메시야이시고 또한 그가 이스라엘을 이방인의 지배에서 독립시켜 줄 것임을 믿었기에 예수를 따르는 무리 중에 가담했었을 것이다.(마 19:27, 20:20-23, 눅 24:21, 행 1:6) 그러나 예수가 자기의 사역활동을 정치화하는 것을 계속 거부하고 또한 베다니의 잔치 때에 자기의 죽음이 임박했다고 공개적으로 말씀하시자 이에 유다가 자극되어 예수에 대한 배반의 행동으로 나갔던 것이 아닌가 추측한다. 은 30전을 받고 그는 겟세마네 동산에서 기도하는 주님을 찾아가 대제사장의 하속들에게 넘겨주었다. 붙잡힌 예수가 공식적으로 정죄받아 사형선고를 당하게 되자 깊은 죄책감에 휩싸여 돈을 다시 돌려주려고 하였으나 결국엔 단호히 경멸적으로 거절 당했다.(마 27:3-5)

마태복음에는 그 후에 유다가 목매달아 자살한 것으로 기술되어 있으며 사도행전에는 각주 형태로 유다가 몸이 곤두박질하여 배가 터져 창자가 다 흘러나왔다고 사실적으로 기술되고 있다.(행 1:18, 19)

2) 바울 사도

(1) 출생과 박해

바울이란 이름은 '작은' 이란 뜻을 가진 로마 이름이다. 히브리 이름은 사울이라고 한다.(행 21:39, 7:58, 8:1)

바울은 헬라문화의 중심지인 길리기아의 수도 다소에서 출생하였다. 그는 베냐민 지파에 속하여 난지 8일만에 할례를 받은 히브리인 중에 히브리인이었다.(빌 3:5) 그의 가족에 대해서는 직접 알려진 것이 거의 없으나 로마 시민권자로 출생(행 16:37-38, 22:25-29)한 것을 볼 때 상당히 부유한 가정에서 성장한 것이 틀림없다. 그는 헬라철학을 전공하고 멀리 예루살렘까지 유학해서 당대 최대 석학 가말리엘 문하에서 율법을 전수(행 22:3)받고 열렬한 유대교도로서 바리새파에 속하였고 율법에 기초한 엄격한 생활을 하였다.(빌 3:5,6, 갈 1:14) 그는 그리스도교인이 율법도 경히 여기고 성전을 무시하는 일에(행 6:13) 분개하여 그리스도인 박해에 참가하고 스데반의 처형에 입회했다.(행 7:54-8:3) 그는 멀리 다메섹에

숨어 있는 그리스도인을 잡아 예루살렘으로 끌고 오기 위해 각 회당에 보내는 대제사장의 공문을 가지고 다메섹으로 향했다.(행 9:1-2)

(2) 회심

바울은 다메섹 가까이 갔을 때 정오에 하늘에서 강렬한 빛을 받아 눈이 어두워진 채 땅에 엎드러졌다. 이 때 하늘에서 "사울아 사울아, 네가 어찌하여 나를 핍박하느냐"하는 음성을 들었다. 바울은 말하는 이의 정체에 대해서 질문했다. 그 순간 "나는 네가 핍박하는 예수라"는 음성을 들었다. 그리고 그는 "일어나 성으로 들어가라"는 지시를 받았다. 직가라는 거리에 살고있는 아나니아에게 안수받고 눈이 밝아지고 이방의 사도로서의 소명을 받았다.(행 9:1-18) 그 후 아라비아로 물러가 3년을 보내고서 예루살렘에 올라갔다가(갈 1:17,18) 10년쯤 지나 다시 예루살렘에 올라갔다.(갈 2:1-10) 그 동안 무엇을 하고 무엇 때문에 예루살렘에 올라갔는지는 정확히 알 수 없다. 수리아 길리기아 지방에서 전도한 것으로 생각된다.(갈 1:21-24, 행 11:25-26)

(3) 전도여행

바울은 안디옥교회의 파송을 받는다. 바나바와 함께 1차 전도여행을 시작으로 2차, 3차 전도여행을 계속하여 소아시아 일대 수많은 교회를 세웠다. 그리하다 예루살렘에서 체포되어 가이사랴에서 2년간 감금되었다가 로마로 호송되어 비교적 자유로운 몸이 되어 가이사궁에 있는 사람들에게 전도하여 로마천지를 복음화하는데 기초를 쌓았다.

(4) 순교

디모데전·후서, 디도서 중의 기사를 상고해보면 바울 사도는 로마옥에서 풀려난 뒤 수 년 동안 계속 일한 것으로 보여진다. 전설에 의하면 2년

동안의 연금에서 풀려난 바울은 스페인까지 전도했다고 한다. 그리고 다시 체포되어 로마에 감금되었다가 네로 황제의 핍박 때 오스티안 거리에서 참수형으로 순교하였다고 한다.

3. 기독교 박해

기독교가 전파되는 곳마다 거센 저항과 박해가 일어났다. 유대땅에서는 예수가 메시야임을 거부하는 유대교가 거센 핍박을 가했고, 팔레스틴을 넘어서 멀리 로마에 기독교가 전파될 때에는 또한 로마에게 가장 무서운 박해를 받았다.

1) 박해의 원인

(1) 오해와 미신

기독교의 본래 정신과 상관없이 단순한 오해와 미신 때문에 반대에 부딪혔다. 기독교인은 동굴에서 남녀가 모여서 음행하는 부도덕한 무리라는 거짓소문이 났고, 또한 성찬예식을 오해하여 기독교인은 자식을 잡아먹는 불의한 자들로 여겨졌다. 뿐만 아니라 로마에서 일어나는 여러 가지 재앙은 기독교인 때문이라는 터무니없는 말들이 유포되었다.

(2) 사상, 생활, 정책의 부조화

첫째로, 로마는 국가 지상주의인데 반해 기독교인은 하나님 중심주의였다. 로마인은 로마제국을 영원하다고 믿었으나 기독교인들은 하나님 나라만이 영원하다고 믿었다. 둘째로, 기독교도들의 엄격한 도덕생활과 오락의 배격은 로마인들로부터 반사회적이라고 규탄받았다. 셋째로, 로마정책과 기독교 신앙과의 충돌이다. 로마는 황제를 숭배하고 황제 예배를 강요했다. 그러나 기독교인들은 철저하게 이를 거부했다. 뿐만 아니라 기독교인들은 군사상 복무를 거부하고 주일성수를 위해 공무원되는 것까지도 거부하였고, 더욱이 비밀집회를 갖는 것 등은 모두가 다 반국가적 정치적 모의라고 오해받았다.

2) 박해의 방법

박해의 방법은 다양했다. 회유책으로 뇌물로 기독교도들을 설득하여 배교하게 만들기도 하였고, 배교하는 자에게 직업을 알선해주고 생활 안전과 직위 향상을 보장해 주기도 했다. 뿐만 아니라 강경책으로 관직이나 사회적 직위를 박탈하고 재산을 몰수하기도 하였다. 가혹한 방법으로 투옥, 맹수의 밥, 화형과 유배에 처하게 하기도 하였다.

3) 박해의 결과

A.D. 64년 네로 황제의 박해를 시작으로 무서운 박해가 지속되어 많은 순교자를 내었으나, 한편으로 그것은 오히려 기독교인들을 무섭게 단합하게 만들어 복음을 더욱 신속히 증거하게 만들었다. 그리하여 마침내 A.D. 313년 콘스탄틴 대제가 기독교를 공인하지 않으면 안되게 되었다. 한편으로 기독교가 생명의 종교임을 입증받았고 교회와 국가의 구별이 명확히 드러나게 되었다.

4. 초대교회 이단

기독교는 초창기부터 외부로부터 유대인과 로마제국의 무서운 핍박을 받았고 또한 내부적으로 이단 종파가 생겨나 교회가 어지럽게 되었다. 이단은 크게 혼합적 이단과 유대적 이단으로 분류할 수 있다.

1) 혼합적 이단

(1) 영지주의(靈知主義)

영지주의(Gnosticism)는 헬라어의 '지식'을 뜻하는 Gnosis에서 비롯된 말로 그 중추적인 사상인 속죄관에 있어 지식을 그 요소로 주장하는데 기인한 것이다. 그노시스에서는 구원은 높은 지식을 통해서 얻는다고 했다. 이름은 이렇게 단순하지만 그 내용을 규정하기란 쉽지 않다. 그노시스주의는 기독교의 그리스도 속죄와 같은 일부사상들과 헬라와 유대와 바사의 철학, 종교, 정신 및 신비사상들을 혼합한 해괴한 산물이다. 초대 그리스도교회를 위협하던 이단설의 양극은 바로 이 영지주의와 에비온주의였다. 영지주의는 그리스도의 신성을 부정하여 그의 육체를 그가 임시로 깃든 가현적인 것이라고 하였다. 영지주의 시조 케린퍼스는 예수의 처녀탄생을 부인하였고, "예수는 요셉과 마리아의 아들로서 지혜와 도덕에 뛰어난 위인이며 그리스도는 전혀 다른 존재로서 예수께 깃들어 계셨다가 십자가 직전에 떠나가셨다. 그러므로 그리스도의 수난이란 있을 수 없는 가현적이었다."고 말했다.

(2) 말시온주의(Marcionism)

말시온주의의 신관은 구약의 하나님은 창조의 신, 공의의 신이고 그리스도를 통해 계시된 신은 사랑의 신, 평화의 신으로 구약의 신과 대립된다고 했다. 기독관은 그리스도는 인성을 가지지 않은 신같은 사람이나 사람은 아니라고 했다. 예수는 영적인 존재이기 때문에 실제적인 탄생이나 죽음이 없었다고 했다. 그래서 성육신이나 십자가의 죽음을 부인한다. 그리고 성경관은 구약을 부인하고 목회서신을 제외한 바울서신만을 정경으로 인정했다.

2) 유대적 이단

(1) 에비온파(Ebionite)

영지주의와 함께 초대교회를 가장 무섭게 위협했던 이단으로 예수의 신성을 부인하였고, 예수는 나사렛 목수의 아들로서 한 위인에 지나지 않는다고 보았다. 따라서 그리스도의 부활과 승천을 믿지 않았다. 모세의 율법을 행해야 구원을 받는다고 하였고, 할례를 시행했다. 그들은 신약성경 가운데서도 히브리서만을 작은 구약이라고 인정했다.

(2) 나사렛파(The Nazarenes)

에비온파처럼 율법준수를 강조하고 유대인 중심의 기독교를 고집했지만 예수 그리스도의 신성을 믿었다. 그래서 절충파라 칭한다. 히브리어로 된 마태복음만을 사용했다.

5. 사도후 시대 (교부시대)

사도의 후계자들을 교부(Fathers)라고 부르며, 교부는 사도의 직계 제자이거나 제자의 제자라도 문서를 남겨 놓은 자 그리고 사상적으로 정통적 입장에 선 사람들을 말한다.

교부는 시대에 따라서 니케아회의(A.D. 325) 이전의 교부와 그 이후의 교부로 크게 나누며, 지역과 언어에 따라서 동서로 구별한다. 그러나 니케아회의 이전시대 교부는 보통 속사도 교부, 변증가(辯證家), 헬라교부, 라틴교부로 구분한다.

1) 속사도 교부

속사도 교부란 사도를 계승한 교부라는 뜻인데 이것은 어디까지나 명목뿐이고, 반드시 사도들과 직접 접촉이 있었거나, 그 가르침을 받은 것은 아니다. 다만 시대로 보아서 사도시대의 뒤를 이은 교부들 중에서 가장 오래된 교부를 사도적 교부라고 일컫는 것이다. 사도 후의 교부들 중에는 그 이름과 글이 함께 전해오는 경우가 있는가 하면, 글은 있지만 이름이 전해오지 않는 경우도 있으며, 이름은 전해오지만 글이 남아있지 않는 경우도 있다.

(1) 이름과 저서가 함께 전해오는 교부

① 클레멘트(Clement of Rome)

베드로의 후계자로 로마의 3대 감독(88-97 혹은 92-101년간의 교황)으로 추정되며 1세기 말 로마 교회의 장로 중 유력한 자로 여겨진다.

에피파니어스, 요세푸스, 제롬은 그가 곧 빌 4:3의 글레멘드라고 하였다. 그는 해방된 노예였다. 저서로는 96년경에 기록한 고린도 교회에 보내는 편지가 있다. 그 내용의 4분의 3정도가 구약을 인용한 것이었고, 질투하지 말 것이며, 겸손하고 규칙을 준수하고, 감독 · 집사 선거를 조심하고, 서로 사랑할 것을 권면하고 있다. 그에 대해 여러 가지 전설이 생겼는데 클레멘트 문헌에는 사도들이 그를 통해 교회를 가르쳤다고 했고, 또 다른 전설에는 그는 트라얀황제 때 크리미아에 유배가서 탄광 노동을 하다 선교의 결과가 좋아지자 결국 닻에 매여 흑해 속에 던져졌는데 천사가 그의 무덤을 만들고 1년에 한 번씩 물을 갈라지게 하여 주민들로 하여금 그의 무덤을 보게 했다는 것이다.

② 익나티우스(Ignatius)

안디옥교회의 감독으로 사도요한의 제자라는 설이 있다. 오리겐은 그가 베드로 다음으로 안디옥 교회 감독이 되었다고 하고, 요세푸스는 그가 베드로 다음, 다음으로 안디옥교회 감독이 되어서 40년간을 일하고 트라얀황제의 핍박 때 로마로 끌려가서 맹수의 밥이 되었다고 한다.(A.D. 115년경) 로마로 호송되어 가면서 기록한 일곱통의 편지가 남아있다. 에베소인, 막네시아인, 트라리아인, 로마인에게 보내는 편지는 서머나에서 쓴 것이며, 필라델피아인, 서머나인에게, 그리고 폴리갑에게 보내는 편지는 트로아스에서 쓴 것이다. 이 일곱통의 서신은 몇 가지 형식으로 전해지고 있다. 처음에는 라틴어역만 전해지다가 헬라어로 된 것이 후에 발견되었다. 여기에는 긴 것과 짧은 것이 있는데, 학자들은 짧은 것이 원형에 가깝다고 인정한다. 그밖에 더욱 짧은 수리아어역도 있다. 여기 몇 구절 인용한다.
" … 시리아에서 로마까지 나는 육지에서도, 바다에서도 야수들, 표범 열 마리와 싸우고 있다. 그들은 곧 호송군인들이다. … 바라옵기는 나를 위하여 준비되어 있는 야수에게 축복이 있기를 … 나는 내 자신을 위하여 야수들이 일찍이 나를 발견하고 먹어주기를 … 나를 두려워하거나 머뭇거리지 않기를 기도한다. 지금이야말로 나는 그리스도의 제자가 되고 있다. 내가 그리스도를 소유할 수 있는 한 어떠한 것도 눈에 보이는 것이나 보이지 않는 모든 것이 나의 열망을 깨뜨릴 수 없다. 불이거나, 십자가이거나, 야수의 습격이거나, 천 조각으로 뼈가 꺾이고 부서진다 해도, 마귀가 주는 모든 고난이 내게 향하여 와도 좋다. 나는 다만 그리스도 예수를 소유하고 있을 뿐이다."

③ 폴리갑(Polycarp)

그는 소아시아의 에베소 다음 가는 상업도시 서머나의 감독이었다. 서머나에서 교인이 되어 사도 요한의 제자가 되었는데 그에게서 감독 임명을 받았다. 그의 제자 이레니우스의 글에는 스승 폴리갑에 대한 촌평이 다음과 같이 나타나 있다. '사람들이 나쁜 말을 하면 그는 귀를 막고 달아났다.' 계시록에 보면 서머나 교회만 무흠하다. "이 자가 아시아의 선생이요, 기독교인들의 아버지요, 우리 신들을 망친 자라"고 이방인들이 외쳤다. 그가 요한과 함께 욕탕에 들어가려다가 이단자 쎄린더스가 있는 것을 알고 "저 안에 진리의 원수가 있으니 저 욕탕 지붕이 내려앉기 전에 달아나자!"고 했다는 것이다. 익나티우스가 서머나에 들렀을 때 폴리갑은 그 쇠사슬에 키스했다. 빌립보교회에 보내는 그의 서신 한 통이 남아있다. 이 서신은 인용을 많이 하였으며 주로 바울의 많은 서신과 베드로서, 요한1서 등에서 인용하였다. 이같은 점에서 그의 서신은 좋은 자료가 된다. 그는 사도들과 후대 교부들 간에 다리가 되었다. 그를 잡으러 온 군인들에게 저녁을 주라 하고 온 교회와 자기와 관계되었던 사람을 위해 두 시간 동안 서서 기도드린 후 잡혔다. 서머나 노천극장에 사자들을 몰아 넣고 거기에 폴리갑을 던져 사자들에게 먹히게 했다. 집정관이 "그리스도를 욕하고 살라"하니 노감독은 정색하고 "내가 86년간 그를 섬겼으나 나에게 잘못이 없으신 내 왕, 내 구주를 어찌 지금 욕할 수 있겠느냐"고 대답했다. 팔을 뒤로 묶인 그는 얼굴을 들고 "사랑하는 주님의 아버지시여, 저를 순교자의 하나로 택해 주시고, 영생의 부활의 잔을 주신 은혜를 감사하오며, 하나님 아버지와 우리 대제사장이신 그리스도께 영원한 영광과 존귀를 돌리나이다. 아멘" 했다. 순교한 연대는 155년경으로 추정된다.

④ 파피아스(Papias)

그는 후르기야의 히에라폴리스의 감독으로서 150년경에 버가모에서 순교하였다. 사도 요한의 제자였을 것이라고 한다.

저서는 『주의 가르침의 설명』이 있는데, 5권으로 되어 있으며, 친히 사도들과 사도들의 제자들이 전한 것을 한데 모은 것이다. 이 책이 지금은 전해지지는 않는다. 요세푸스의 역사에 또는 이레니우스의 책 중에 인용되어 있을 뿐이다. 그 단편은 유력한 사료이다. 파피아스는 열심있는 천년왕국론자로서 열정적인 말로써 천년시대의 축복을 설교하였다고 한다.

(2) 저서만 전하고 저자는 모르는 교부

① 바나바서

바울의 친구인 바나바가 아닌 것은 분명하다. 신약 성서 중의 히브리서와 비슷한 점이 있다. 히브리서는 바나바의 글이라고 생각되었으므로 이 책도 역시 바나바서라는 이름이 붙여진 것 같다. 저자는 아마도 알렉산드리아의 유대인일 것이며, 쓴 곳도 역시 알렉산드리아일 것이다. 이 책은 어떤 한 교회에 보내는 편지가 아니며, 널리 모든 기독교인을 상대로 쓴 것이다. 120년경에 기록된 것으로 추정된다.

② 헬마스의 목양자 (牧羊者)

이 사람도 저술은 전해오는데 저자의 사적이 전해지지는 않는다. 로마서 16장 14절에 있는 허마와 같은 사람이라는 설이 있으나, 분명치는 않다. 저서로서 『목양자』(牧羊者)가 있다. 이 책은 미래기(未來記)문학이다. 즉, 다니엘로 시작하여 요한 계시록에 이르기까지의 계통을 따라가면서, 꿈 이야기와 같은 문장으로 기독교의 도리를 가르친 것이다. 이 책은 번연의 『천로역정』과 비슷한 점이 있다. 연대는 클레멘스의 서신과 거의 동시대의 것으로 A.D. 100년 이후의 것이다. 그 사상은 율법적인 요소가 많은데, 하나님의 은혜, 구원보다도 의무와 도덕을 가르치며, 또한 금욕주의로 기울어지고 있다. 대체로 보아서 야고보서와 동일한 계통에 속한다.

③ 디오그네터스에게 주는 편지

디오그네터스가 누구인가는 분명하지 않다. 마르쿠스 아우렐리우스 황제의 스승의 이름과 같다. 혹은 그 사람일지도 모른다. 이 책은 기독교의 예배와 생활의 참뜻을 설명하고 있다.

사도적 교부의 저서 중에서 그 사상이 가장 풍부하며 문장 역시 힘있다. 비범한 인물의 글임을 알 수 있다.

④ 12사도의 교훈

100년경에 기록된 책으로 역시 저자는 누구인지 모른다. 세례를 받은 사람과 받으려는 사람을 위하여 실제상의 훈계를 기록한 책으로 초대교회때 널리 읽혀졌다. 알렉산드리아의 클레멘트는 이 책을 신약성경에 포함시켰다. 1873년 콘스탄티노플 성내 살렘수도원에서 발견되었으며 1883년에 출판되었다. 교회의 실생활을 아는데 사료로서 가치가 높다.

2) 변증가 (辨證家)

초대 교회 시대에 기독교는 오해로 인하여 박해받은 경우가 많았다. 그래서 그 오해에 대한 해명으로 글로써 기독교를 변증한 학자들이 많다. 이 사람들을 변증가라 부르며, 특히 제 2세기 출현한 신학자들로서 철학적 소양이 있는 사람들을 총칭한 말이다.

(1) 저스틴(Justinus)

변증가중의 가장 유명한 저스틴은 125년경에 출생하여 166년경에 죽었다. 그는 사마리아에서 헬라인 부모밑에서 출생하였다. 처음에는 스토아학파의 철학을 배웠으나 만족함이 없어 아리스토텔레스, 피타고라스의 여러 학파로 전전하며 사숙하다가 마침내 플라톤학파의 철학을 배우게 되었다. 그러던 어느날 그는 바닷가를 거닐다 한 노인을 만났다. 노인은 그에게 구약 성경에 관한 일과, 그리스도에 이르러 예언이 성취된 사실을 말한 후에 사라졌다. 여기서 그는 신구약 성경을 연구하게 되어 기독교를 믿게 되고, 철학자의 복장으로 각처를 다니며 도를 전하고, 두 번째 로마로 올라가 전도하다가 거기서 순교하였다. 『대변증서』, 『소변증서』, 그리고 『트리포(Trypho) 왕의 대화』 등 3권의 저서가 있다. 『대변증서』는 안토니우스 피어스 황제에게 올리는 글로서 우상의 허무를 반박했다. 『소변증서』는 로마의 원로원에게 올리는 글로서 세인의 욕설 훼방이 아무런 근거가 없는 것을 역설하고 있다. 그리고 『트리포 왕의 대화』는 에베소에 살고있는 유대인으로서 기독교를 믿지 않는 트리포라는 사람과의 담론 형식으로 되어 있는 글이다.

(2) 타티안(Tatianus)

그는 110년에서 172년경 사이에 생존했던 앗수리아인으로 저스틴의 제자였다. 철학자로서 로마에 거주하였다. 그의 저서 중 중요한 것은 『헬라인에 대한 담론』이며 헬라인의 신화를 반박한 것이다. 그밖에 『디아테싸론』(Diatessaron : 4에 근거하여 라는 뜻)이 있는데 이것은 4복음서를 종합하여 하나의 이야기로 편집한 것이며, 가장 오래된 예수의 전기라고 할 수 있는 것이다. 이 책도 오랫동안 매몰되어 있다가 1886년에 아라비아역이 발견되었다. A.D. 160-170년경에 요한복음이 교회에서 사용되었다는 사실은 이 책으로 말미암아 증명된 것이다.

(3) 아데나고라스(Athenagoras)

아데나고라스는 2세기 후반의 인물로서 아테네에서 출생하여, 철학자로서 후에 기독교에 입신하였다. 그는 177년경에 『기독교에 관한 사명』이라는 책을 저술하였고, 그밖에 부활에 관한 저서가 있으나, 이 모두는 전해지지 않고 있다.

(4) 멜리토(Melito)

멜리토는 소아시아 사데 교회의 감독이었다. 그의 저서는 친구 아우톨리쿠스(Autolycus)에게 주는 헬라의 신화를 비판한 글이다. 그밖에 5,6종이 있으나 현존하지 않는다.

3) 헬라교부

변증가의 시대는 170년경으로 끝을 맺는다. 물론 이보다 더 후대에도 변증의 열심은 식어지지 않았고 변증의 글들이 계속 나타나기는 하였으나, 기독교회는 점점 내부의 충실에 열중하였으며, 신학교를 건설하는 시대로 접어들게 되었다. 이 시기에 헬라의 신학자와 라틴의 신학자사이에 분파가 생기기 시작하였다. 지역과 언어가 다를 뿐만 아니라 국민성의 차이로 인해 사상의 경향도 크게 달리하게 되었다. 헬라파는 다시 소아시아파와 알렉산드리아파로 나뉜다. 소아시아파는 사도 요한의 뒤를 이은 사람들로서 성경 해석에 중심을 두고 사상과 신앙이 비교적 온전한 편이었다. 이단에 대해서는 강한 대항자세를 취했다. 이 파의 유력자는 이레니우스(Irenaeus)와 힙포리터스(Hippolytus)이다. 알렉산드리아파는 철학과 고문학(古文學)의 소양이 풍부하며, 대담하고 창조력이 풍부하였다. 그들은 이단자를 반대하여 진정한 지식을 개척하는 것을 그 본분으로 삼았으나, 그 자유로운 연구 태도와 사상 때문에 복음적이 아니라는 비난도 받았다. 이 파의 대표자는 클레멘트(Clement)와 오리겐(Origenes)이다.

(1) 소아시아 신학자

① 이레니우스(Irenaeus)

소아시아에서 나서(115-119) 서머나에서 자라며 폴리갑의 설교를 들었다. 로마에서 공부하고 후반에 선교사로서 갈리아(지금의 프랑스 지방)에서 활동하다가 노감독 포터너가 순교하자 장로였던 이레니우스는 그 뒤를 이어 감독이 되었다. 문필에 능하여 정통 교리를 옹호하는 데 노력했다. 그의 전도는 크게 성공하여 리옹과 같은 곳에서는 거의 전 시민이 신자가 되었다. 그는 성질이 온후하고, 사상이 순수한 것이 장점이며 학식도 얕지 않았다. 사도 요한의 계통을 계승하여 신약의 정신을 파악하였으며, 관대하여 사소한 차이에 구애받지 않았다. 그는 헬라의 신학자이지만, 활동 장소는 서유럽으로서 라틴신학의 발달에 공헌한 바가 크다. 그의 저서로는 『이단 반박』(Contra Hersis)과 『사도들의 전도 실연』이 있다. 『이단반박』은 주로 노스틱주의(Gno-sticism)를 공격한 것인데, 노스틱주의 뿐만 아니라, 당시의 기독교회의 사상 연구에 있어 가치가 많은 사료이다. 이것은 170년 내지 190년의 저작이다. 원문은 전해지지 않고 있으며 불완전한 라틴역이 있다. 그리고 『사도들의 전도 실연』은 구약을 많이 인용한 기독교 변증 교본인데 아르미아역을 1904년에 찾았다. 이레니우스는 첫째로 꼽는 카톨릭 신학자이다.

② 힙포리터스(Hippolytus)

이레니우스의 제자로서 학문이 넓다. 감독이라고 전해지지만 어느 곳의 감독인지 분명하지 않다. 티베르강 하류의 포르터스 로마너스가 그의 임지라는 설이 있다. 3세기 로마교회의 신학자였으며 212년 오리겐이 그의 설교를 들었다. 그의 가장 중요한 저서 『모든 이단 논박』에서 기독교의 모든 이단은 다 이방철학에 소급된 것이라고 주장했다. 그 외의 저서로 『다니엘 주석』, 『적 그리스도』, 『사도적 전승』 등이 있다.

(2) 알렉산드리아 학파

알렉산더 대왕이 세운(B.C. 332) 알렉산드리아(애굽삼각지 서부도시)는 로마, 콘스탄티노플 다음 가는 도시로 로마 제국에서 가장 유명한 도서관이 있었고 많은 학자들이 활동했던 학문의 도시였다. 신앙적으로도 크게 성하여 그 세기말에 알렉산드리아 교회는 이미 유력한 교회가 되었다고 한다.

① 판터너스(Pantaenus)

스토아 철인으로 신자가 된(185년경) 판터너스는 알렉산드리아 학파의 선구자였으며 유명한 교리 학교(Catechetical School)의 첫 교장이었다. 알렉산드리아에서 180년경부터 죽을 때까지 가르치며 자기보다 더 유명해진 클레멘트에게 큰 영향을 끼쳤다.

② 클레멘트(Clement of Alexandria)

아테네에서 출생(150)하였고 어려서부터 성경을 배워 초대교회 저자들 중에 누구보다도 성경에 익숙했다. 철학 공부도 일찍 시작하여 훌륭한 철학자가 되었다. 스승을 찾아 각처를 돌아다니다가 알렉산드리아에 와서 판터너스의 문하에서 배웠다. 판터너스의 뒤를 이어 신학교에서 가르치게 되어 12년간 종사하였다. 202년 쎄베러스 황제의 박해가 일어나자, 그는 난을 피하여 안디옥으로 도망하여 그 지방에서 저술과 설교에 종사하며 교회를 위하여 힘썼다. 후에 예루살렘에 이르렀다가 다시 알렉산드리아로 돌아가서 215년경에 죽었다. 클레멘트는 온후하고 명상적인 사람으로서 논쟁의 자리에 서기를 좋아하지 않았다. 그는 유력한 설교가라기보다는 교양이 넓고 문학에 취미가 많은 학자였다. 그는 극단의 금욕주의자로 무수한 수도자들의 후문이 두려워, 마 19:12대로 스스로 거세했다. 그의 저서는 (1)『헬라인에게 주는 권면』(Exhortation to the Greeks)이 있는데 이것은 다른 종교의 헛된 점을 설명하여 기독교로 향하게 하려고 시도한 것이다. (2)『교육자』(Peadagogue)는 기독교의 도덕을 설명한 것으로서 3권으로 되어 있다. (3)『잡설』(Stromata)은 철학에 관한 사상의 비망록이다. 거대한 교통을 세운 기독교 철학을 저술할 준비로 기록해 둔 것으로 보인다. 그 밖에도 저서가 많으나 전해오지 않는다.

③ 오리겐(Origen)

오리겐은 동방교회에 가장 큰 영향을 끼친 인물이다. 185년경 알렉산드리아에서 출생하였다. 아버지는 알렉산드리아 대학에서 헬라문학을 가르치다가 202년 대박해때 순교했다. 오리겐은 어머니가 옷을 감추는 바람에 아버지를 따라 순교하러 가지 못하였지만 아버지에게 편지를 밀송하여 "우리 때문에 신앙을 저버리지 마시라"고 부탁했다고 한다. 아버지가 죽은 후에는 어머니와 6인의 제매(弟妹)의 생활을 위하여 필경(筆耕)도 하고 학생을 가르치기도 하였다. 18세때 스승인 클레멘트의 뒤를 이어서 신학교를 주관하게 되자, 암모니어스 삭카스(Ammonius Saccas)에게서 철학을 배우게 되었다. 오리겐은 금욕, 고행, 청빈에 힘쓰며 여학생 교육에 거리낌이 없기 위해 거세했다.(마 19:12) 오리겐의 명성이 점점 높아지게 되자, 그의 원수들은 그를 심히 미워하게 되어 그가 살고 있는 집 주위에 병졸을 배치한 일도 있었다. 그는 안전한 곳을 찾아서 자주 거처를 옮기기도 하였다. 오리겐의 문하생으로 있는 청년들로서 고문을 당하고 죽은 사람도 적지 않았다. 오리겐은 순교하려는 사람들을 방문하여 위로해 주고 입을 맞추는 일을 조금의 두려움도 없이 하였으나, 그의 원수들은 감히 그를 해하지 못하였다. 211년경에는 로마로 갔으며, 215년에는 아라비아에 부름을 받아 전도하였으며, 230년경에는 팔레스틴을 거쳐 헬라로 갔다. 그런데 처음에 그를 천거하였던 감독 데메트리어스는 오리겐의 명성을 시기하였다. 그리하여 그를 소환하여 알렉산드리아의 교회에 고소하기를, 오리겐이 이단설을 주장하고 자기의 몸을 스스로 상하게 하였다고 하여 그를 추방하였다. 오리겐은 가이사랴로 가서 신학교를 개설하였다. 이때는 그가 문학적 활동의 절정에 도달한 시기이었다. 244년 데시우스 황제의 박해가 일어나자, 두로의 감옥에 갇혀서 참혹한 고문을 받고 이 때문에 마침내 운명하였다고 한다. 오리겐의 저서는 대단히 많다. 헤로니머스는 한 사람이 못다 읽을 만큼 많은 책을 썼다고 하였으며, 그의 저서가 2천부라고 하였다. 에피파네스는 6천부가 될 것이라고 하였다. 아마 그 중에는 서신 같은 것도 포함되었을 것이다. 오리겐의 저술은 이것을 세 부분으로 나눌 수 있는데 첫째는 성경에 관한 것으로서 이것을 다시 본문 비평과 주석으로 나눌 수 있다. 비평의 방면에서 가장 큰 저술은 『헥사플라』(Hexapla)로서 27년의 노력으로 이루어진 것인데 '여섯 겹' 또는 '여섯 계단' 이라는 뜻이다. 구약 성경의 히브리어의 본문과, 70인역과 그 밖의 몇 종류의 번역과를 대조하여 같은 점과 다른 점을 말한 것이다. 주석은 신구약의 전부에 걸쳤다. 이 점에서 그는 성경 주석가의 시조라고도 할 수 있다. 둘째는 교리상의 저서로서 『제1원리』라는 큰 책이다. 이 책은 기독교의 교리를 계통적으로 기술한 것으로서 오늘날의 조직신학에 속하는 최초의 저서라고 할 것이다. 셋째는 변증적인 저술로서 『콘트라 셀수스』라는 책이다. 이것은 셀수스를 변박한 가장 큰 책이다.

4) 라틴교부

교부시대 라틴 신학자로 가장 유명한 대표자는 터툴리안(Tertullian)과 키프리안(Cyprian)이다.

(1) 터툴리안(Tertullian)

초대교회 대저술가로 단연 첫 번째로 손꼽히는 터툴리안은 150년경에 카르타고에서 출생하였다. 아버지는 로마 군대의 백부장이며 어머니는 이교도였다. 청년시절에는 방탕한 생활도 하였으나, 3,40세 사이에 기독교에 입신한 이래 열렬한 신앙을 품고 엄격한 도덕을 지켰다. 그는 먼저 철학, 그릭, 라틴을 공부해 문학 청년으로 시작해 평생을 글에 바쳤으나 그의 법적 훈련이 그의 인격과 저술에 큰 영향을 주었다. 신자가 된 후 성서와 기독교 문헌을 열심히 공부해서 그의 철학, 문학, 법률, 지식을 배경으로 이방인, 유대인, 이단자들에게 기독교 신앙을 유력히 변호했다. 제롬에 의하면 그는 고령까지 이방인, 유대인, 말시온파, 영지파, 카톨릭과 싸우다가 카르타고에서 죽었다.(225년경) 그의 저서는 3부류로 구분된다. ① 변증적(이방종교, 유대교에 대한 기독교의 변증), ② 논쟁과 교리적(이단, 이단자 논박), ③ 도덕적, 금욕적 훈련(몬타너스주의 찬동기간) 등이다.

① 에 속한 책들로『만방에』, 『변증』, 『영혼의 증거』, 『유대인 반대』 ② 에 속한 책들로『이단로』, 『말시온 반대문』 ③ 에 속한 책들로『순교자』, 『세례』, 『기도』, 『참회』, 『아내에게』, 『너울』, 『화관』, 『우상』, 『일부일처』, 『도망』 등 다방면의 저술을 내어놓았다. 그의 신학사상도 후세 크게 영향을 끼쳤다. 신약(Novum Testamentum)이라는 말과 삼위일체(Trimitas)라는 말은 그가 처음 사용한 것이다.

(2) 키프리안(Cyprian)

키프리안은 터툴리안을 선생으로 높인 지적 후계자이다. 그도 그의 선생과 같이 카르타고 사람이다. 부유한 가정에 태어나, 문학과 법학을 공부하고 수사학의 교사로서 이름났는데, 45세 때 기독교를 믿게 되었다. 후에 조용한 생활을 보내면서 터툴리안의 저서를 연구하였다. 그는 기독교 신자가 된 지(246) 2년만에 주저하며 카르타고 감독이 되었으나, 곧 아프리카에서 가장 유력한, 세계적으로 유능한 감독이 되었다. 250년 데시우스 황제의 박해가 일어나자, 사막으로 피난하여 편지로써 교회를 지도하였다. 사막에서 돌아온 후에는 발레리안 황제의 박해를 만나 사막으로 귀양 갔다가 258년에 돌아와서 목이 잘려 죽었다. 사상가로서 그는 터툴리안을 답답한 정도였는데 그의 장점은 실제 정치에 있었다. 그는 천성적으로 사람을 지배하는 재간을 갖추고 있었다. 당시의 교회의 조직과, 규칙과, 생활에 대한 사료를 얻는데 있어서는 이 사람의 저서보다 더 나은 것이 없다. 그의 저술 가운데 역사적인 가치가 있는 것은 『교회의 일치』라는 제목의 한 책(251년)과 81통의 서신이다. 문장은 아름답고 터툴리안의 글보다 더 감동적이다.

탐 구 문 제

🌱 1. 예수님이 태어난 해를 서기 기원으로 삼았는데 어떻게 예수님
    은 B.C. 4년에 태어났다고 합니까?

    예수님이 태어난 해를 서기 원년으로 삼고 서양의 연대를
    통일하고자 했다. A.D. 520년경 로마인 Dionysius
    Exugus가 로마건국 754년에 예수가 탄생했다고 추정하고
    그 해를 서기원년으로 삼았는데 오랜 뒤에 예수님 출생시
    생존했던 헤롯대왕의 사망이 B.C. 4년이라는 것이 밝혀지
    자 최소한 예수의 탄생은 B.C. 4년 이후가 될수 없었다. 정
    확한 연대를 알수 없지만 일반적으로 예수님이 B.C. 4년에
    출생한 것으로 본다.

🌱 2. 헤롯 안디바스(헤롯왕)는 예수를 누구라고 하였으며, 왜 그를
    보고자 했습니까? (막 6:14, 눅 9:9)

    예수님이 많은 권능을 행한다는 이야기를 듣고 헤롯은 세례
    요한이 죽었다가 다시 살아난 사람이라고 생각했다. 그리고
    그 사실을 확인하기 위해 예수를 보고자 했던 것이다. 이것은
    헤롯이 만조백관 앞에서 행한 맹세때문에 세례 요한을 목베는
    것을 허락했으나 그가 선지자며 능력자인 것을 알기에 항상
    불안과 공포 가운데 고통하였다는 것을 잘 말해주고 있다.

🌱 3. 바울은 헤롯 아그립바 왕에게 무엇이 되기를 원한다고 하였
    습니까? (행 26:27-29)

    "결박한 것 외에는 나와 같이 되기를 원한다"고 하였다.

바울은 지금 죄수의 몸으로 결박되어 심문을 받는 자리에서, 심문하는 왕을 보고 "나와 같이 되기를 원한다"고 했던 것이다. 전도자의 기개가 어느 정도인가를 잘 말해 준다. 우리 성도들도 이와 같이 긍지와 자부심을 갖고 살아갈 수 있어야 한다.

4. 예수님은 바리새인들의 무엇을 가장 신랄히 공격하였습니까? (마 23:13-31)

　　마태복음 23장에 보면 바리새인의 외식을 7번이나 책망했다. 하나님은 외식하는 것을 가장 증오하신다. 하나님은 우리의 심령골수를 다 쪼개어 보시기 때문에 그 앞에는 외식이 통하지 않는다. 우리의 속을 알지 못하는 우상 앞에서는 얼마든지 외식이 가능하지만 모든 것을 다 알고 계시는 하나님 앞에서는 외식이 가장 가증한 것이 된다. 그렇기 때문에 하나님은 외식을 그토록 싫어하신 것이다.

5. 사두개파들은 예수님께 무엇에 대한 의문을 제기했습니까? (막 12:18-25)

　　부활에 대한 의문을 제기했다. "사람이 한 번 죽으면 어떻게 다시 살 수 있느냐?"고 부활을 믿지 않으려고 했다. 사실 사두개파들은 현세 연락(宴樂)에만 연연했기에 내세가 있고 부활이 있다면 그들의 신앙과 삶에 적지 않은 동요와 충격을 받게 된다. 그래서 부활을 믿지 아니하려고 했다. 오늘날 무신론자들이 신의 존재를 부정하는 것은 현재 그들의 삶에

신의 존재를 인정하게 되면 불안, 공포로 견딜 수가 없기에 부정하는 것이다.

6. 세례 요한은 어느 종파 출신자로 믿어집니까?

많은 성경학자들은 에세네파 출신이라고 주장한다. 그가 사람이 살지 않는 광야에 나가서 약대 털옷을 입고 허리에 가죽띠를 띠고 메뚜기와 석청을 먹고 살았던 것을 보면 에세네파의 신앙과 생활에 상당히 근접해 있었던 것을 느낄 수 있다.

7. 예수님의 제자 가운데 열심당원 출신은 누구입니까? (눅 6:15)

누가는 예수님의 12제자를 소개하면서 "셀롯이라 하는 시몬"이라고 하였다.

셀롯이란 말은 바로 열심당(혹은 가나안 왕)을 지칭하는 말로서 시몬이 열심당 출신임을 밝히고 있으며 마태도 시몬을 소개할 때 가나안인 시몬(마 10:3)이라고 했다. 여기서 가나안인이란 출신지를 말하는 것이 아니라 그가 곧 열심당임을 밝히고 있다.

8. 신약성경에 외경이 인용된 부분이 있습니까?

유다서와 베드로후서에 인용된 것으로 보는 학자가 있다. 유다서에 '천사장 미카엘이 모세의 시체에 대하여 다투어' (9절)라는 대목이 나온다. 이는 외경 모세의 승천기에서 인

용한 것이라고 한다.(Clement of Alex, Origen, Didymus) 또한 베드로후서 2장 11절이 외경 에녹서 9장에서 인용하였다고 보는 견해도 있다.

9. 사도(使徒)란 어떤 직분이며, 여기에는 어떤 사람들이 있습니까?

사도란 파견된 자, 사자라는 뜻으로 예수 그리스도에 의해 직접 선택받고 복음 전도자로 파견된 자를 가르친다. 주로 예수님의 12제자에게 붙여진 호칭이다.(가룟유다 대신 맛디아) 뿐만 아니라 예수께 직접 사사한 자가 아닐지라도 부활의 그리스도로부터 직접 위임된 자도 사도로 인정한다. 바울, 바나바 주의 형제 야고보가 바로 여기에 해당된다.(행 14:14, 갈 1:19, 고전 15:7)

10. 카톨릭이 외경에서 정경으로 편입시킨 책은 무엇입니까?

외경 14권 가운데 카톨릭이 정경으로 편입시킨 책은 11권이며 그 책명은 다음과 같다. 토비트, 유딧, 에스더, 지혜서(솔로몬), 집회서, 바룩, 다니엘(세 아이의 노래, 수산나 이야기, 벨과 뱀), 마카베오상, 마카베오하이다. 다만 에스드라 1,2서와 므낫세의 기도 등 3권은 제외되었다.

11. 예수 그리스도가 공생애을 시작한 시기는 언제입니까?
(눅 3:23)

예수 그리스도가 공생애를 시작한 시기를 밝힌 것은 누가복음뿐이다. "예수께서 가르치심을 시작할 때에 삼십 세쯤 되시니라"라 했다. 정확히 알 수는 없지만 30세부터 3년간 공생애를 보낸 것으로 사료된다. 예수님은 실제 나이보다 더 많아 보이신 것 같다. "유대들이 가로되 네가 아직 오십도 못되었는데 아브라함을 보았느냐"(요 8:57) 물론 여기서 유대인들은 예수님의 나이를 많이 잡는다고 했겠지만 사십이라 하지 않고 오십이라고 한 것을 보면 실제 나이보다 더 많아 보이셨던 것 같다.

제2편 **신약개론**

제1장 · 신약전서의 서론

1. 신약성경

성경은 신약과 구약으로 대별된다. 신약(New Testament)은 하나님께서 그리스도를 통해 인간과 맺은 새 언약(눅 22:20)에 기초한 말이며, 구약(Old Testament)은 시내산에서 모세를 통해 주어진 옛 언약에 근거하는 말이다. 신약은 예수 그리스도 안에서 하나님의 거룩하심을 보여주고 있으며, 구약은 율법의 의로운 표준을 통하여 하나님의 거룩하심을 계시하고 장차 오실 구주를 예언하고 있다.

2. 신약의 편성

신약은 총 27권으로 내용별로 역사서, 서신서, 예언서로 크게 나눌 수 있다. 역사서에는 예수님의 교훈과 행적을 기록한 4복음서와 사도들의 복음전파의 역사를 기록한 사도행전이 있다. 서신서는 초대교회의 흩어진 성도들과 교회들에게 쓴 편지인데, 그 내용이 다양하나 한마디로 복음서에 기록된 역사적 사실에 대한 해설이라고 말할 수 있다. 끝으로 계시록은 미래에 주님이 이 땅에 재림하시면 되어질 사실들을 말씀하고 있다.

[신약의 편성]

역사서	1.마태복음	2.마가복음	3.누가복음	4.요한복음	5.사도행전
서신서	6.로마서	7.고린도전서	8.고린도후서	9.갈라디아서	10.에베소서
	11.빌립보서	12.골로새서	13.데살로니가전서	14.데살로니가후서	
	15.디모데전서	16.디모데후서	17.디도서	18.빌레몬서	
	19.히브리서	20.야고보서	21.베드로전서	22.베드로후서	
	23.요한1서	24.요한2서	25.요한 3서	26.유다서	
예언서	27.요한계시록				

3. 신약의 저자

[신약성경의 저자]

책 명	저 자	비 고
마태복음	마태	12사도
마가복음	마가	베드로의 제자
누가복음 · 사도행전	누가	바울의 제자
요한복음 · 요한1,2,3서 · 요한계시록	요한	12사도
로마서 → 빌레몬서(13권)	바울	사도
히브리서	?	
야고보서	야고보	예수님의 아우
베드로전 · 후서	베드로	12사도
유다서	유다	예수님의 아우

구약성경의 저자는 불명확한 부분이 많으나, 신약성경의 저자는 분명하다. 다만 히브리서만이 그 저자가 누구인지 잘 알 수 없다. 혹자는 사도바울이라고 하나 정확하지 않다. 만약 저자가 바울이라고 한다면 신약성경의 저자는 전부 8명이 되는 셈이다.

4. 서신서의 수신자 (교회)

　신약성경 27권 가운데 절대 다수인 21권이 서신서이기에 받는 상대가 있다. 그 상대, 곧 수신자에는 개인도 있고, 교회도 있다.

　수신자가 교회인 경우는 로마, 데살로니가, 고린도, 빌립보, 에베소, 갈라디아 등 여섯 곳이 된다. (갈라디아는 한 도시를 말하는 것이 아니고 넓은 지역을 말한다.)

　그 분포는 아래 그림과 같다. 그리고 기록 연대는 대체로 약 A.D. 50-95년 사이로 본다.

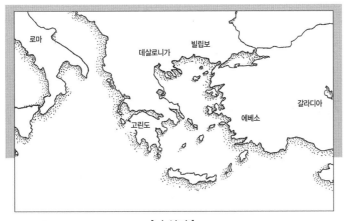

[수신지]

5. 신약의 수집

신약성경은 기록되자마자 곧바로 정경으로 수집된 것은 아니었다. 바울의 서신들과 복음서들은 처음에 그 수신자들 및 교회들에 의해 보존되어 오다가 점차 27권 전부가 공식적으로 교회에 의해 공인되었다. 그 과정은 대략 350년이 걸렸다. 2세기경에 이단 사상을 고취하는 책들이 유포됨에 따라 성경을 그 밖의 다른 기독교 문헌으로부터 구분해야 할 필요성이 생겼다. 이에 따라 어떤 책을 신약에 포함시켜야 하는가에 대한 기준이 설정되었다. (1) 그 책이 사도에 의해 기록되거나 그렇다고 인정되는가? (2) 그 내용이 영적 진리를 갖고 있는가? (3) 그 책을 하나님께서 감동 감화하셨다는 증거가 있는가? (4) 그 책이 교회들에 의해 폭넓게 받아들여졌는가? 등의 기준을 가지고 오랫동안 수차 논의한 끝에 제3차 카르타고 회의(A.D. 397)때 모든 지역의 그리스도인 대표들의 만장일치로 신약 27권이 신적 권위가 있는 정경으로 확정되었다. 우리가 여기서 주의할 것은 종교회의가 성경의 정경성을 결정함으로 정경이 된 것이 아니라는 사실이다. 교회는 단지 그 권위적 지침으로 오랫동안 사용해 오던 것을 정경으로 천명한 것에 불과하다. 신약 27권은 저자가 쓸 때부터 정경인 것이다. 이 사실을 발견하는 데에 역사적 과정이 있었던 것이다.

6. 기록언어 및 원본

신약성경 전부는 헬라어로 기록되었다. 예수와 몇몇 사람들의 어떤 말씨들은 아마도 아람어인 것으로 보이지만, 그러나 그것들이 신약성경에 인용될 때는 헬라어로 번역된 것이었다. 저자들의 필적으로 된 원본은 너무 많이 사용되어져서 오래 전에 없어지고 현재까지 보존된 원본은 하나도 없다. 그러나 본문의 전부 또는 일부를 기록한 4,500여 개의 헬라어 사본, 그리고 8,000여 가지의 라틴어 사본, 그리고 1,000여 개의 다른 역본, 사본들이 현존하고 있다. 이 수많은 사본들을 면밀히 연구 대조해 보면 정확하고 믿을만한 신약 본문을 찾을 수 있다. 참고로 신약성경이 기록될 당시 팔레스틴 지역에는 라틴어, 헬라어, 아람어, 히브리어 등 여러 언어가 통용되었다. 라틴어는 주로 로마의 법률 용어와 문학 용어로 특수층이 사용하였고, 헬라어는 문화적 언어로 예수와 제자들도 이방인을 대할 때는 이 언어를 사용한 것 같다. 아람어는 근동(近東)지방에 널리 통용되었던 언어로 예수께서도 습관적으로 이 언어를 사용하셨고(마 27:46, 막 7:34, 요 1:42),바울도 예루살렘 사람들에게 아람 방언으로 설교했다.(행 22:2) 히브리어는 아람어와 밀접한 연관이 있는데, 신학적 사고를 전달하려고 했던 학식있는 랍비를 제외하고는 에스라 시대 이후에 거의 사용되지 않았다. 십자가상에서 예수의 죄명이 히브리어(아람어), 라틴어, 헬라어로 기록했다는 사실은(요 19:20) 복음서가 기록될 당시의 팔레스틴에서는 이 언어들이 모두 통용되었던 사실을 잘 말해주고 있다.

제2장 · **신약개론**

1. 마태복음

1) 복음서

복음이란 '기쁜 소식'이란 뜻으로 인간에게 주시는 하나님의 메시지이다. 그것은 하나님께서 독생자 예수 그리스도의 성육신과 이적과 고난, 죽으심과 부활을 통해 죄인을 구원하셨다는 사실을 말한다. 한마디로 예수님의 생애와 교훈을 말한다. 이것을 기록한 책을 복음서라 한다. 복음서는 마태, 마가, 누가, 요한이 기록한 4복음서가 있다. 이 4복음서는 서로 상반된 내용이 아니라 다양한 측면에서 본 예수 그리스도의 상(像)에 대한 개성적인 기록이라 할 수 있다. 4복음서는 수신자가 각각 다르며 더욱이 예수를 어떻게 보았느냐에 따라 예수에 대한 묘사가 각기 다르다. 하나님의 독생자 예수 그리스도를 바르게 증거하기 위해서는 적어도 네 측면에서 기록하지 않을 수 없었던 것이다.

복음서	수신자	예수님의 묘사	별명
마 태	유대인	유대의 왕	사자복음
마 가	로마인	하나님의 종	송아지복음
누 가	헬라인	사람의 아들	사람복음
요 한	세계인	하나님의 아들	독수리복음

[참고] 요한계시록 4장 7절에 나오는 4가지 생물을 갖고
4복음서의 특성을 상징해서 별명을 붙인다.

(1) 공관복음서(共觀福音書)

4복음서를 주의 깊게 대조해 보면 마태 · 마가 · 누가복음은 현저하게
유사한 반면에 요한복음은 아주 다르다. 그래서 첫 세권의 복음서를 그리
스바하(1745-1812)는 처음으로 공관복음서라 명명하였다.

공관(共觀)이란 '같이 본다' 라는 뜻으로, 마태 마가 누가는 다같이 예수
의 출생, 전도, 부활, 승천 등 예수님의 지상생애 중 예수님의 중요한 사
역과 가르침을 중심으로 기록했기에 공관복음서라 칭했다. 다만 요한복
음은 공관복음서와는 입장을 달리하여 신학적으로 예수의 사역에 있어서
그 의미를 강조했다.

(2) 공관복음서 문제

세 복음서의 기원과 그 공통점 및 차이점을 다루는 것을 공관복음서 문
제라고 한다. 공관복음서들은 용어와 그 안에 담겨진 자료들과 예수님의
행적과 말씀이 기록된 순서 등에 있어서 폭넓게 일치하고 있다.

내용상의 일치에 대한 예로서는 마 9:2-8, 막 2:3-12, 눅 5:18-26을
들 수 있고, 문자적인 일치의 예는 마 10:22상, 막 13:13상, 눅 21:17을 들
수 있다. 수치상의 비교로서는 마가복음의 91%가 마태복음에 포함되어
있고, 마가복음의 53%가 누가복음에 나타나 있다.

이러한 일치점은 공관복음서의 기원에 관한 질문을 야기시킨다. 저자들은 동일한 자료를 사용했을까? 저자들은 상호의존적이었을까? 이러한 질문들은 소위 공관복음서 문제로 알려져 있다. 이에 대한 해답으로 여러 가지 학설이 있다.

① 구전(口傳)설 : 오래 전부터 내려온 구전이 있었고, 그 자료로부터 공관복음서 기자들이 각 복음서를 기록했다는 것이다.

② 원복음서설 : 지금은 모두 없어졌으나 원래 아람어로 된 최초 복음서가 있었고 공관복음서 기자들은 그것을 토대로 각 복음서들을 기록했다는 것이다.

③ 단편자료설 : 예수님의 생애에 관해 기록된 여러 개의 단편자료들이 있었는데, 공관복음서 기자들이 이것들을 사용했다고 주장한다.

④ 문서(상호)의존설 : 공관복음서의 기자들이 서로서로 인용해서 기록한 결과 그들의 기록들이 모두 매우 유사하게 되었다고 주장한다.
　㉠ 마태우선설
　(그리스바하가설): 마태복음이 최초로 기록되었으며, 이것을 누가복음이 이용했고, 마태·누가 복음을 마가복음이 이용했다고 본다.
　㉡ 마가우선설 : 19세기 이후의 학설이다. 마가복음이 최초로 기록되었고, 마태·누가는 이 복음서를 사용했다고 본다.

그들은 마가복음과 Q자료(마가복음에는 없는 마태 · 누가복음의 공통자료), SM(마태복음만의 독특한 자료)과 SL(누가복음만의 독특한 자료)등의 자료를 편집하여 복음서를 기술했다고 본다.

이상 여러 학설 가운데 결정적인 해답을 주는 학설은 없다.

결론적으로 공관복음서 문제는 누가복음 1:1-3의 빛 아래 풀 수 있을 것이다. 공관복음서 기록자들은 그들이 직접 보고 들은 것, 또한 간접적으로 들은 것, 마태의 교훈집과 같은 단편적 기록물, 그리고 성령의 직접 계시 등의 여러 자료들을 이용하여 성령의 직접적 지휘아래 기록했다고 보아야 할 것이다.

2) 마태복음의 서론

열두 사도 가운데 한 사람인 세리 마태가 본서의 저자라는 것은 초대교회 교부들의 일치된 견해이다. 본서에도 마태의 이름이 두 차례 나타난다.(9:9, 10:3) 마가(막 2:14)나 누가(눅 5:27)는 그의 이름을 '레위'라고 하였다. 레위나 마태는 다같이 히브리식 이름이다. 그래서 마태와 레위는 동일인이 아니라고 보는 사람도 있어서 문제가 된다. 그러나 당시 같은 히브리식 이름을 별명으로 가진 사람들도 있었다. 요셉과 바나바 (행 4:36) 뿐만 아니라, 초대교회 여러 기록과 증언이 마태복음의 저자를 마태라고 하고 있다.

사도 요한의 제자였던 폴리갑(Polycarp, A.D. 70-156)의 친구인 파피아스(Papias, A.D. 75?-163?)는 '마태가 말씀들을 히브리어로 정리하고 그것들을 각각 그의 역량껏 번역하니라' 했고 안디옥의 감독이던 이그나티우스(Ignatius, A.D. 35-117)는 A.D. 115년에 본서를 마태복음이란 이름으로 로마에 가져갔고 로마의 지방회의는 120년에 본서를 마태의 책으로 결정했다. 이러한 사실들을 근거로 마태가 본서의 저자임을 확정할 수 있다. 기록연대는 정확히 알 수 없으나 '그러므로 오늘날까지 그 밭을 피밭이라 일컫느니라'(27:8) '이 말이 오늘날까지 유대인 가운데 두루 퍼지니라'(28:15)고 한 것을 보면 그리스도가 죽으신 때로부터 상당한 세월이 지난 후인 것을 암시하고 있으며, 70년 멸망한 예루살렘의 멸망을 미래사로 예고한 것을 고려할 때 60-70년 사이로 보는 것이 무난하다.

기록한 장소는 예루살렘이라고 보는 사람이 많지만 근래 와서 본서의 헬라 문장이 능숙한 점을 고려하여 헬라 문화의 중심지였던 수리아의 안디옥이 더 큰 지지를 받고 있다.

3) 본서의 기록 목적

마태는 유대인들에게 예수가 구약성경에서 예언된 메시야임을 증거하기 위하여 본서를 기록했다.

구약 성경을 잘 아는 유대인들에게 구약에 예언된 메시야에 대한 성경구절을 많이 들어 예수가 그 예언대로 이 땅에 오신 메시야임을 밝혀주고 있다. 그래서 ' … 하신 말씀을 이루려 하심이라 … 함이 이루어졌느니라' 는 말씀이 여러 번 반복되어 나온다.(1:22, 2:15, 2:23, 4:14, 8:17, 12:21, 13:14,35, 21:4) 또한 구약성경에 메시야가 다윗의 자손으로 온다는 것을 들어 예수가 다윗의 자손임을 강조하고 있다.(1:1, 9:27, 12:23, 15:22, 20:30,31, 21:9,15, 22:41-45)

뿐만 아니라 소경거지(9:27, 20:31), 이방여인(15:22), 군중(21:9)을 통해서 예수가 다윗의 자손으로 유대의 왕으로 오신 것을 증거하고 있으며 예수의 탄생축하도 유대의 왕에 걸맞게 동방박사들의 경배를 기록하였다. 거기다가 예수님의 부활의 역사적 사실성을 은폐시키려는 유대인들의 시도에 대항하여, 부활의 사실성을 힘주어 강조하였다.(27:62- 66, 28:11-15)

[마태가 증거한 예수님의 출생과 성장에 관한 예언의 성취]

구약의 예언	예언의 내용	신약의 성취
1. 사 7:14	동정녀에게서 탄생할 것이다.	마 1:22,23
2. 사 7:14	임마누엘이라 불릴 것이다.	마 1:23
3. 미 5: 2	베들레헴에서 탄생할 것이다.	마 2:5,6
4. 호 11: 1	애굽으로 피신할 것이다.	마 2:13
5. 렘 31:15	그의 고향에서 아기들이 대량으로 살해될 것이다.	마 2:17,18
6. 사 9:1-2	갈릴리에서 사실 것이다.	마 4:15

4) 본서의 특징

본서는 다른 복음서에 비하여 독특한 특징을 많이 갖고 있다.

첫째로, 본서는 예수가 메시야인 것을 증거하기 위하여 구약성경을 많이 인용하였다.(복음서들이 구약성경을 인용한 횟수는 마태복음에 93회, 마가복음에 49회, 누가복음에 80회, 요한복음에 33회이다.)

둘째로, 본서는 많은 자료들을 가지고 정리를 잘 했다. 본서의 구조는 거의 완벽에 가깝다. 본서의 헬라어도 공관복음서 중에서 가장 아름답다. 마태는 예수님이 말씀하신 수많은 강화를 모아서 다섯 강화로 정리하였다. ① 산상보훈(5:1-7:27) ② 열두 제자들에 대한 선교 파송 설교(10:1-42) ③ 천국 비유(13:1-52) ④ 그리스도인 공동체에서의 삶의 원리(18:1-35) ⑤ 감람산 강화(24:1-25:46) 이렇게 5대 강화로 나눈 것은 모세 오경을 의식한 것으로 여겨진다.

셋째로는 기적에 대한 강조점이 있다. 물고기 입에서 동전을 얻는 이야기(17:24-27)는 마태복음에만 기록되어 있다. 그러나 기적에 대한 마태의 특별한 관심은 마지막 두 장에 가장 분명하게 나타나 있는데, 거기에는 죽었던 성도들이 부활한 이야기(27:51-53)와, 예수님의 무덤에 나타난 천사 이야기(28:2-4)가 나타난다.

마지막으로 본서에는 유대인과의 충돌이 가장 격하게 묘사되어 있다. 예수님이 유대인을 공격할 때 '독사의 자식들아'(12:34) 라고 말씀하셨으며 23장에는 '화 있을진저 외식하는 서기관과 바리새인' 이라고 7번이나 반복 공격하였으며(23:13,15,16,23,25,27,29) 유대인 역시 예수님에 대해 격렬히 공격했다. '먹기를 탐하는 자'(11:19), '저는 사형에 해당하는 자라'(26:66), 예수의 얼굴에 침 뱉으며 주먹으로 치고 손바닥을 때리며 (26:67), 더욱 소리질러 가로되 십자가에 못박으라(27:23) 했다.

5) 본서가 후대에 끼친 영향

본서는 기록된 이후 수세기에 걸쳐 상당한 영향력을 행사해 왔다. 오랫동안 마태복음은 복음서들 중에서 가장 먼저 기록되었다고 여겨졌으며, 또한 신약성경의 가장 앞부분에 배치됐다는 사실은 이 복음서의 중요성을 간접적으로 대변해 준다. A.D. 2세기 이후, 마태복음은 복음서들 중에서 가장 많이 인용되었으며, 예배시에도 가장 널리 이용된 성경이었다. 특별히 16:17-19과 같은 구절은 교회적 영향력이 막대하게 컸다. 이러한 영향력 때문에, 다른 복음서에 병행되는 구절이 없는데도 불구하고 이 구절이 로마의 베드로 성당에 라틴어로 새겨졌다. 이처럼 본서는 후대 많은 영향을 끼쳤고 지금도 마태복음의 체계적인 구성과 예수님의 가르침들 (예컨대, 산상수훈)은 모든 세대의 그리스도인들에게 가장 숭고한 윤리적인 표준을 제시해 주고 있다.

6) 본서의 내용

본서는 예수님을 유대인들의 메시야일 뿐 아니라 왕으로 소개하는데 주력하였다. 크게 세 부분으로 나눌 수 있다.

첫째는 메시야로서 예수의 인격(1:1-4:16), 둘째는 메시야로서 예수의 복음선포(4:17-16:20), 셋째는 메시야로서 예수의 수난과 죽음과 부활

(16:21-28:20) 등이다. 한편 본서를 예수님이 활동한 사역을 중심으로 나누면 아래와 같이 구분할 수 있다.

   (1) 메시야 탄생(1-2장)
   (2) 전도의 준비(3장-4장 11절)
   (3) 갈릴리 전도(4장 12절-18장)
   (4) 베뢰아 전도(19-20장)
   (5) 예루살렘 전도(21-25장)
   (6) 수난과 부활(26-28장)

7) 마태

레위라고 일컬어지는 마태는 세관원으로서 헤롯 안티파스(Herod Antipas)의 영지 내에 거주하고 있다가 예수의 부름을 받고 그의 제자가 되었다.(눅 5:27) 그는 알패오의 아들로도 소개되고 있다.(막 2:14)

그는 여러 민족들이 거주했던 갈릴리 지방에 살았기 때문에 아람어 뿐만 아니라 헬라어도 능숙했을 것이다. 특별히 마태복음의 문체가 복음서 중 가장 미려한 점을 보아 그는 헬라어뿐만 아니라 상당한 식견을 가진 사람으로 보여진다. 부르심을 받은 후 연회를 베푼 것을 보아(9:10) 생활도 부유한 것으로 믿어진다. 복음서에는 그의 발언이 한번도 기록되지 않은 점으로 보아 뛰어난 사도라기보다는 겸손한 인격자인 것 같다. 오순절 때 마가 요한의 다락방에 모인 무리 가운데 있었다는 기록(행 1:13)이외는 그의 흔적을 찾아볼 수 없다.

전설에 의하면 그는 15년간 팔레스틴에서 전도하였고, 그후 에티오피아, 마게도니아, 수리아, 바사, 발티아, 메대 등지에서 전도하였다고 한다. 그의 최후에 관해서도 서방교회는 순교하였다고 하고, 동방교회는 자연사 하였다고 하여 일정하지 않다.

탐 구 문 제

🌱 1. 마 9:9-13와 눅 5:27-32을 읽고 마태의 성품을 말해보세요.

마태는 자신의 부름 사건을 기록하면서 '모든 것을 버리고 예수를 좇았음에도'(눅 5:28) 이러한 사실은 빼고 단순히 '일어나 좇았더라'(마 9:9)고 기록할 만큼 겸손한 자였다.

🌱 2. 예수님의 족보에는 4명의 여자가 나옵니다. 그 의미는 무엇입니까?

이름	신 분
다 말	유다의 며느리로 시아버지인 유다와 동침하여 베레스와 세라를 낳았다.(창 38:29-30)
라 합	여리고 기생으로 살몬의 아내가 되어 다윗의 증조부인 보아스를 낳았다.(룻 4:21)
룻	모압여자로 나오미의 며느리이다. 후에 보아스와 결혼하여 다윗의 증조모가 되었다.(룻 4:13)
밧세바	우리야의 아내로 다윗과 간음한 여인이다. 후에 다윗과 결혼하여 솔로몬을 낳았다.(삼하 12:24)

예수의 족보에는 4명의 여인들이 등장하는데, 라합과 룻은 이방출신이었고, 다말과 밧세바는 정결치 못한 여인이었다. 이처럼 불완전한 여인들이 예수의 조상으로 등장하는 것은 아이러니다. 하지만 예수가 이런 죄인들의 혈통을 통해 이 땅에 찾아오신 것은 죄인을 사랑하시고 그들을 구원하시려는 당신의 뜻에 의해서였다. 즉 그것은 그리스도는 죄있는 육체의 모양(롬 8:3)으로 이 땅에 오셨으며, 죄인인 우리가 회개할 때에는 우리와 친밀한 관계를 맺으신다는 사실을 의미해 주고 있다.

3. '아브라함과 다윗의 자손' 이란 어떤 의미를 가지고 있습니까?

이 두 사람이 그리스도의 조상으로 선택된 사실은 몇 가지 의미를 가진다.

① 하나님은 아브라함(창 12:2)과 다윗(삼하 7:12-16)과 언약을 맺으시고 그들의 후손에게서 메시야가 나실 것을 약속하셨다. 그러므로 그리스도의 탄생은 이런 약속의 성취였다.

② 아브라함과 다윗은 믿음의 조상이다.(창 15:6, 롬 4:3) 이러한 신앙의 계통을 밟아 그리스도는 오셨다.

③ 아브라함은 열국의 아버지요(창 17:5-6), 다윗은 열국의 통치자의 전형이었다. 그리스도는 이들을 계승하여 왕적 혈통을 지닌 만국의 통치자셨다.

4. 마태는 예수가 유대인의 왕으로 태어나신 것을 강조하기 위하여 누구의 경배를 증거하였습니까?

(마 2:1-12, 눅 2:8-20과 대조해 보세요)

예수를 사람의 아들로 증거한 누가는 예수의 탄생을 목동이 축하한 것을 서술하였고 예수를 왕으로 묘사한 마태는 왕에 걸맞게 동방박사들의 경배를 기록하고 동방박사들이 예수를 유대인의 왕으로 부르며(2:2) 그를 경배했다고 증거하고 있다. 이는 예수가 유대인의 왕이며 처음부터 세상의 구주로 오셨음을 강조하고 있다.(요 4:42)

탐 구 문 제

5. 마태는 예수가 다윗의 자손으로 오신 것을 누구의 입을 들어
   증거하고 있습니까?
   마태는 예수가 구약의 예언대로 다윗의 자손으로 오신 것
   을 소경걸인을 통해서(9:27), 일반 군중을 통해서(12:23),
   그리고 멀리 이방여인을 통해서(15:22) 증거하고 있다.

6. 예수님의 3대 사역은 무엇입니까? (마 4:23)
   예수님은 갈릴리를 두루 돌아다니시면서 회당에서 '가르
   치시고' 천국복음을 '전파하시며', 백성 중의 모든 병을 '고
   치셨다'. 즉, 그분은 선생이셨으며(마 7:28-29) 복음 전도
   자였으며(마 9:35) 의원이셨다.(마 8:3) 이 땅에 들어온 선
   교사들도 먼저 교회를 짓고 다음에 학교를 짓고 또 병원을
   세웠다. 이것은 오늘날 교회가 말씀교육, 선교, 봉사가 조화
   롭게 실시되어야 함을 가르쳐 준다.

7. 기독교의 황금률(The Golden Rule)은 무엇입니까?
   (마 7:12)
   예수님은 "무엇이든지 남에게 대접을 받고자 하는 대로 너희
   도 남을 대접하라"고 하셨다. 공자는 네가 싫은 것을 남에게 하
   지 말라 했고, 필로를 비롯하여 많은 철인들도 비슷한 말을 하
   였다. 모두 소극적인 말인데 반하여 예수님은 적극적으로 남에
   게 대접을 받고자 하는 대로 먼저 남을 그렇게 대접하라고 하
   였다. 탁월한 교훈이 아닐 수 없다. 그래서 성경말씀 중 가장

탐 구 문 제

귀중한 말씀 중 하나라고 해서 일명 황금률이라고 부른다.

8. 살로메는 예수님께 자기 두 아들(요한, 야고보)을 어떻게 부탁했습니까? (마 20:21)

살로메는 예수의 모친 마리아의 자매로 예수님의 이모로 추정되어진다. 따라서 예수의 친척으로 청탁의 좋은 배경이 되었던 것이다. 당시 12제자를 비롯하여 모든 사람이 예수님이 예루살렘으로 올라가면 유대의 왕으로 등극할 줄 알았다. 그래서 살로메도 두 아들을 하나는 주의 우편에 하나는 주의 좌편에, 다시 말해서 우의정 좌의정을 시켜달라고 부탁한 것이다. 기가 차신 예수님이 나의 마시는 잔을 너희가 마실 수 있느냐 하실 때 살로메는 축배의 잔인 줄 알고 할 수 있다고 했다. 그때 주님은 '내 아버지께서 누구를 위하여 예비하셨든지 그들이 얻을 것이니라' 했다. 이 말을 들은 다른 제자들은 분히 여겼다고 했다.(마 20:24) 12제자 역시 살로메를 능가하지 못한 것을 알 수 있다.

9. 마태복음 3장의 별칭은 무엇입니까?

마태복음 3장에는 예수님이 세례받으신 특종 기사가 실려 있다. 그래서 마태 3장을 세례장이라 부르는데, 일반적으로 그 장의 중요한 사건이나 내용을 따라서 별명을 붙인다. 1장은 족보장, 2장은 박사장, 4장은 시험장, 5장은 팔복장 등으로 마태복음 뿐만 아니라 다른 성경도 같은 방식으로 별칭을

붙인다. 예컨대 부활에 대한 일대 논문인 고전 15장은 부활
장이라 호칭한다.

10. 마리아는 영원 동정녀입니까?

카톨릭에서는 요 19:27을 근거하여 마리아를 영원 동정녀로
본다. 그러나 성경은 분명히 예수의 형제 자매를 소개하고 있
다. "이는 그 목수의 아들이 아니냐 그 모친은 마리아 그 형제
들은 야고보 요셉 시몬 유다 … 그 누이들은 … "(마 13:55-
56) 남동생이 네 명이 되었고 여동생도 최소한 둘 이상이 되
었다. 뿐만 아니라 '아들을 낳기까지 동침치 아니하더니'(마
1:25) 라는 말씀은 아기를 낳은 뒤에는 동침했다는 명백한 증
거가 된다.

2. 마가복음

1) 서론

본서의 저자가 누구인지 직접적인 언급은 없지만 마가가 본서의 저자라는 견해에는 별다른 이견이 없다. 초대교회 교부들은 한결같이 베드로의 통역관이었던 마가가 본서의 저자임을 증거하였다. 본서의 기록을 보아도 저자는 예루살렘 지리에 대단히 밝았으며(11:1), 더욱이 최후의 만찬 장소로 믿어지는 마가의 방과 거기서 성찬을 준비한 광경이(14:12-16) 다른 복음서(마 26:17-19 요 13:1)보다 상세한 점, 그리고 동산에서 벗은 몸으로 도망친 청년(14:51-52)이 바로 저자 자신임을 밝히는 자서전적 기록 등은 저자가 마가임을 강력히 시사하고 있다.

마가가 본문을 기록한 연대를 확증할 만한 성경상의 증거는 없으나, 초대교회 교부인 이레니우스(Irenaeus, 140?-200?)는 베드로의 제자요 통역관이었던 마가가 베드로가 죽은(A.D. 67-68) 후에 그의 설교를 기록하였다고 말한다. 예루살렘의 멸망을 예언한 본서 13장의 내용이 아직 성취되기 전이므로 A.D. 70년 이전에 본서가 기록된 것으로 추정되어 그 기록연대는 A.D. 67-70년 사이로 보고 있다. 본서의 기록장소가 로마라는 것은 초대교회의 전통적인 견해이다. 초대교회의 교부였던 이레니우스와 클레멘트(Clement of Alex, 150?-215?)등은 본서의 기록 장소가 로마라는 견해에는 조금도 이의를 달지 않았다. 더욱이 베드로가 말년에 로마에 있었으며 거기서 순교당했을 것이라는 신빙성 높은 사실은 로마설을 더욱 뒷받침해 주고 있다.

2) 본서의 수신자

본서의 수신자는 로마 교회 성도들이나 이방인들이라는 데서 견해가 일치한다. 본서 자체가 이를 잘 증거하고 있다. 로마교회 성도들이나 이방인들은 유대인 관습을 잘 모르기 때문에 유대 풍습을 상세히 설명하고 있다. 7:3,4에는 유대인의 세정(洗淨)풍습이 설명되어 있고, 7:11에는 고르반에 관한 해석이 나오고, 1:5에는 요단강이 설명되어 있다. 뿐만 아니라 유대인의 손씻는 날(7:3-4), 무교절-유월절 양잡는 날(14:12), 예비일-안식일 전날(15:42) 등을 설명했으며, 부득이 아람어(히브리어)를 사용할 때 이를 번역하였다.

> 보아너게 – 우뢰의 아들(3:17)
>
> 달리다굼 – 소녀야 내가 네게 말하노니 일어나라(5:41)
>
> 고르반 – 하나님께 드림이 되었다.(7:11)
>
> 엘리 엘리 라마 사박다니 – 나의 하나님 … (15:34)
>
> 뿐만 아니라 직명 기물 및 화폐 등이 로마식 명칭을 사용했다.
>
> 직명 – 시위병(6:27)
>
> 기물 – 잔과 주발(7:4)
>
> 화폐명 – 고드란트(12:42)

이상 여러 점을 고려할 때 수신자는 이방인, 그 가운데도 로마 교회 성도들임이 틀림없다.

3) 본서의 동기와 목적

알렉산드리아의 클레멘트(Clement)에 의하면, 베드로의 설교를 들은 로마교회 성도들이 마가에게 로마에서 행한 베드로의 설교를 요약해서 글로 기록하여 줄 것을 요청하였다고 한다. 마가가 본서를 기록해야만 했던 동기는 몇 가지로 추측이 가능하다. 예수께서 승천하신 지 수 십년이 지났으므로 예수께서 생전에 행하신 사적을 바로 기억하기 위해서는 구체적이고도 분명한 기록이 있어야 했다. 또한 예수의 여러 가지 가르침과 기사와 이적을 직접 체험했던 목격자들 역시 점차 사라져 갔기 때문에 더 더욱 그러했을 것이다.

뿐만 아니라 당시 로마에서는 기독교에 대한 네로 황제(A.D. 37-68)의 박해(A.D. 64-68)가 극심하여 많은 성도들이 죽어갔고, 또 죽을 운명에 처해 있었다. 이런 환난 가운데 있는 성도들에게 신앙의 힘과 격려를 주어야만 했던 것이 본서를 기록한 목적이 된다.

4) 본서의 신학

본서는 예수 그리스도가 하나님의 아들이심을 밝히는 데 가장 큰 역점을 두고 있다. 서두에 '하나님의 아들 예수 그리스도'(1:1)에서부터 '이 사람은 진실로 하나님의 아들이었도다'(15:39)라고 십자가 앞에서 외쳤던 백부장의 고백에 이르기까지 예수는 진정한 하나님의 아들로 선포되고 있다. 변화산상에서 들려온 하나님의 음성(9:7) 뿐만 아니라 세례요한에게 세례를 받으실 때 하늘에서 들려왔던 하나님의 음성(1:11)도 이 사실을 확증해 준다. 그리고 예수께서 말씀하신 비유에서도(12:1-12, 13:32) 이 사실을 가르치셨고 심지어는 귀신들까지도 예수가 하나님의 아들임을 인정하였다.(1:24, 3:11) 그리고 그리스도의 인성을 강조하고 있다.

① 예수께서 슬퍼하시고(7:34, 8:12)
② 이상히 여기시고(6:6)
③ 불쌍히 여기시고(6:34)
④ 노여워하시고(3:5,10:14)
⑤ 주무시고(4:38)
⑥ 피곤하시며(6:31)
⑦ 주리시고(11:12)
⑧ 심지어 미쳤다는 오해까지 받으셨다(3:21)

마지막으로 종의 사상이 강하게 심어져 있다. 공관복음서에서도 언급했듯이 마가는 그리스도를 하나님의 종으로 묘사하면서 그리스도의 고난을 크게 부각시키고 있다. 예수의 공생애 중 마지막 수난주의 기사가 전체의 3분의 1이상의 지면을 차지한 것은 이를 잘 증거해 주고 있다.

"인자의 온 것은 섬김을 받으려 함이 아니라 도리어 섬기려 하고 자기 목숨을 많은 사람의 대속물로 주려 함이니라"(10:45)하여 십자가의 의의를 밝혀준 것은 본서의 신학적 일대 공헌이라고 하겠다.

5) 본서의 특징

본서의 특징은 첫째, 그 문체가 간결하고 직설적이다.

마태복음이 28장, 누가복음이 24장, 요한복음이 21장에 비해 마가복음은 16장밖에 되지 않는다. 그리고 화법도 간접화법보다 직접화법을 많이 사용하였다.(4:39, 5:8,9) 다른 복음서에 없는 기사도 아주 간략하게 기록했다.(3:20, 4:38, 6:40)

둘째, 말보다는 행동면에 더 중점을 두었다. 전체 흐름이 박진감 넘친다. '곧', '즉시' 란 단어를 무려 41회나 썼다.(마태 7회, 누가 1회) 예수님의 큰 설교는 하나도 기록하지 않고 비유만 4개 들었을 뿐이다. 대신에 이적은 대단히 많이 기록했다.(19가지) 그래서 "행위 복음"이란 별명을 갖고있다.

셋째, 감정묘사가 사실적이다. '예수께서 그를 보시고 사랑하사' (10:21) '저희가 심히 두려워하여 서로 말하며 가로되' (4:41)

넷째, 현장감이 넘친다.(3:5, 5:41, 7:33) '예수께서 소경의 손을 붙드시고 마을 밖으로 데리고 나가사 눈에 침을 뱉으시며 그에게 안수하시고 무엇이 보이느냐 물으시니' (8:23).

6) 마가의 약전

(1) 본명 : 요한(마가 : 로마식 이름)
(2) 어머니 : 마리아(행 12:12, 아버지는 일찍 사망?)
(3) 부유한 가정 : 그의 집 다락방에서 최후의 만찬, 120명 모여 기도
　　　　　　　　 (행 1:15, 12:12)
(4) 바나바의 생질(골 4:10)
(5) 베드로를 통해 회개(벧전 5:13)
(6) 베드로의 제자 : 아들이라 칭함(벧전 5:13)
(7) 로마에서 베드로의 통역
(8) 바울과 바나바와 1차 전도여행에 동행 - 도중 귀가(행 13:13)
(9) 바울(만년)을 다시 도움(골 4:10, 딤후 4:11, 몬 1:24)
(10) 애굽의 알렉산드리아교회 창립, 그곳에서 순교(전설)

탐 구 문 제

🌸 1. 마가는 어떤 사람입니까?

마가는 제2복음서인 마가복음의 저자이다. 마가라 하는 요한(행 12:12, 15:37)으로도 불리웠다. 바나바의 생질이고(골 4:10) 과부 마리아는 그의 어머니이다.(행 12:12) 아마도 예수께서 체포되실 때 벗은 몸으로 도망친 젊은이(막 14:51)가 마가였으리라고 생각된다. 마가는 바나바와 함께 바울의 1차 전도여행에 동참했다가 도중에 귀국해 버렸다.(행 12:25-13:13) 바울의 2차 전도여행 때는 거절당하고 바나바를 따라 구브로에 건너가 전도했다.(행 15:39) 그러나 10년 뒤에는 바울의 좋은 협력자가 되었다.(골 4:10, 딤후 4:11) 전설에 의하면 그는 베드로의 통역자가 되었다고 한다.(벧전 5:13)

🌸 2. 마태와 누가는 예수의 족보를 기록했는데 마가는 왜 예수의 족보를 기록하지 아니했습니까?

마태는 예수를 유대인의 왕으로 묘사했기 때문에 아브라함과 다윗부터 시작이 되었고 누가는 예수를 사람의 아들로 묘사했기 때문에 아담까지 소급해 올라갔다. 그러나 마가는 예수를 하나님의 종으로 묘사했기 때문에 종은 어느 나라든 그 족보가 없는 법이다. 따라서 족보를 기록하지 않았다.

🌸 3. 예수님이 십자가에서 운명하실 때 성전에서 어떤 일이 일어났습니까? (막 15:38)

예수께서 운명하시자마자 성소 휘장이 위로부터 아래까지

탐 구 문 제

찢어져 둘이 되었다. 성전에는 성소와 지성소를 나누는 두 겹의 휘장이 쳐져있었다. 성소는 제사장들이 들어갈 수가 있지만 지성소는 오직 대제사장만이 들어갈 수가 있었다. 그것도 1년에 한차례 대속죄제일 때만 출입이 가능했다. 성전 휘장이 찢어졌다는 것은 성소와 지성소의 구분이 없이 누구나 하나님 앞에 나아갈 수 있게 된 것을 말한다. 다시 말하면 이제 자기몸으로 성전을 삼으신 그리스도(요 2:19)안에 거하는 신약의 성도들은 직접 하나님을 뵈올 수 있는 제사장적 특권을 누리게 된 것이다.(벧전 2:9, 계 1:6, 5:10)

4. 마가 13장의 별명은 무엇입니까?

마가 13장에는 앞으로 되어질 예루살렘의 멸망(A.D. 70)과 그리스도가 이 땅에 재림할 때 되어질 일을 예언하고 있다. 그래서 미래의 일을 예언하고 있다고 해서 '소계시록' 이라 부른다.

5. 마가복음 16:9-20절까지를 괄호안에 넣은 까닭은 무엇입니까?

성경에 괄호를 친 것은 두 가지 의미가 있다. 첫째는 어떤 사본에는 없을 경우 그 부분을 괄호 안에 넣어서 기록했다. 그 좋은 예가 바로 마 16:9-20절과 마 6:13(하반절)을 들 수 있다. 그리고 둘째로는 저자가 독자의 이해를 돕기 위해 보충적으로 설명할 때 괄호 안에 넣었다. 예컨대 요 4:2, 막 7:3-4를 좋은 예로 들 수 있다.

🌿 **6. 아바 아버지의 뜻은 무엇입니까? (14:36)**

　　앞의 '아바'는 아람어 원문이고 뒤에 '아버지'는 헬라어 아버지를 말한다. 그러니까 '아바'라는 아람어 원문을 그대로 쓰고 이어서 헬라어로 '아버지'라 기록했다. 여기 '아바'라는 말은 보통 아버지라는 말과 뉘앙스가 좀 다르다. '아바'라는 말은 천진난만한 어린이가 자기 아버지를 부를 때 사용되는 말로 우리나라 말로 번역한다면 아빠와 같은 낱말이다. 이는 성부와 성자간의 친밀한 관계를 보여주고 있다. 우리나라 어떤 이단은 바로 본문을 통해서 예수님이 하나님을 아바 아버지라 했으니까 예수님은 하나님의 아들이 아니고 손자라고 주장했다. 어처구니없는 해석이다.

🌿 **7. '달리다굼'을 쓰고 왜 해석을 붙여놓았습니까? (5:41)**

　　옛날 성경(세로쓰기)에 보면 달리다굼 옆에 ∼∼∼∼∼ 표시를 했다. 이 표시는 원문을 그대로 옮겼다는 뜻이다. 신약성경은 예수님이 직접 사용하신 히브리어(아람어)가 아니라 헬라어로 기록했기 때문에 헬라어로 번역하기 어려운 낱말은 원문을 그대로 쓰고, 그 뒤에 해석을 붙여둔 것이다. 달리다굼이란 낱말은 아침밥을 지어놓고 잠자리에 누워있는 자녀를 깨우는 자애로운 어머니의 음성이라고 한다.

　　이 낱말은 특별한 정감이 넘치는 말이기 때문에 도저히 헬라어로는 그 의미를 살릴 수 없기 때문에 원문을 그대로 쓰고 불가불 해석을 첨가시킨 것이다. 비스마르크는 독일어로

탐 구 문 제

옮길 수 없는 영어 낱말이 두 개 있는데, 그것은 home, gentleman이라고 했다. 같은 원리이다.

8. 마가복음 1장에는 '곧'이란 낱말이 몇 번이나 나오는가? 그렇게 많이 나오는 의미는 무엇입니까?

　　모두 11번 나온다. 10, 12, 18, 20, 21, 23(마침), 28, 29, 30, 42, 43 이는 하나님의 종으로 분주하게 일하시는 예수의 모습을 부각시키고 있다. 마가복음을 흔히들 행위복음이라고 부른다. 예수의 활동상을 보다 강하게 드러내고 있다. 설교는 간략하게 하고 그 대신 이적담을 많이 서술하고 있다.

3. 누가복음

1) 서론

본서에서는 저자에 관해 직접적인 언급이 없다. 그러나 대부분의 전승들은 헬라인 의사였으며, 바울의 동료였던 누가가 본서를 기록했다고 전한다. 초대교회 유명한 교부 폴리갑(Polycarp, 69?-155)의 문하에서 공부한 이레니우스(Irenaeus, 140?-200?), 로마 교회의 감독으로서 바울의 영향을 받은 로마의 클레멘트(Clement of Rome, 30?-101?) 등도 누가를 본서의 저자로 인정하였다. 한편 저자는 본서 첫머리에서 데오빌로 각하에게 글을 보낸다고 하였는데 이와 동일한 내용이 사도행전에도 기록되어 있다.(행 1:1) 따라서 사도행전의 저자가 본서의 저자임이 틀림이 없다. 사도행전에 보면 '우리'라는 기록이 여러 번 나온다(행 16:10-17, 20:5-15, 21:1-18, 27:1-28:16). 이것은 사도행전의 저자가 바울과 같이 전도여행을 하였던 누가임을 보여주는 간접적인 증거이다. 따라서 본서의 저자도 역시 누가라고 볼 수 있다. 기록연대는 누가가 쓴 사도행전 1:1에 '데오빌로여 내가 먼저 쓴 글에는'이라는 기록을 볼 때 본서가 먼저 쓰여졌고 바로 이어서 사도행전이 쓰여졌음을 알 수 있다. 그런데 사도행전 마지막 장(28장)에는 바울이 로마군에 의해 로마로 호송된 후 재투옥되기까지 자유롭게 전도사역을 수행하는 장면이 나온다. 이는 본서의 기록연대가 A.D. 63년경에 발생한 바울의 순교 이전임을 뒷받침해 준다. 일반적으로 63년으로 보고 있다. 기록장소에 대해서는 추측이 많다. ① 알렉산드리아 ② 가이사랴 ③ 소아시아 ④ 아가야 ⑤ 로마 등이다. 다만 한 가지 명백한 사실은 팔레스틴에서 기록되지 않았다는 사실이다. 왜냐하면 팔레스틴에 관한 주해적 설명(갈릴리 나사렛이란 동네에 1:26)이 여러 곳에 나오기 때문이다.(2:4, 4:31, 8:26, 23:51, 24:13) 본서는 이방인이 이방인을 위하여 이방의 땅에서 저술한 복음서인 것이다.

2) 본서의 수신자 및 기록목적

누가는 데오빌로 각하에게 본 서신을 썼다고 직접 언급했다.

데오빌로라는 이름은 '하나님을 사랑하는 자' 혹은 '하나님의 사랑을 받는 자' 라는 의미를 지니고 있으며 1:4의 기록으로 보아 그가 믿음의 교훈을 전해 받았던 것이 확실하다. '각하' 라는 존칭을 볼 때 로마의 고관으로 여겨진다. 본서가 비록 데오빌로 개인에게 바쳐진 것이지만, 데오빌로 개인에게만 국한되는 것이 아니라 헬라 문화가 지배하는 당시의 세계에 보내진 것이고, 그들을 통해 궁극적으로 모든 믿는 자들에게 보내진 것이라 할 수 있다. 누가는 본서 1:1-4에서 그 기록목적을 명백히 제시하고 있다. 누가는 개종한 지 얼마 되지 않아서 믿음이 연약했던 데오빌로에게 예수에 관해 보다 상세한 정보를 제공해 주어 그가 견고한 신앙을 소유하도록 했다. 그리고 더 나아가 데오빌로 뿐만 아니라 보다 많은 사람들에게도 복음과 그에 뒤따르는 구원의 확실성을 전달하고자 본서를 기록하였다. 누가는 당시 모든 자료를 수집하여 가능한 한 가장 완전한 그리스도의 전기를 저술하려 했던 의도가 역력하다. 고대 교부들도 본서를 이방인 개종자들에게 그리스도의 전기를 가르쳐 주는 것이 그 목적이었다고 하나같이 주장하였다. 누가는 완전한 예수전을 쓰기 위해 자료수집에 많은 정성을 쏟았다는 것을 잘 알 수 있다.

참고로 누가만이 취급한 중요한 기사는 아래와 같다.

> ❖ 누가복음에만 나오는 기사
> ① 목동들의 경배 (2:15-20)
> ② 예수 12살때 예루살렘 올라가심 (2:41-51)
> ③ 나인성 과부의 아들 (7:11-17)
> ④ 마르다, 마리아 방문 (10:38-42)
> ⑤ 선한 사마리아 사람 (10:30-37)

⑥ 돌아온 탕자 (15:11-32)

⑦ 부자와 나사로의 비유 (16:19-31)

⑧ 10문둥병자 (17:11-19)

⑨ 바리새인과 세리의 비유 (18:9-14)

⑩ 삭개오의 회개 (19:1-10)

3) 본서의 특징

본서의 저자 누가는 다재다능한 인물이다.

그는 의사, 역사가, 문학자, 화가, 전도사, 여행자로서 그의 자질만큼이나 그가 쓴 복음서도 다양한 특징을 갖고 있다.

(1) 보편구원설

본서는 우주적 복음이라 불린다.

그리스도는 유대인만도 , 이방인만도 아닌 전인류, 모든 계급을 위한 우주적 구주이시다. 이 점은 그가 이스라엘의 영광이신 동시에 이방을 비추는 빛이시며(2:32), '예루살렘에서 시작하여 모든 족속에게' 죄 사함과 회개가 전해지리라는 말씀(24:47) 등에 잘 나타난다.

(2) 그리스도의 인성의 강조

본서는 그리스도의 인성을 높이고 있다.

그리스도를 소개함에 있어 마태는 유대인의 왕으로, 마가는 종으로, 요한은 하나님의 아들로 나타냄에 대해 누가는 사람의 아들을 강조하고 있다. 그는 예수의 탄생에서 시작하여 소년기를 거쳐 "지혜와 키"가 완전히 성장한 예수를 그리고 있으며(2:52), 예수의 눈물(19:41), 간곡한 기도(22:44), 죽으심(23:46)에 진지한 인성을 표시하였다. 인성을 강조한 본서는 특히 예수의 식사에 관한 기사를 많이 언급하였고(7:36-50, 10:38-

42, 11:37-52, 24:41-43), 예수의 족보에서도 마태는 유대인의 왕을 부각시키기 위해 아브라함과 다윗의 자손이라고 하여 아브라함에서 시작하지만, 누가는 인성을 강조하여 아담에까지 소급시키고 있다.(3:38)

(3) 사회적 복음서

가난한 자, 멸시받는 자, 천한 자 등 사회적 문제에 특히 관심을 보이고 있다. 부자는 경계의 대상이 되고(18:22-25) 가난한 자에게는 축복이 베풀어졌다. 어리석은 부자나(12:16-21), 부자와 나사로의(16:19-31) 비유 등은 본서에만 보이는 독특한 것들이다. 가난한 자 외에도 사마리아인, 세리나 창기와 같은 소외된 인종이나 계급에 미치는 구원이 강조되었다. 선한 사마리아인의 비유나(17:11-19) 세리장 삭개오의 일화(19:1-10)는 본서만이 간직한 자료이다. 죄많은 여인(7:36-50), 혈루증 여인(8:43-48), 탕자(15:11-32), 십자가상의 강도(23:39-43) 등 사회에서 버린 바 된 잃어버린 자들을 구원하시는 그리스도(19:10)를 제시하고 있다.

(4) 역사성의 강조

본서에는 역사적 필치가 뚜렷하다.

'디베료 가이사가 위에 있은 지 다섯 해 곧 본디오 빌라도가 유대의 총독으로 헤롯이 갈릴리의 분봉왕으로 …' (3:1) 등 역사성이 강조되고 있다. 뿐만 아니라 본서의 내용도 역사적 순서로 배열되었다.(1:5, 26, 36, 56, 59, 2:42, 3:23, 9:28, 37, 51, 22:1, 7) 4복음서가 다같이 그리스도의 역사를 전하나 전기적 가치로 볼 때 본서를 따라올 수가 없다.

(5) 성령과 기도에 대한 강조

본서는 사도행전처럼 성령과 기도의 복음이다.

예수께서는 성령의 충만하심으로 역사하셨고(4:1), 성령과 물로 세례를 베푸시며(3:16), 성령으로 기뻐하셨다.(10:21), 기도의 응답으로 주시는 선물도 마태복음에는 "좋은 것"으로 되어 있지만(마 7:11), 본서에서는 "성령"이라고 기록했다.(11:13) 성령과 더불어 기도의 기사도 현저하다. 예수께서 기도하신 경우가 15차례 있었는데 마가와 요한에는 각 4회씩, 마태에는 3회만 보이지만, 본서에는 11차례나 나타나 있다. 실로 주께서는 중대한 사건을 맞이하실 때마다 기도하신 것이다. 즉 세례 받으실 때(3:21), 유대 교권주의자와의 첫 충돌 전에(5:16), 12제자를 택하시기 전에(6:12), 수난의 첫 예고 전에(9:18), 변모하셨을 때(9:29), 주기도문을 가르치시기 전에(11:1) 및 십자가 위에서(23:34, 46) 등의 일곱 사건 때에 예수님은 기도하셨다. 뿐만 아니라 기도에 관한 그리스도의 교훈도 간곡하셨다. 밤중에 찾아온 친구(11:5-13), 불의한 법관과 과부(18:1-8), 바리새인과 세리의 기도(18:11-13) 등 성령과 기도에 관한 강조는 저자 자신이 이런 영(靈)의 사람이었던 것을 가리키는 것이기도 할 것이다.

(6) 여자와 어린이에 대한 지대한 관심

본서는 여자와 어린이의 복음이라 불린다. 유대인 사회에서 여자는 남자의 부속물에 지나지 않았고, 여자와 아이들은 인구수에 포함되지도 않았다. 그러나 누가는 여자의 지위를 높이 올렸고 그들에 대한 특별 기사를 많이 소개한다. 예수님의 어머니 마리아를 비롯하여 엘리사벳(1:13), 안나(2:36), 나인성의 과부(7:11), 시몬의 집에 들어온 죄많은 여인(7:37), 주님께 봉사한 여인들(8:1-3), 혈루증 여인(8:43), 꼬부라진 여인(13:11), 은전 잃은 여인(15:8), 불의한 재판장을 설득시킨 과부(18:3), 두 렙돈 바친 과부(21:2), 우는 예루살렘 여인들(23:28), 십자가 아래 여인들(23:55), 부활 아침의 여인들(24:1) 등 실로 많은 여성들이 동원되고 있다. 뿐만 아니라 어린이에 관한 기사도 많다. 본서만이 세례 요한의 탄생을 전하고(1:8이하), 예수의 유년기(2:16, 27)와 소년기

(2:42), 나인성 과부의 독자(7:12), 야이로의 독녀(8:42), 예수께 축복받은 어린이(18:15) 등 어린이의 기사가 현저하다.

(7) 아름다운 문장체

누가는 그리스도의 전기를 충실히 소개할 뿐더러 아름답게 묘사했다. 마태복음은 장엄한 의식체(儀式體)이고, 마가복음은 간략한 전기체인데 비해 누가복음은 아름다운 문장체인 것이다.

문학자 누가의 필치는 아름답다 못해 회화적(繪畵的) 정서를 풍긴다. 가령 예수의 탄생 때 천사의 고지(1:26-38), 목자들의 내방(2:8-20), 성전에서의 소년예수(2:41-50), 나인성 과부의 외아들(7:11-17), 마르다와 마리아(10:38-42), 돌아오는 탕자(15:11-32), 엠마오로 가는 두 제자(24:13-35) 등은 그대로 아름다운 화폭을 바라보는 정서를 준다. 누가가 화가였다는 전설도 이러한 문장미에서 연유된 것으로 보인다. 또 누가의 복음은 그림일 뿐만 아니라 노래이다. 마리아의 노래(1:46-55), 사가랴의 노래(1:68-79), 시므온의 노래(2:29-32) 등을 위시하여 아베마리아의 송가(1:28), 천군 천사의 노래(2:29-32) 등 전편이 아름다운 노래 가락으로 진행되고 있다. 실로 누가는 최초의 찬송가 작가였다.

4) 본서의 내용

본서는 예수님의 생애와 교훈을 기록하되 연대순으로 정리하였다. 대체로 다섯 부분으로 나누어져 있다.

(1) 공생애 이전의 역사 (1:1-4:13)
(2) 갈릴리 전도 (4:14-9:50)
(3) 예루살렘으로 가는 길 (9:51-19:27)
(4) 예루살렘에서의 대결 (19:28-21:38)

(5) 수난과 부활 (22:1-24:53)

5) 누가의 약전

(1) 고향 : 안디옥
(2) 직업 : 의사(골 4:14) - 의학적 용어(14:2),
　　　　　병의 증세(4:38, 5:12) 상술
(3) 바울의 동반자 : 바울의 전도여행에 동참(로마까지 동행), 바울은
　　　　　　　　　그를 가리켜 '사랑 받는 의원', '마지막까지 함
　　　　　　　　　께 했던 사람'이라고 하였다.(행 21:15-16,
　　　　　　　　　27:1-28:15, 골 4:14, 몬 1:24, 딤후 4:11)
(4) 다재다능 : 의사, 역사가, 문필가
(5) 엠마오 도상의 두 제자 중 한사람(눅 24:18)이라는 설이 유력하다.
(6) 최후 : 그의 최후에 대해서는 분명치 않으나 74세를 향수하고, 에
　　　　　베소 또는 보이티아에서 별세했다는 전설이 유력하다.

탐 구 문 제

🌿 1. 누가는 어떤 사람입니까?

　　누가는 누가복음과 사도행전을 기록한 저자이다.

　　그의 직업은 의원(골 4:14)이었으며, 바울의 제2차 전도여행 때 동참했으며, 3차 전도여행 때도 빌립보에서 합세하였다.

　　바울과 더불어 가이사랴의 2년간의 옥중생활을 함께 하였고 바울이 로마에 호송될 때도 동반하였다.

　　그는 의사로서 바울의 병든 몸(고후 12:7)을 늘 돌보았으며 바울이 로마 옥에서 순교할 때 까지 그의 곁을 떠나지 않았던 바울의 충직한 동역자였다.(딤후 4:11)

🌿 2. 누가가 단독으로 기록한 기사를 볼 때 누가는 특별히 어떤 사람들에게 관심이 많았다고 생각합니까?

　　누가복음에만 나오는 기사는 어리석은 부자(12:16-21), 탕자의 비유(15:11-32), 부자와 나사로의 비유(16:19-31), 선한 사마리아인의 비유(10:29-37), 세리장 삭개오의 일화(19:1-10) 등이다. 이를 통해 볼 때 누가는 가난한 자, 멸시받는 자, 천한 자들에게 관심이 많았던 것을 알 수 있다.

🌿 3. 예수님은 왜 성령으로 잉태하셔야만 되셨을까요? (1:35)

　　예수 그리스도가 성령으로 잉태하여 육신을 입은 것은 두 가지 사유 때문이다.

　　첫째, 하나님의 아들이란 증표로(사 7:14) 처녀의 몸에서 태어나셨고, 또 한가지 이유로 인류의 죄를 대속하시기 위해서는

탐 구 문 제

당신 자신이 죄가 있어서는 안 되기 때문에 원죄가 없는 몸
으로 태어나셨던 것이다.

4. 예수님과 성도는 어떻게 형제가 됩니까?

예수님은 성령으로 잉태되셨고 성도는 다 성령으로 거듭
난 사람이므로 형제가 된다.

히브리서 기자는 이 사실을 우리에게 밝히 증거해 주고
있다. '거룩하게 하시는 자와 거룩하게 함을 입는 자들이
다 하나에서 난지라 그러므로 형제라 부르시기를 부끄러워
아니하시고'(히 2:11).

5. 세례요한의 아버지 사가랴는 천사의 고지를 믿지 않다가 어떻게 되었나요? (1:20)

제사장 지파에 속한 사가랴가 반차를 따라 성전에 올라가
서 제사지낼 때 천사 가브리엘이 나타나 "네 아내 엘리사벳
이 아들을 낳아주리니 이름을 요한이라 하라"(1:13)하였고,
이때 사가랴는 늙은 몸에서 아들을 낳을 수가 없다며 그 말
을 믿지 않을 때 "아들을 낳기까지 너는 벙어리가 되리라"
했다. 사가랴는 과연 멀쩡한 자기가 갑자기 벙어리가 될 때
비로소 자기 아내가 나이가 많지만 아들을 낳을 것을 믿을
수가 있었을 것이다. 그러므로 벙어리가 되었지만 당황하지
아니하고 성전의 의무를 다 마칠 수가 있었던 것이다.

탐구문제

🌿 6. 십자가로 처음 구원받은 사람은 누구입니까? (23:43)

　　예수와 함께 십자가에 못 박힌 한편 강도이다. 그는 살인강
도였지만 십자가 위에서 예수가 하나님의 아들이신 것을 믿
음으로 구원을 받고 예수님을 모시고 낙원에 갔던 십자가로
첫 번째 구원받은 사람이 되었다. 십자가로 살인강도를 먼저
구원하신 것은 십자가로 어떤 흉악한 죄라도 다 사함받을 수
있다는 모델로 구원해 주신 것이다.

🌿 7. 십자가의 한편 강도는 어떻게 예수를 하나님의 아들로 믿을
　　수 있었을까요?

　　물론 전적 하나님의 은혜이다. 그러나 인간적인 측면을 살
펴본다면 거기에는 또 하나의 까닭을 찾을 수도 있다고 생각
한다. 한편 강도도 처음에는 다른편 강도와 함께 주님을 바라
보고 "너가 이스라엘의 왕 그리스도이냐 그렇다면 십자가에서
내려와 우리로 보고 믿게 할지어다"(막 15:32) 라고 희롱했던
사람이었다. 그러나 나중에 그가 예수님의 행위를 보고 특히
"아버지여 저희를 사하여 주옵소서 자기의 하는 것을 알지 못
함이니이다"(눅 23:34)라는 기도를 들을 때 이 분이야말로 사
람이 아니라 하나님의 아들이란 확신을 갖게 되었을 것이다.

🌿 8. 예수님의 사형집행장이었던 백부장은 마지막에 무엇이라 증
　　언하였습니까? (눅 23:47, 막 15:39)

　　예수의 사형을 집행하던 로마인 장교인 백부장은 무의식

적으로 "이 사람은 정녕 의인이었도다"라고 말했다. 한편 마 27:54와 막 15:39에서는 "이 사람은 진실로 하나님의 아들 이었도다"라고 말했다. 이러한 백부장의 고백들은 자신의 말을 완전히 이해했든 안했든 우리에게 십자가에 달린 사람의 정체를 바르게 밝혀주는 의미 깊은 말이었다.

4. 요한복음

1) 서론

본서의 저자는 본서에 명기되어 있지 않지만 요한이라는 사실을 뒷받침해주는 성경의 내적 증거가 있다. 그것은 저자가 '예수의 사랑하시는 제자'(13:23)였다는 점이다. 평상시 그리스도의 총애를 받았던 자는 사도 요한이었다.(19:26, 27) 그래서 본서의 저자가 사도 요한이라는 데 별 이의가 없다. 공관복음서가 완성된 이후에 본서가 기록된 사실이 확실하고, 요한이 도미티안 황제 때 밧모섬으로 귀향가기 전 (A.D. 96)에 본서의 집필이 완료되었을 것이라는 점을 들어 기록연대는 85-90년으로 추정된다. 그리고 기록장소는 그가 말년에 거주했던 에베소라는 것이 확실시된다. 사도 요한은 본서와 더불어 요한 1, 2, 3서와 요한계시록도 기록하였다. 이 가운데 대표적인 책이 본서이며, 본서는 가장 단순한 어록을 기록하면서도 가장 심오한 진리를 내포하고 있어서 성경의 면류관이라고 불린다.

2) 본서의 수신자 및 기록목적

본서의 수신자는 분명하지 않다. 누가복음처럼 수신자의 이름이 밝혀져 있지 않다. 본서가 에베소에서 기록되었다는 점을 고려할 때 아마도 소(小)아시아 여러 지역에 사는 기독교인들을 위해 기록되어 졌을 것이다. 그러면 구체적으로 기독교인 중에서도 유대인인가? 이방인인가? 본문에는 그 어느 쪽으로도 치우칠 수 없는 양면적 요소가 나타나고 있다. 즉 히브리어를 상세히 풀이하고 있는 점(1:38, 41, 42, 9:7, 19:13, 17, 20:16)은 분명히 이방인들을 의식한 것으로 이해되어지는 반면에, 본문 곳곳에서 나타나는 그리스도와 유대인들 간의 질의응답의 모습(3:1-15, 6:52-59, 7:14-24, 8:31-59)은 유대인들을 의식한 것으로 이해될 수 있다. 결국 본서의 수신자는 아시아 지역의 모든 기독교인으로 보는 것이 타당하다고 하겠다. 그리고 본서를 기록한 목적은 본서에 잘 나타나 있다. '오직 이것을 기록함은 너희로 예수께서 하나님의 아들 그리스도이심을 믿게 하려 함이요 또 너희로 믿고 그 이름을 힘입어 생명을 얻게 하려 함이니라'(20:31) 즉 ① 예수께서 하나님의 아들이심과 ② 그리스도이심을 믿게 하고 ③ 영생을 얻게 하려 함이었다. 첫째는 주로 이방인들을 상대하고 둘째는 유대인을 상대하며 셋째는 이방인과 유대인을 다 같이 상대한 목적인 것이다. 뿐만 아니라 본서는 공관복음이 다 완성된 후에 기록되었기 때문에 누락된 내용들을 보충함과 아울러 성령의 풍성한 계시를 더욱 밝히 드러내는 부수적인 목적도 있었을 것이다.

3) 본서의 특징

(1) 단순 명료하다.

요한복음은 다이즈만(Deissmann)이 지적한 것처럼 신약성경에서 그 유래를 찾아볼 수 없을 정도로 단순하면서도 명료하다. 아주 쉽고 간결한 헬라어 문장을 사용하면서 어떤 신학자도 완전히 이해할 수 없을 만큼 심오하며 인상적이다.

(2) 보충적이다.

요한복음은 공관복음서에 나와있는 예수님의 탄생, 시험받으심, 산상수훈, 변모하신 기사는 생략하고 공관복음서에 없는 내용을 많이 보충했다.

① 사마리아 여인과의 대화(4:4-26)

② 베데스다의 병자 고침(5:1-47)

③ 니고데모의 내방(3:1-21)

④ 간음하다가 잡힌 여자(8:1-11)

⑤ 가나의 혼인잔치(2:1-11)

(3) 주석이 많다.

요한복음에는 주석이 많다. 상황을 보다 더 자세히 설명하였고, 숨은 의도에 신학적 해석을 많이 첨가했다. ' … 이는 그 형제들이라도 예수를 믿지 아니함이러라' (7:5), '예수는 그의 죽음을 가리켜 말씀하신 것이나 저희는 잠들어 쉬는 것을 가리켜 말씀하심인 줄 생각하는지라' (11:13) 이외도 많은 해석이 나온다.

1:6,12,15,44	7:22,29,39	
2:9,21,24	8:27	11:15
4:6,44	12:6,33,36,43	
6:61,64,71	17:3	21:19

(4) 이적은 일곱 가지를 택했다.

예수의 많은 표적 중에서 특별히 일곱 가지를 선택한 데서도 요한의 분명한 의도를 엿볼 수 있다.

그 일곱 가지 표적은 다음과 같다.
　① 물로 포도주를 만드심(2:11)
　② 왕의 신하의 아들을 고치심(4:46-54)
　③ 혈기 마른 병자를 고치심(5:2-9)
　④ 5천명을 먹이심(6:4-13)
　⑤ 물위로 걸어가심(6:16-21)
　⑥ 나면서부터 소경된 자를 고치심(9:1-7)
　⑦ 나사로를 부활시키심(11:1-44) 등
여기에도 이미 기록된 공관복음의 표적과 중복됨을 조심성있게 피하면서, 본서에 있어서 표적은 예수께서 하나님의 아들이시며 그리스도이심을 뚜렷하게 나타내고 있다.(20:30-31)

(5) 상징적인 책이다.

'나는 … 이다'(I am …)라는 표현법이 본서에서 일곱 번이나 나오고 있다. '나는 생명의 떡이다'(6:35), '나는 세상의 빛이다'(8:12), '나는 길이요 진리요 생명이다'(14:6) … (10:7, 10:11, 11:25, 15:1) 등이다. 뿐만 아니라 본서에는 상징적인 숫자라고 불리는 3과 7로 엮어져 있는 것이다. 위에서 언급한 대로 '나는 … 이다'도 일곱 번 나타나고 이적도 일곱 가지를 선택하였다. 3의 수는 더 현저하여 갈릴리에 세 번 가셨고, 유월절을 세 번 지키셨고, 그 외의 제사가 세 번 나타났고, 십자가상에서 세 번 말씀하셨고, 부활하신 후에 세 번 나타나셨다.

(6) 그리스도의 신성을 강조했다.

요한복음에는 다른 복음서에 비하여 그리스도의 신성이 대단히 강조되고 있다.

　① 태초에 말씀이 계시니라.(1:1)
　② 나와 아버지는 하나이라.(10:30)
　③ 아브라함이 나기 전에 내가 있었느니라.(8:58)
　④ 나를 본 자는 아버지를 보았다.(14:9)

(7) 필요한 인물의 성장과정을 추적 기록했다.

본서에는 필요한 인물에 대하여 개인적인 성장과정을 추적 기록하였다.

　① 니고데모 (3:1-15, 7:50-52, 19:39)
　② 빌립 (1:43-46, 6:5-7, 14:8-11)
　③ 도마 (11:16, 14:5-6, 20:24-29)

④ 마리아, 마르다 (11:1-40, 12:2-4)

⑤ 성모 마리아 (2:1-5, 19:26-27)

(8) 공관 복음서와 대조를 이루는 특징

① 기록한 연대로 보아 공관복음서는 예루살렘이 함락(A.D. 70년) 되기 전후하여 기록된 것으로 보이나, 요한복음은 일러도 90년 이후, 즉 약 30년의 차이가 있다고 본다.

② 전자는 주로 예수님의 북방 갈릴리 지방에서의 행적을 취급하고 있으나, 후자는 예수님의 유대 지방 전도를 주로 취급하고 있다.

③ 예수께서 유월절을 지키시는 것이 전자에는 한번 밖에 없으나, 후자에는 세 번 나타나 있고, 이것이 그리스도의 생애를 3년으로 규정하는 큰 근거가 되고 있다.

④ 대체로 보아 전자는 예수의 외적 행적을 그대로 기록하고 있으나, 후자는 그 행적의 내적이며 신령한 뜻을 변론체를 통하여 더 강조하고 있다.

⑤ 그리스도의 교훈에 있어서, 전자는 신자의 윤리면을 많이 강조하고 있으나, 후자는 더 근본적이며 신학적인 문제에 치중한다.

4) 본서의 내용

'하나님이 세상을 이처럼 사랑하사 독생자를 주셨으니 이는 저를 믿는 자마다 멸망치 않고 영생을 얻게 하려 하심이니라' (3:16) 본서의 요절은 신약 전체의 대표적인 요절로서 작은 복음이라 불린다. 요한복음은 크게 일곱 부분으로 나눌 수 있다.

(1) 하나님 아들의 성육신(1:1-18)

(2) 하나님 아들의 보이심(1:19-4:54)

(3) 하나님 아들의 대면(5:1-12:50)
(4) 하나님 아들의 교훈(13:1-16:33)
(5) 하나님 아들의 중보기도(17:1-26)
(6) 하나님 아들의 십자가형(18:1-19:42)
(7) 하나님 아들의 부활(20:1-21:25)

5) 요한의 약전

(1) 세베대와 살로메 사이에 태어난 아들로서 야고보의 동생(막 1:19)
(2) 처음에는 세례요한의 제자였으나 갈릴리 해변에서 주의 부르심을
    받고 사도가 됨(1:35-39)
(3) 직업 : 어부
(4) 예수님의 가장 총애를 받았던 제자(마 17:1-4)
(5) 최후의 만찬때 그리스도의 품에 기댐(13:23)
(6) 십자가의 곁에 있었던 유일한 제자(19:26)
(7) 마리아를 돌보는 책임을 맡음(19:27)
(8) 별명 : 보아너게(막 3:17) 우뢰의 아들
(9) 도미시안 황제 때(A.D. 95) 밧모섬에 귀양(계 1:9)
(10) 넬바 황제 때(A.D. 96) 에베소로 돌아와 천수를 누림
(11) 계시록과 요한 1, 2, 3서 기록

탐 구 문 제

🌿 1. 요한과 베드로의 성격을 비교해 보세요.

　　예수님의 12제자 가운데 베드로와 요한은 그 대표라 할 수 있는데 두 사람의 성격이 아주 대조적이다.

　　베드로는 깊이 사고하는 쪽보다 행동이 빠른 사람이요 반대로 요한은 행동보다 예리한 통찰력을 가진 사람이었다. 예수님이 부활하셨다는 소문을 듣고 베드로와 요한이 무덤으로 달려갔을 때 젊은 요한이 먼저 무덤에 도착하였으나 그는 빈 무덤에 들어가지 아니하고 밖에서 살펴만 보았다고 하는데, 한 발 늦게 따라온 베드로는 곧바로 무덤 안으로 들어갔다고 했다.(20:3-7)

　　예수님이 부활하신 다음 베드로와 요한이 갈릴리로 돌아와 갈릴리 바다에서 고기 잡을 때에 부활하신 예수님이 바닷가에 오셔서 그물을 배 오른편에 던지라 하시자 과연 던졌더니 많은 고기를 잡았을 때에도 가장 먼저 예수인 줄 알게된 사람은 요한이었다. 그가 "주시라"하자 베드로는 벗어둔 겉옷을 두른 후에 바다로 뛰어내려 헤엄쳐 주께 갔다고 했다.(21:5-7)

　　베드로는 행동이 빨랐던 사람인데 비하여 요한은 관찰이 능했던 사람이었다. 두 수제자가 성격이 전혀 대조적이어서 보다 더 완벽한 역할을 할 수가 있었던 것 같다.

🌿 2. 사도요한의 별명을 말해보세요.

　　요한과 그 형제 야고보에게 주어진 별명은 '보아너게' 곧 '우뢰의 아들' 이란 이름이 하나 더해졌다고 했다.(막 3:17)

이는 성격이 지나치게 급하기 때문에 그런 이름이 주어진 것이다. 한번은 예수님이 제자들과 사마리아 어느 촌에 들어갔을 때 그들이 다 예수를 거부하자 요한은 분개해서 하늘에서 불이 내려와 저들을 전부 불사르게 하면 좋겠다고 하다가 예수님께 책망을 받은 적이 있었다.(눅 9:53-55) 그 정도로 성격이 급했다.

3. 신약성경 가운데 최대의 핵심성구는 무엇입니까?

요한복음 3:16 '하나님이 세상을 이처럼 사랑하사 독생자를 주셨으니 이는 저를 믿는 자마다 멸망치 않고 영생을 얻게 하려 하심이니라' 신약전체의 대표가 될 수 있는 중요한 요절로서 루터는 '작은 복음'이라고 하였다. 이 짧은 한 절 속에 복음의 요소가 다 내포되어 있다. 복음의 요약이라 할 수 있다.

복음의 기초는 하나님의 사랑이요 구원을 얻는 방도는 믿음에 있고 그 범위는 온 세상 사람들이다.

4. 요 3:16에 나타난 하나님의 사랑이 4장, 5장에 구체적으로 어떻게 나타났습니까?

4장에는 사마리아에 가장 죄많은 수가성의 여인이 구원받은 사실을 기록하고(4:5-30), 5장에 들어가자마자 베데스다 연못가에 가장 비참한 38년된 환자를 고쳐주신 사건이 나온다. 가장 죄많고 가장 비참한 인간에게 하나님의 사랑이 미친 것을 요한은 의도적으로 그렇게 기술한 것으로 사료된다.

탐 구 문 제

🌿 5. 베드로가 겟세마네 동산에서 대제사장의 종의 귀를 벤 기사
가 공관복음(마 26:51, 막 14:47, 눅 22:50)에는 베드로의
이름이 밝혀져 있지 않은데 요한만은 그 이름을 밝힌 까닭은
무엇입니까? (요 18:10)
　　마태, 마가, 누가가 복음서를 기록할 때에는 베드로가 생
존해 있었기 때문에 그에게 화가 미치지 않도록 그 이름을
거명하지 않았지만 요한이 복음서를 기록할 때에는 이미 베
드로가 순교한 뒤였기에 그 이름을 밝힐 수가 있었다.

🌿 6. 예수님의 죄패는 몇 나라 말로 기록되었습니까? (19:20)
　　'나사렛 예수 유대인의 왕' 이란 예수의 죄패는 히브리어,
로마어, 헬라어로 기록하였다고 했다. 전세계 모든 사람들이
읽을 수 있도록 그렇게 기록한 것이다. 빌라도는 이 같은 죄
명이 아닌 죄명을 써서 그리스도를 정죄했지만 사실 그리스
도께서는 자신의 사역을 완성하신 모든 민족의 왕이셨던 것
이다.(계 1:5, 19:16)

🌿 7. "예수님의 시체를 제자들이 훔쳐갔다"(마 28:12-15)는 도적
설을 반증하는 증거는 무엇입니까? (요 20:7)
　　예수님의 빈 무덤에 베드로가 들어가 보니 '세마포가 놓였
고 또 머리를 쌌던 수건은 세마포와 함께 놓이지 않고 딴 곳에
개켜 있더라'(20:7) 했다. 삼엄한 경비를 하고 있는데 시신을

훔쳐갈 수도 없었을 뿐더러 경황없이 훔쳐갔다 하더라도 어떻게 예수님의 시신을 싼 세마포는 벗겨두고 알몸으로 훔쳐갈 수가 있었겠는가? 더욱이 "머리를 쌌던 수건은 개켜 있더라" 했다. 어느 사이에 그것을 잘 접어둘 수가 있었겠는가? 세마포와 수건은 도적설을 반증하는 명백한 증거가 된다.

5. 사도행전

1) 서론

본서의 명칭은 신약의 다른 책들과 같이 저자나 수신자의 이름이나 지명을 본따 붙여진 것이 아니라 본서의 내용에 근거하여 붙여졌다. 본서의 명칭만큼 많은 이름이 붙여졌던 책도 없다. 사도들의 행전, 거룩한 사도들의 행전, 부활입증의 책, 성령의 복음 등 많은 이름으로 불려졌으나, 2세기 말엽부터 교부들에 의해 '사도행전'이란 통일된 명칭을 사용하게 되었다.

누가복음의 기록자와 동일 인물이 본서를 저술했음을 본서는 밝히고 있다.(1:1) 따라서 본서의 저자는 누가복음을 기록한 누가이다. 본서의 저자가 바울의 동료였다는 사실은 '우리'라는 말을 사용한 여러 구절들을 보아 명백히 알 수 있다.(참조, 16:10-17, 20:5, 21:18, 27:10, 28:16) 누가는 바울의 2차 전도 여행 때부터(드로아, 16:10) 빌립보 지역의 복음 전파 사역에 동참했으며(16:40), 3차 전도여행 말기(20:6)와 예루살렘 입성(21:17), 그리고 로마에 호송될 때까지(27:1-28:16) 바울과 동행했기에 '우리'라는 단어를 쓴 것은 자연스럽다.(참조, 몬1:24, 딤후 4:11) 뿐만 아니라 본서의 기록에 의학 용어가 빈번하게 사용되는 점에서도 의사 누가가 본서의 기록자임을 추정할 수 있다.(참조, 1:3, 3:7, 9:18, 33, 13:11)

기록한 장소는 확실하게는 알 수 없지만 일반적으로 로마라고 생각된다. 혹자는 누가의 고향인 안디옥, 누가가 오래 머물렀던 에베소에서 기록하였다고 하나, 바울이 로마로 끌려갈 때까지 바울과 동행하였고 끝까지 바울곁에 남아 있었던 사실은 본서가 로마에서 기록되었다는 유력한 증거가 된다.

기록연대는 본서의 마지막 부분이 사도 바울이 로마옥에 갇힌 생활을 자세히 기록한 점으로 미루어 바울의 순교(A.D. 66년경) 이전에 기록한 것이 틀림없다. 일반적으로 A.D. 63-64년경으로 본다.

2) 본서의 수신자 및 기록목적

본서는 데오빌로에게 보내기 위해 기록하였다고 했다.(1:1) 앞서 누가복음서에서도 언급하였듯이 데오빌로 한 사람만을 위한 것이 아니라 당시 헬라가 지배하고 있던 온 세상 사람을 위해 기록한 것이다. 기록목적은 누가복음은 서문(눅 1:1-4)에서 밝혔듯이 데오빌로로 하여금 '그 배운 바의 확실함을 알게 하려는 데' 있다. 다시 말하면 본서는 예수 그리스도의 행적에 있어 사도들에게 임한 성령의 역사를 계속해서 차례대로 써 보내기 위해 기록되었다. 뿐만 아니라 다음과 같은 몇 가지 이유가 곁들여 있다.

첫째, 본서는 로마에 대한 변증론이다. 본서는 사도들과 로마관원의 조화와 협조를 강조하고 있다. 교회에 대한 박해자는 로마 관원이 아니라 유대인들이었고, 로마인들은 사도들에 대해 언제나 우호적인 태도를 보였다는 사실을 알리기 위해 기록되었다.

(참고, 18:12-17, 23:18-35, 24:24-27, 25:1-12, 28:30, 31)

둘째, 본서는 유대인에 대한 변증론이다. 예수가 그리스도인 것을 부인하는 유대인들에게 구약의 말씀을 인용하여 예수가 그리스도인 것을 밝히기 위해 본서가 기록되었다.

(참조, 2:35-36, 3:18, 4:26-27, 5:42, 8:32-35, 11:17, 13:27-29, 15:25-26, 28:23-28, 31)

셋째, 본서는 헬라인에 대한 변증론이다. 본서는 당시 동방의 신비주의 사상에 사로잡힌 헬라인들에게 기독교를 가르칠 목적으로 기록되었다.(참고, 14:8-18, 17:16-31) 결국 본서는 로마가 지배하던 당시 헬라의 신비주의적 사고에 빠져있던 각계 각층의 사람들에게 기독교를 변증하며 유대인들에게 기독교가 하나님을 섬기는 종교라는 것을 알리기 위해 기록되었다.

3) 본서의 특징

첫째, 본서는 무엇보다도 역사의 책이다.

전기가 아니라 역사라는 평을 듣는다. 복음서가 그리스도의 전기를 기록하고 있음에 반해 본서는 사도들 특히 베드로와 바울의 행적을 기록하고 있는 초대교회의 역사서이다. 초대교회의 설립 당시에 활동했던 여러 중요한 인물들이 대거 소개되고 있다. 베드로(1-12장)와 바울(13-28장) 이외에도 예수 그리스도의 사역을 직접 목격한 요한(3장), 야고보(12장), 빌립(8장)과 스데반(7장) 그리고 바나바(11:24-26) 등의 편력을 기록하고 있다.

둘째, 본서에는 구약에서 약속된 성령 강림의 역사(役事)가 기록되어 있다.(3:1-4) 외형적으로 볼 때 기독교가 전파되어간 역사이지만, 내적으로 볼 때 성령의 역사를 기록한 것이라고 볼 수 있다. 그래서 본서에 '성령행전'이란 별명을 붙인다.

셋째, 본서는 일대 전환의 책이라고 말할 수 있다. 구약의 율법 중심적인 사고 방식이 신약의 복음 중심적 신앙으로 전환되는 계기를 마련해 주고 있다.(10:9-16, 28, 11:1-18, 20:7)

넷째, 본서는 바울 연구에 결정적인 자료를 제공해 준다. 바울의 회심에서부터(9장) 3차례 전도여행(13:4-21:17)과 예루살렘에서 체포되어 로마로 끌려가기까지(22:17-28:31) 바울의 모든 전도활동이 수록되어 있다.

4) 본서의 내용

복음이 전파되어간 지역을 중심으로 크게 다섯 부분으로 나눌 수 있다.

(1) 성령의 강림(1-2장)

(2) 예루살렘 전도(3-7장)

(3) 유다와 사마리아 전도(8장)

(4) 이방(땅 끝까지) 전도(9장-21:26)

(5) 옥중의 바울(21:27-28:31)

한편, 활동한 인물을 중심으로 구분하면 베드로의 행적(1-12장)과 바울의 행적(13-28장)으로 대별할 수 있다.

[참고]

(1) 베드로의 약전

① 이름 - 시므온(히브리명): 예수를 만날 때까지의 이름

(행 15:14)

시몬(헬라명): 베드로 다음으로 많이 사용되었음

게바 : 아람어(바위)(요 1:42)

베드로(헬라명): 게바의 헬라역, 가장 많이 사용

② 부름받음 - 갈릴리 바다에서 고기잡다가(눅 5:1-11)

③ 가족 - 아버지 : 요나(요한)(마 16:17)

동생 : 안드레

결혼 : 아내 있었음(막 1:30, 고전 9:5)

④ 직업 - 어부(막 1:16)

⑤ 수제자 - 제자 이름 중 가장 먼저 나옴

(막 3:16-19, 마 10:1-4, 눅 6:13-19, 행 1:13)

⑥ 연령 – 제자 중에 가장 나이가 많았다.

　　　　예수님보다도 많았다고 보는 경향)

⑦ 저서 – 베드로전후서

⑧ 죽음 – 로마에서 거꾸로 십자가에 못박혀 순교한 것으로 전해진다.(68년경)

(2) 바울의 약전

① 본명 : 사울(행 7:58, 8:1)

② 출생 : 길리기아도의 수도 다소(22:3)

　　출신 : 베냐민지파(롬 11:1), 8일만에 할례(빌 3:5)

③ 유학 : 가말리엘 문하(예루살렘)(행 22:3)

④ 신분 : 로마 시민권, 공회원

⑤ 박해자 : 스데반 처형에 가편 투표 입회(행 7:54-8:3)

⑥ 회심 : 다메섹 도상에서 그리스도의 음성 들음(행 9:3-5)

　　　　A.D. 35

⑦ 은둔생활 : 아라비아, 길리기아 다소(약 10년간)

⑧ 전도활동 : 1, 2, 3차 소아시아 유럽

⑨ 투옥 : 예루살렘 ➡ 가이사랴 ➡ 로마

⑩ 저서 : 바울의 13서신

⑪ 순교 : 로마(66-67)

(3) 바울의 전도여행

① 1차 전도(행 13-14장)

바울은 바나바의 초청으로 안디옥교회에서 같이 사역하다가 안디옥교회의 파송을 받아 바나바와 함께 구브로, 비시디아 안디옥, 이고니온, 루스드라, 더베까지 가서 전도하고 다시 안디옥으로 귀환했다.

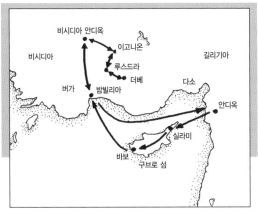

[1차 전도여행 경로]

② 2차 전도(행 15:36-18:22)

　1차 전도여행때 도중에 돌아간 마가를 동반하는 문제로 바나바
와 결별한 바울은 실라와 디모데를 데리고 소아시아를 거쳐 유럽
으로 건너가 빌립보, 데살로니가, 고린도, 아덴까지 갔다가 귀로
에 에베소, 가이사랴를 방문하고 안디옥으로 귀환했다.

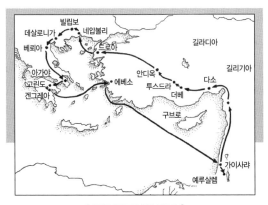

[2차 전도여행 경로]

③ 3차 전도(행 18:23-21:18)

바울의 3차 전도여행은 3년에 걸친 에베소 사역을 마친 다음 빌립보, 고린도, 두로, 가이사랴를 지나서 헬라인 신자들이 전하는 구제품을 가지고 예루살렘으로 돌아왔다.

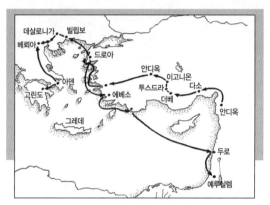

[3차 전도여행 경로]

④ 로마여행(행 27:1-28:15)

3차 전도여행을 마치고 예루살렘에 돌아왔을 때 율법주의자들의 선동과 고소로 체포되어 가이사랴에서 2년간 감금되었다.(행 21:7-24:20)

바울은 로마 시민권을 가지고 있었기에 로마황제에게 상소하여 로마로 호송되었다. 로마로 호송되어 가는 길에 누가도 동행하여 여로의 사정이 누가에 의해 자세하게 기록되었다.(행 27:1-28:13) 로마에 도착했을 때 로마의 신자들이 기쁘게 그를 영접하였고 자기를 맡은 군인 한 사람과 함께 혼자서 유하도록 허락되었다.(행 28:16) 만 2년 동안 지내며 거기를 찾아오는 사람들에게 자유롭게 그리스도를 증거한 것으로 사도행전은 끝을 맺는다.

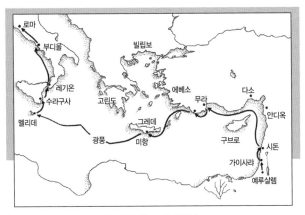

[바울의 로마여행]

[참고]

바울의 연대기(年代記)를 정확하게 만드는 일은 불가능한 일이다. 수많은 학자의 시도가 발표되었으나 일치를 보지 못하고 있다. 따라서 이러한 것은 약간의 이해를 얻기 위한 참고로서 도움될 것에 지나지 않는다.

그리스도의 죽으심, 승천		A.D. 30
바울의 회심		35(?)
제 1회 예루살렘 방문	갈 1:18	37
다소에 머뭄		37 – 43
제 2회 예루살렘 방문	행 11:30	44
제 1차 전도여행		44 – 48(?)
예루살렘 회의		50
제 2차 전도여행		51 – 53
데살로니가에의 제1,제2편지		52
제 3차 전도여행		54 – 58
갈라디아에의 편지		55

고린도에의 제1편지	56 혹 57
고린도에의 제2편지	57
로마에의 편지	57 - 58
매임(잡힘)	- 58
가이사랴에서의 감금	58 - 60
베스도 부임	60
바울, 로마에 도착	61
골로새, 빌레몬, 에베소편지	61 혹 62
빌립보에의 편지	62 혹 63
제1회 로마 감금에서의 석방	63
디모데에의 제1편지	64 혹 65
디도에의 편지	65 혹 66
디모데에의 제2편지	67
바울의 죽음	67

바울의 순교를 62-65년 사이에 있었던 것으로 주장하는 유력한
설도 많은데, 그럴 경우 이상의 연대는 조금씩 빨라지게 된다.

5) 사도

(1) 사도 : 예수님이 직접 택하여서 복음을 증거하게 한 제자
(2) 12사도 : 베드로, 요한, 야고보, 안드레, 빌립, 바돌로매, 도마, 마태,
    야고보, 다대오, 시몬, 맛디아(유다를 대신)
(3) 기타사도 : 바울, 바나바(행 14:14), 야고보(주의 동생)(갈 1:19)
(4) 사도시대 : 예수님 승천 → 요한의 죽음(A.D. 30-100)
(5) 성삼위 하나님의 역사
    - 구약성경 : 성부 하나님의 활동사
    - 4복음서 : 성자 예수님의 활동사
    - 사도행전 : 성령 하나님의 활동사

탐 구 문 제

1. 누가가 누가복음과 사도행전을 데오빌로에게 써 보내면서 사
   도행전에는 왜 '각하' 라는 말을 붙이지 아니했습니까?

   누가복음을 데오빌로에게 써 보낼 때는 '각하' 라는 존칭어를
   사용하였다. 데오빌로는 누구인지 정확히 알 수 없지만 상당한
   직위에 있는 사람임에 틀림이 없다. 그러나 누가가 누가복음을
   기록하고 상당한 기간 뒤에 다시 써 보낼 때는 데오빌로는 주
   안에서 어느 정도 성숙했다고 본다. 그때는 주안에서 형제됨이
   중요하지, '각하' 라는 존칭어는 별 의미가 없기 때문에 생략한
   줄로 안다. 고매한 박사님이 교회 처음 나오면 '박사님' 이라고
   높여 부르는 것이 당연하다. 그러나 성숙한 단계에 이르러 집
   사님이 되셨으면 '집사님' 이라고 부르는 것이 자연스럽다.

2. 예수님이 승천하시고 난 다음 몇 일만에 성령이 임했나요?
   (2:1)

   예수님은 유월절 양 잡는 날 돌아가셨다가 부활하신 다음,
   40일 동안 세상에 계시다가 승천하셨다. 승천하신 다음 제
   자들이 마가요한의 다락방에서 합심하여 기도할 때 오순절
   날 성령이 임했기 때문에 약 10일정도 후에 임하신 것이다.

3. 초대교회 베드로의 설교(2:14-36)와 바울의 설교(13:16-
   41)의 중심내용은 무엇입니까?

   너희들이 십자가에 달아 죽인 예수는 그리스도가 되셔서 다
   시 사셨다고 예수의 죽음과 부활을 증거했다. 초대교회 성도들

은 입만 열면 예수가 다시 사셨다고 주의 부활을 증거했을 뿐만 아니라 주의 부활을 증거하다가 순교했다. 사람이란 죽인다 하면 거짓말하다가도 바른말을 하게 되는 법인데 부활을 증거하다가 순교했다는 그 사실이 주님의 부활을 더욱 명백히 증거하고 있다.

4. 안디옥교회는 어떤 사람들로 구성되어 있었습니까? (13:1)

바나바와 흑인 시므온과 구레네 사람 루기오와 분봉왕 헤롯의 젖동생 마나엔과 사울이라 했다. 천한 흑인과 존귀한 왕족과 석학 사울(바울) 등 각계각층 인물로 구성되었다. 교회란 이렇게 빈부귀천 각계각층의 사람으로 이루어진 교회가 가장 아름다운 교회이다. 또한 안디옥교회는 바나바와 사울을 선교사로 파송한 교회이다. 담임목사와 부목사를 선교사로 파송한 것이다. 이렇게 선교에 열중한 교회가 되었기 때문에 예루살렘 교회 뒤를 이어 세계중심 교회가 된 것이다.

5. 초대교회 선교부가 둘로 갈라진 이유와 그 결과는 무엇입니까? (행 15:38)

바울과 바나바는 바나바의 생질인 마가 요한과 동행하는 문제에 있어 의견차가 생겼다. 즉 바나바는 마가와 동행하기를 원했으나, 바울은 마가가 1차 여행 때 밤빌리아에서 스스로 돌아간 행위(행 13:13) 때문에 이를 허락하지 않았다. 이로 인하여 바울과 바나바가 결별하여 두 개의 전도단으로 나

누어지게 되었다. 그런데 하나님께서는 이 일을 통하여 선한 결과를 만드셨다. 즉, 바나바는 마가와 함께 고향 구브로에서 전도사업을 계속하였고, 훗날 마가는 그의 좋은 면을 충분히 계발할 수 있었다.(골 4:10, 딤후 4:11) 한편 바울도 예루살렘교회 교인이자 로마시민권자인 실라를 새 동역자로 맞아 전도활동에 많은 도움을 받을 수 있었다.(행 16:37-40)

6. 아덴에는 어떤 신상까지 있었습니까? (17:23)

바울이 헬라의 중심도시인 아덴거리를 돌아볼 때 온 도시에 각종 신상으로 가득했으며 그 가운데 '알지 못하는 신에게'라고 새긴 단도 보았다고 했다. 우상의 실상을 여지없이 밝혀주는 좋은 예라고 할 수 있다. 아덴사람은 그들의 상상력을 총동원해서 온갖 신상을 다 만들어 놓고도 행여나 그래도 빠진 신이 있다면 그 신의 노여움을 달래기 위해 이름도 모르는 신상까지 세웠던 것이다.

7. 바울을 도왔던 가장 충직한 평신도는 누구입니까? (18:2)

바울이 제2차 전도여행중 아덴에서 크게 실패하고 고린도로 넘어왔을 때 마침 로마에서 유대인 축출로 인하여 고린도로 넘어온 아굴라와 브리스길래(혹은 브리수가) 부부를 만나게 된다. 천막을 깁는 업이 같아서 서로 쉽게 가까워졌고 그다음부터 바울의 복음전도를 위해 심혈을 기울인다. 신약성경 가운데 가장 아름다운 부부라고 말할 수 있으며 이 부부의

탐 구 문 제

이름이 무려 성경에 6번이나 나오며, 그 중 3번은 부인 브리스길라가 먼저 나온다. 아마 부인의 믿음이 더욱 좋았던 것 같다. 이 부부의 행적들은 너무나 아름답다.(행 18:24-26) 바울은 로마서에서 이 부부를 소개하기를 '너희가 그리스도 예수 안에서 나의 동역자들인 브리스가와 아굴라에게 문안하라 저희는 내 목숨을 위하여 자기의 목이라도 내어놓았나니' (롬 16:3-4)라고 하였다.

8. 바울이 제3차 전도여행을 마치고 예루살렘에 왔을 때 바울을 죽이려는 유대인은 무엇을 결성하였습니까? (23:12)

바울을 죽이기 전에는 먹지도 마시지도 아니하겠다고 결단한 40여명의 결사대가 조직이 되었다. 유대인이 바울을 얼마나 증오했는가를 잘 말해준다. 그런데 성경에는 이들이 결국 천부장의 보호로 바울을 죽이지 못했는데도 이들이 굶어 죽었다는 기록이 보이지 않는다.

9. 바울을 예루살렘에서 로마군인의 사령부가 있는 가이사랴로 호송하는 데 동원된 군사는 어느 정도가 되었나요? (23:23)

비밀히 한밤중에 호송하는 데 보병 200명 마병 70명 창군200명을 동원했다고 했다. 바울의 호송을 얼마나 철저히 했는가를 잘 말해주고 있다. 바울은 세계심장부 로마를 보기를 원했는데(19:21) 경비 한푼 들이지 아니하고 이토록 삼엄한 경호를 받으며 로마에 들어갈 수가 있었다. 하나님의 경

이로운 섭리이다.

🌿 10. 기독교의 최초의 총회인 예루살렘 총회는 무엇 때문에 소집
되었습니까? (15:1-35)

바울과 바나바가 1차 전도여행으로 많은 이방인이 교회로
들어오자 유대인들은 여기에 반발하여 이방인도 할례를 받
아야만 구원을 받는다고 문제를 제기했다. 안디옥에 있던 이
방인 신자들은 큰 동요를 일으키고 결국 바울과 바나바를
예루살렘으로 파견하고 총회로 모이게 되었다. 의장은 야고
보가 맡았다. 베드로가 먼저 발언하고(6-11) 그 다음 바울
이 보고하고(12) 이어 야고보가 발언하는(13-21) 순으로 흘
러갔는데 초대교회 중심인물이었던 베드로의 첫 발언대로
믿음으로 구원받기 때문에 설령 이방인이라 하더라도 할례
는 받지 않아도 된다라고 결의되었다.

6. 로마서

1) 서신서의 서론

(1) 분류

서신서(書信書)는 신약성경 중 편지 형식으로 쓰여진 책들 즉 로마서에서 유다서까지의 21권을 일컫는 명칭이다. 서신서는 전통적으로 바울서신(13권), 히브리서, 공동서신(7권) 등 세 부류로 나누며, 이 가운데 절대 다수를 차지하는 바울서신은 그 내용을 중심으로 다섯 가지로 나눈다.

	구 분 I	구 분 II	책 명
신약서신서	바울서신(13)	교리 서신(4)	로마서, 고린도전 · 후서, 갈라디아서
		옥중 서신(3)	에베소서, 빌립보서, 골로새서
		재림 서신(2)	데살로니가전 · 후서
		목회 서신(3)	디모데전 · 후서, 디도서
		개인 서신(1)	빌레몬서
	히브리서(1)		히브리서
	공동 서신(7)		야고보서, 베드로전 · 후서, 요한일 · 이 · 삼서, 유다서

[참고] (   )안은 권수

(2) 중심주제

복음서들이 예수 그리스도의 지상 사역에 대한 사실적 메시지를 증거하고 있다면, 서신서들은 그리스도의 사역에 대한 해석적인 메시지를 증거하고 있다. 즉 서신서들은 그리스도의 사역이 성도들에게 있어서 어떤 의미를 지니고 있는지(교리)를 밝히고 또 그 교리들이 현실 생활에 어떻게 적용되어야 하는가의 문제(생활)를 다루고 있는 것이다.(참고, 딤후 3:15-17) 그렇기에 대부분의 서신서들이 그 구성에 있어서 교리편과 생활편으

로 구분되어 있다. 예컨대 로마서는 1-11장(교리), 12-16장(생활), 갈라디
아서는 1-4장(교리), 5-6장(생활), 에베소서는 1-3장(교리), 4-6장(생활)
으로 각각 확연히 구분되어진다.

2) 로마서의 서론

본서의 저자는 사도 바울이다.(1:1) 초대교회 이후로 이 점에 관하여 의문
이 제기된 적은 한번도 없었다. 본서를 기록한 장소는 고린도이다. 이러한
사실은 바울이 고린도의 동쪽 항구인 겐그레아에 있는 교회 일군 뵈뵈
(Phoebe)에게 본서 전달의 책임을 맡겼던 것으로 보아 분명하다.(롬
16:1,2) 뿐만 아니라 고린도시의 재무관이었던 에라스도가 문안하는 내용
이 언급된 것도 고린도 저작설에 대한 좋은 증거라 할 수 있다.(16:23) 본서
를 기록한 연대는 A.D. 57-58년경으로 추정한다. 바울 사도가 57년 말 경
에 고린도에서 석 달을 보냈는데(행 20:3), 아마 그 때 본 서신을 기록하였
으리라고 본다. 그가 오순절까지는(A.D. 58년 봄) 예루살렘에 도착하려고
힘썼으므로(행 20:16) 본 서신은 분명히 58년 초기까지 완성되었으리라는
추정이 가능하다. 이같은 사실들에 근거하여 기록 연대는 A.D. 57-58년경
임이 확실하다.

3) 로마교회

로마서의 수신자인 로마교회의 기원에 대해서는 확실한 자료가 남아있
지 않아 대략 세 가지 학설로 설명된다.

① 베드로의 설립 ② 예루살렘에 왔던 순례자(행 2:10) ③ 몰려온 유대
인과 이방인 신자들의 자연스러운 시작 등을 든다. 카톨릭 학자들의 전통
적인 주장은 베드로가 로마의 글라우디오(Claudius, A.D. 41-54) 황제의
통치 때 로마에 가서 교회를 설립했을 것이라고 하지만 프로테스탄트 학
자들 가운데 이 설을 받아들이는 자는 아무도 없다. 베드로는 예루살렘 총

회때(A.D. 49) 참석했다.(행 15장) 그러므로 베드로가 49년 이전에 로마에 갔다는 것은 상상도 할 수 없는 일이다. 뿐만 아니라 만일 베드로가 이미 로마에 주재하는 그 교회 설립자였다면 바울은 본서를 기록하지 않았을 것이 분명하다. '남의 터 위에 건축하지 아니함'(롬 15:20)이 그의 신념이기 때문이다. 오히려 오순절 성령강림 때 베드로의 설교를 듣고 회심한 (행 2:10) 예루살렘 순례자들의 일부가 로마에 거주하던 자들이었는데 그들을 중심으로 교회가 시작되었을 것으로 보는 것이 자연스럽다. 그러나 바울이나 다른 사도들의 전도로 회심한 자들이 그 곳에 가서 교회를 세웠을 가능성도 전적으로 배제할 수 없다. 한가지 분명한 사실은 로마교회는 베드로나 바울과 같은 유명한 사도들에 의해서 세워진 교회가 아니라 지도자 없이 다수의 유대인과 많은 이방인들로 구성되어 급속한 성장을 한 교회로 믿어진다.(1:1-15, 15:14-16) 바울이 본서를 쓸 당시에 이 교회는 이미 널리 알려져 있었고 바울이 그곳에 있는 많은 성도들로부터 존경을 받고 있었다.(1:8, 15-23-29)

4) 본서의 기록 동기와 목적

바울 사도는 1, 2, 3차 전도여행을 하면서 새로운 일터를 바라보았다. 당시 세계 심장부인 로마를 그 목표로 삼았다.(행 19:21) 뿐만 아니라 그곳을 중심해서 땅끝으로 여겼던 서바나까지 가려고 했던 것이다.(롬 15:28) 그러나 바울은 곧바로 로마에 갈 수 없었다. 왜냐하면 예루살렘의 가난한 성도들을 위해 이방(마게도냐와 아가야)교회 성도들이 모금한 헌금을 전달하기 위해 예루살렘에 가야했기 때문이다.(참조, 롬 15:25-28) 따라서 바울 사도가 자신이 가는 대신 먼저 편지를 보내야만 했던 것이 본서를 기록하게 된 직접적인 동기이다.

본서를 기록한 목적은 첫째, 그가 품고있는 선교에 대한 웅지 곧 스페인 선교 계획과 관련하여 앞으로 있게 될 로마교회 방문을 미리 준비하기 위해서였다.(1:10-15, 15:22-29)

둘째, 사도들로부터 직접적으로 체계적인 가르침을 받아 본 적이 없는 로마교회의 성도들은 구원은 받았지만 구원에 대한 확신이 부족했다. 따라서 그들에게 하나님의 구원의 기본 원리를 설명하기 위해 본서를 기록했다.

셋째, 당시 로마교회에서는 유대계 그리스도인들이 복음을 받아들인 후에도 여전히 율법주의적인 사고에 빠져있어 로마교회의 대다수를 차지하는 이방인 그리스도인들과 갈등을 일으키고 있었다.(14:1-6) 그래서 전체적인 하나님의 구원계획 속에서 유대인과 이방인들의 관계를 설명하기 위해 본서를 기록했다. 무엇보다도 본서는, 구원은 받았지만 구원의 확신이 없던 로마 성도들이 구원의 확신을 갖도록 기록했기 때문에 지금도 구원의 도리를 잘 이해하지 못하는 사람에게 구원의 확신을 갖게 하는 소중한 책이다.

5) 본서의 특징

본서는 바울의 서신 가운데 가장 대표적인 서신이라 말할 수 있다. 로마서 고린도전·후서 및 갈라디아서 네 책을 바울서신 중에서 '대서신' 이라고 부르는데, 로마서는 대서신 중에 대서신 곧 '최대서신' 이라고 말한다. 체계적이며 논리적으로 잘 정리되어 있으며 중심주제는 믿음으로 구원받는 도리를 증거하고 있다. 조직 신학의 일대 논문이다. 첫째, 본서는 바울 서신들 중에서 가장 조직적이다. 본서는 서신이라기보다 정교한 신학 논문처럼 짜여 있다. 둘째, 기독교 교리에 대한 해설이다. 본서에는 죄, 구원, 은혜, 믿음의 칭의, 성화, 구속, 죽음, 부활 등과 같은 중요한 신학적인 주제들이 많이 다루어져 있다.

6) 본서의 내용

본서는 크게 둘로 나누어져 있다. 1-11장까지는 '우리가 어떻게 구원을 받는가' 라는 구원의 도리를 말하고, 12-16장까지는 '우리가 어떻게 살아야 하는가' 라는 생활을 교훈하고 있다.

좀더 구체적으로 세분하면 다음과 같다.

(1) 서론 : 1:1-17

(2) 교리편(1:18-11:36)
　① 죄악론(1:18-3:20) - 이방인의 죄, 유대인의 죄
　② 구원론(3:21-8:39) - 의인의 교리, 성결의 교리, 영화의 교리
　③ 구원의 역사(9-11장) - 이스라엘의 거부와 회복

(3) 실천편(12:1-15:13)
　① 교회적 교훈(12장)
　② 사회적 교훈(13장)
　③ 교제에 관한 교훈(14:1-15:13)

(4) 결론(15:14-16:27)
　① 사적 부분(15:14-33)
　② 문안(16:1-23)
　③ 송영(16:25-27)

탐 구 문 제

🌸 1. 복음서는 그리스도의 생애와 교훈을 기록한 데 반하여 서신서
는 한마디로 무엇을 기록한 책입니까?

　　신약 최초에 나오는 4복음서는 모두 그리스도의 삶과 교훈
을 기록한 책들이다. 예수가 하나님의 아들로서 인간의 몸을
입고 이 땅에 오셔서 십자가에 돌아가셨다가 3일만에 부활한
역사적 사실을 기록하고 있다.

　　여기에 반하여 로마서에서부터 유다서까지 21권의 서신서는
이 역사에 대한 해설이라고 말할 수 있다. 십자가 사건과 부활
사건이 어떤 신학적 의미를 갖고 있느냐에 대한 설명이다.

🌸 2. 바울은 로마에 가기를 원했는데 그 길이 열리지 않을 때 어떻
게 했습니까? (1:10)

　　바울은 일찍이 세계 심장부라 할 수 있는 로마에 가서 복
음전하기를 소망했다.(행 19:21) 그러나 그 길이 열리지 않
을 때 자기가 가는 대신 편지(로마서)를 써 보냈다.

　　이렇게 기록된 로마서는 특별히 신약성경 가운데 대단히
비중이 큰 성경이다. 기독교 모든 교리는 로마서에서 세워
졌다고 해도 과언이 아니다.

만약 바울의 로마행이 쉽게 이루어졌다면 기독교 교리의 골
격을 이루는 로마서는 존재하지 않았을 것이다. 이것을 생
각하면 하나님의 섭리가 너무나 오묘함을 느끼지 않을 수가
없다. 그렇기 때문에 성도는 어떤 역경과 고난 가운데서도
자기가 할 수 있는 최선을 다해야만 한다.

탐 구 문 제

🌿 3. 사형에 해당되는 죄목을 열거해 보세요. (1:29-31)

　　불의, 추악, 탐욕, 악의, 시기, 살인, 분쟁, 사기, 악독, 수군 수군하는 자, 비방하는 자, 하나님을 미워하는 자, 능욕, 교 만, 자랑, 악을 도모, 부모거역, 우매, 배약, 무정, 무자비 등 21가지 죄가 사형에 해당한다고 했다. 인간적으로 생각할 때 대수롭지 않은 죄도 하나님의 입장에서는 사형에 해당하는 것을 명심해야 한다.

🌿 4. 사람은 왜 율법의 행위로 의롭다 함을 받을 수가 없습니까? (3:20)

　　사람은 율법을 다 지킬 수 없기 때문이다. 설령 다 지켰다 하더라도 태어나면서부터 바로 지킨 것이 아니기 때문에 율 법을 행하기 이전에 지은 죄만 하더라도 몇 번이나 지옥에 갈 수밖에 없다.

🌿 5. 예수 한사람의 흘린 피가 어떻게 만민을 구원할 수가 있습니 까? (5:19)

　　이 문제의 해답은 두 가지로 설명이 가능하다.

　　대표자의 원리와 가치의 원리이다. 본문에 나와있는 말씀대 로 아담 한사람이 불순종함으로 모든 사람이 다 죄인이 된 것 처럼 예수 한사람이 순종함으로 모든 사람이 의롭게 될 수 있 다. 아담과 예수는 모든 인류의 대표라 할 수 있다. 그리고 예 수와 모든 인류의 가치가 다르다는 것이다. 예수는 하나님의

독생자이시요 모든 인류는 하나님이 지으신 피조물에 불과
하다. 모든 피조물을 다 합한다 하더라도 하나님의 독생자와
비교가 될 수 없다.

6. 그리스도 안에서의 새로운 삶을 바울 사도는 무엇으로 비유
   하고 있습니까? (6:11, 18, 7:2)
   사도 바울은 그리스도 안에서 새로운 삶을 3가지 원리로
   설명하고 있다.
   1) 세례의 원리 : 세례란 예수와 함께 죽고 예수와 함께 다
      시 사는 것을 말한다.
   2) 종의 원리 : 죄의 종이 되어 살다가 하나님의 종으로
      새롭게 바뀐 생활을 말한다.
   3) 결혼의 원리 : 이전까지는 율법의 아내가 되었다.
      그리스도 안에 들어오므로 은혜의 아내가
      된 것이다.

7. 당시 로마 사회에 성행했던 죄악은 무엇입니까? (1:26-27)
   성경에 '부끄러운 욕심'이란 바로 성적 타락을 의미하며,
   '순리대로 쓸 것을 바꾸어 역리로 쓴다'라는 말은 부부만
   의 허용된 성행위를 동성애 행위로 잘못된 것을 비난하는
   말이다. 동성애가 성행했던 것이다. 동성애의 역사는 창세
   기로 소급해 올라간다. 롯이 살았던 소돔성에 동성애가 극
   심했던 것을 찾아볼 수가 있다.(창 19:1-11)

탐 구 문 제

🌸 8. '유대인' 명칭에 대하여 설명해 보세요. (2:17)

　　'유대인'이라는 명칭이 최초로 사용된 것은 왕하 16:6에
서이다. 포로시대 이후 팔레스틴에 돌아온 이스라엘 사람들
은 유다지파를 비롯한 여러 지파가 섞여 살았음에도 불구하
고 유대인이라 불렸다. 이 명칭은 다른 민족과 구별되는 하
나님의 선민을 지칭하는 말이다.

7. 고린도전서

1) 서론

바울의 4대 서신중에 로마서와 갈라디아서는 교리서이고, 고린도 전·후서는 실제적 지도서이다.

본서의 저자는 바울이라고 하는데 이의를 제기하는 사람은 거의 없다. 본서에는 저자가 바울임이 여러 곳에서 증거되어 있고(1:1, 12-17, 3:4, 6, 22, 16:21) 본서의 기사와 사도행전에 나타나는 바울의 고린도 전도여행기(행 18:1-11)와 정확히 일치하는 점에서도 알 수 있다. 뿐만 아니라 초대 교부들도 다 본서를 바울의 서신으로 인정하였다. 본서를 바울의 서신으로 인용한 최초의 인물은 로마의 클레멘트(Clement of Rome 96년)로 본서를 '축복받은 사도 바울의 글' 이라고 칭송했다.

본서는 당시 소아시아의 수도였던 에베소에서 기록되었다. '내가 오순절까지 에베소에 유하려 함은' (16:8)이라는 구절에 직접적으로 나타나 있다. 뿐만 아니라 '아시아에 있는 교회들이 너희에게 문안하고 아굴라와 브리스가와 그 집에 있는 교회' (16:19)라는 구절이 있는데 이때 브리스가와 아굴라가 거주했던 곳 역시 에베소(행 18:18-21)이다. 여기서 본서신의 기록장소가 에베소임이 더욱 분명해 진다.

기록연대는 바울이 에베소 체류기간 3년중 어느 시기인지가 문제되는데 여러 가지 정황을 볼 때(고전 16:5-9) 바울의 에베소 체류기의 후기인 것 같다. 더욱이 16:8에는 '내가 오순절까지 에베소에 유하려 함은' 이라 하고 있고, 5:7-8에서 '유월절' 과 '누룩' 을 언급한 것은 본서를 기록한 때가 유월절 준비기인 것을 암시하는 것으로 보인다. 그러므로 바울의 에베소 체류기를 53-55년으로 보고 따라서 본서의 저작 연대를 55년의 유월절이 가까운 봄이라는 것이 가장 유력한 견해이다.

2) 고린도

그리스 본토와 펠로폰네소스(Peloponnesus)를 연결하는 고린도는 에게해(Aegean Sea)와 아드리아 해(Adriatic Sea)사이의 좁은 지협(地峽)에 위치한 항구도시였다. 바울 당시 야외극장, 운동 경기장, 각종 이방신전을 골고루 갖춘 경제 문화 종교의 중심도시였는데 중요한 사항은 다음과 같다.

(1) 아덴, 스파르타와 더불어 고대 헬라 도시국가들의 맹주
(2) 아덴 다음가는 대도시(해양무역의 중심지)로 선로(船路)의 요충지
(3) 인구 60만 정도(자유인 20만, 노예 40만)
(4) 경제적으로 부유, 도덕적으로 타락, 종교적으로 부패
(5) 현행 영어로는 코린티안(Corinthian) : 난봉꾼, 사치하고 게으른 자 (오늘까지 그 오명이 남아있다.)
(6) 1893년 완성한 고린도 운하로 지금은 완전한 섬

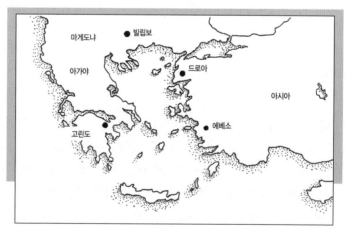

[고린도]

3) 고린도교회

바울이 고린도교회를 설립하게 된 경위가 행 18:1-18에 기록되어 있다.
구체적인 설립 경위는 아래와 같다.

(1) 바울은 2차 전도여행중 아덴에서 실패하고 고린도로 넘어 왔다
(행 17:16-34, 고전 2:2)

(2) 바울은 좋은 동역자 아굴라 브리스길라 부부를 만난다
(행 18:2)

(3) 마게도니아로 파견했던 실라와 디모데 합세(행 18:5)

(4) 유대인 상대로 전도에 주력(행 17:2, 18:4-6 ; 격렬한 반대)

(5) 디도 유스도 집에서 1년반 동안 전도 - 고린도교회 설립
(행 18:7-11)

(6) 바울이 아볼로(목회자) 파송 - 아볼로파가 생기게 된 결정적인 사유

(7) 아가야 지방(지금의 그리스)의 중심교회

4) 본서의 기록 동기와 목적

본서를 기록하게 된 동기는 본서가 잘 말해주고 있다. 먼저 본서를 쓰게
되는 배경은 이러하다. 고린도에서의 1년 반 동안의 전도를 끝낸 바울은
아굴라·브리스길라 부부와 같이 떠나 에베소로 가고 거기에 그들 부부를
남겨두고는 해로로 가이사랴를 거쳐 선교의 본거지인 안디옥으로 돌아갔
다. 이로써 제2차 전도여행은 끝난 셈이다. 그러나 그는 곧 계속하여 제3
차 전도여행에 나서서 갈라디아와 부루기아 지방을 경유하여 에베소로 왔
다.(행 18:18-23) 바울은 에베소 전도 중에도 앞서 세운 고린도교회에 대
한 관심이 컸을 것이고, 거리도 불과 500Km 밖에 되지 않았기에 많은 왕
래도 있었고 서신교환이 빈번했다. 이런 상황이 고린도 전·후서를 쓰게
된 배경이 되었고 직접적인 동기는 본서가 밝히고 있다.

첫째, 글로에의 보고를 듣고 쓰게 되었다고 했다. 글로에의 집 편으로서 너희에 대한 말이 내게 들리니(1:11) 너희 중에 심지어 음행이 있다 함을 들으니(5:1)

둘째, 고린도교회로부터 여러 가지 당면 문제에 대해 질문하는 서신을 받고 그 해답으로 본서를 쓰게 되었다.

본서에 '… 에 대하여는' 말이 바로 고린도 교회가 바울에게 질문한 제목들이다.

> 너희의 쓴 말에 대하여는(7:1)
> 우상의 제물에 대하여는(8:1)
> 신령한 것에 대하여는(12:1)
> 연보에 대하여는(16:1)

[참고]
본서에 나타나 있는 고린도교회 문제들을 정리하면 다음과 같다.
1. 당파 문제(1:10-4:21)
2. 불륜 사건(5:1-13)
3. 소송 사건(6:1-11)
4. 혼인 문제(독신자, 이혼, 처녀의 결혼, 과부의 재혼 등)(7:1-40)
5. 우상의 제물 문제(8:1-13)
6. 부인의 수건 문제(11:1-16)
7. 성찬에 관한 문제(11:17-34)
8. 성령의 은사에 관하여(12:1-14:40)
9. 부활 문제(15:1-58)
10. 헌금 문제(16:1-4)

5) 본서의 특징

고린도전서는 바울의 유창한 헬라어 실력과 탁월한 문장력으로 인해 심오하고도 격조높은 명문으로서의 독특한 성격을 형성하고 있다.

첫째, 본서는 실제적 서신이다. 고린도교회의 문제를 구체적으로 논거하며 지도한 실제적 서신인 것이다.

둘째, 바울은 문제에 대한 지도를 하되 영원한 진리에 입각해서 당면문제를 적용하였다. 그러므로 본서의 지도원리는 당시 고린도교회에서 그친 교훈이 아니라 모든 세대의 교회들에게 길이 응용될 수 있는 영원한 실제 교훈인 것이다.

셋째, 본서는 초대교회의 사정을 가르쳐주는 소중한 역사적 자료이다. 사도행전과 본서는 초대교회사 및 바울전기에 많은 자료를 제공해 주고 있다. 사도행전이 교회의 외적 발전상을 보여줌에 대하여 본서는 그 내적 실정을 가르쳐 주고 있다.

넷째, 본서의 문학적 가치도 탁월하다. 특별히 13장의 사랑의 송가와 15장의 부활론은 구구절절이 시요, 음률이다. 그러면서도 완벽한 논문체로 형성되어 끝없는 감격을 불러일으킨다. 13장은 실천면의 최고 강령인 사랑을 말하고, 15장은 교리면의 최고의 신비인 부활을 거론한 것도 본서의 균형과 조화를 더욱 아름답게 꾸며주고 있다.

6) 본서의 내용

(1) 인사(1:1-9)

(2) 글로에의 보고에 대한 답변(1:10-6장)

① 분쟁문제(1:10-4장)

② 음행에 대한 문제(5장)

③ 소송에 대한 문제(6장)

(3) 고린도교회의 편지에 대한 답변(7-15장)

① 결혼과 이혼문제(7장)

② 우상의 제물에 대한 문제(8-10장)

③ 공중예배 문제(11장)

④ 성령의 은사문제(12-14장)

⑤ 부활문제(15장)

(4) 결론(16장)

🌱 1. 고린도교회는 하나님으로부터 무엇을 많이 받은 교회입니까?
   (1:5-7)

   은사를 많이 받았다. 구변이 좋았고 지식이 풍부했다. 그
   위에 방언을 비롯하여 신령한 은사도 많이 받았다. 그러나
   고린도 교인들은 받은 은사를 받은 목적대로 바르게 사용하
   지 못하였다. 오히려 자기가 받은 은사를 자랑하여 교회를
   어지럽게 만들었다.

🌱 2. 고린도교회는 몇 파로 나누어 졌습니까? (1:12)

   고린도교회는 바울파, 게바파, 아볼로파, 그리스도파 등 4
   파로 나누어졌다. 바울은 고린도교회를 개척한 사람이요, 아
   볼로는 고린도교회를 목회한 사역자였다. 고린도 교인들 가
   운데서는 개척자 바울을 존경하는 사람들이 있었는가 하면
   목회자를 더 지지하는 사람도 있었고 또 어떤 사람들은 바울
   과 아볼로보다 더 유명한 수제자 베드로(게바)에게 속했다고
   하였고, 더 나아가 베드로보다 더 탁월한 그리스도에게 속한
   사람이라고 뽐냈다.

🌱 3. 금, 은, 보석과 나무, 풀,짚은 각각 무엇을 상징합니까?
   (3:12-15)

   여기에 나오는 건축 자재들은 성도들의 행위를 말하는 것으
   로 금, 은, 보석은 성도들의 진실된 행위를 말하며 나무, 풀,
   짚은 거짓된 행위를 말한다. 금, 은, 보석으로 지은 집은 외견

탐 구 문 제

상으로 작아 보이지만 최후의 심판때 불타지 아니하고 더욱 빛을 내는 반면에 나무와 풀과 짚으로 지은 건축물은 보기에는 웅장하고 거대하지만 심판의 불에 다 타버린다는 것이다.

4. 우상의 제물에 대한 바른 지식은 무엇입니까? (8:1-9)

우상의 제물은 불결한 것이 아니다. 그렇기 때문에 얼마든지 먹어도 된다. 그러나 그런 지식이 없는 믿음이 약한 형제를 위해 절제할 수 있어야 한다. 그래서 바울은 약한 형제를 위해서 일생동안 고기를 먹지 않겠다고 했다.(8:13)

5. 하나님이 성도를 시험하는 원리를 말해보세요. (10:13)

하나님의 시험과 마귀의 시험은 근본적인 차이가 있다. 마귀는 넘어뜨리기 위해서 시험하고, 하나님은 연단하기 위해 시험하신다. 하나님의 시험에는 몇가지 원리가 있다.

첫째, 감당할 수 있을 때 시험을 하신다. 창세기 22장에 보면 하나님은 아브라함을 시험하시되 100세에 얻은 아들 이삭을 번제로 드리라고 하셨다. 이런 시험은 아브라함 같은 믿음의 조상에게만 하시지 아무 사람에게나 하는 시험은 아니다. 그리고 둘째로 감당하기 어려우면 피할 길을 주신다고 했다.

6. 여자가 수건을 쓰고 머리를 기르는 의미는 무엇입니까? (11:5,15)

여자가 수건을 쓰는 것은 남자의 권위 아래서 그 권위에 순종

탐 구 문 제

한다는 뜻이다. 여자가 머리를 기르는 것도 같은 원리이다.
바울의 이러한 규정은 한 나라의 관습이 하나님의 말씀과 상
반되지 않을 때 수용할 수 있다는 의미에서의 문화적 규정으
로 보아야 한다. 선택적 교리이지, 시대와 문화를 초월한 절
대적 진리는 아니다.

7. 고린도전서 15장의 별명은 무엇입니까?

고린도전서 15장은 부활에 대한 일대 논문이다. 따라서
'부활장' 이라 칭한다. 사실 주님의 부활은 복음서에서보다
본장에서 더욱 명료하게 증거되고 있다.

8. 부활한 몸은 육체에 속한 몸과 어떻게 다릅니까?
(15:42-44)

하나님은 육체는 만드실 때 그 목적에 따라 각각 다르게 만
드셨다고 했다. 공중의 새는 공중을 날기에 적합하도록, 물고
기는 물속을 헤엄쳐 다니기에 편리하도록 만드셨다. 인간의
육체 역시 이 땅에서 살기에 알맞게 창조되었고 장차 하늘나
라에 가서 살기에 맞도록 신령한 몸으로 다시 부활한다고 했
다. 부활하신 예수님과 같이 시공간을 초월한 영화로운 몸으
로 다시 산다.

8. 고린도후서

1) 서론

고린도교회에 두 번째 보낸 이 서신의 저자는 사도 바울이라 하는데 논란의 여지가 없다. 이 서신 자체가 저자를 사도 바울로 밝히고 있으며(1:1, 10:1), 그 문제와 성격이 바울 서신의 특징을 그대로 나타내고 있다. 뿐만 아니라 폴리갑, 터툴리안, 이레니우스 등의 교부들이 이 서신을 인용하면서 바울의 글임을 증거하였다.

본서는 마게도냐 지역에서 기록되었다. 본서 7:5에 '우리가 마게도냐에 이르렀을 때에도' 라는 표현은 이를 간접적으로 시사하고 있다. 뿐만 아니라 마게도냐에서 일어난 연보모금 운동을 고린도와 아가야 지역의 교인들에게 교훈한 사실은 본서의 기록 장소가 마게도냐임을 뒷받침해 준다.(8:1, 9:2-4) 바울은 A.D. 55년 오순절때까지 에베소에 머물면서 고린도전서를 써 보냈고(고전 16:5-8) 그 다음 에베소를 떠나 드로아를 거쳐 마게도냐로 돌아갔다.(고후 2:12,13) 바울은 마게도냐에 머물면서 본 서신을 써 보냈다.(참조, 고후 2:13, 7:5, 8:1) 그러므로 본 서신을 기록한 때는 고린도전서를 기록한 후 늦어도 1년 이내일 것이다. 고린도전서를 기록한 때가 55년 봄 유월절 이전이므로, 본 서신은 55년 가을이나 이듬해인 56년 봄에 쓰여졌을 것이다.

2) 본서의 기록 동기와 목적

본서를 기록하게 된 사연은 좀 복잡하다. 바울이 고린도교회의 문제를 듣고 고린도전서를 디모데에게 써보내면서 고린도 교인들의 악행을 심히 책망하였다. 그러나 교인들이 회개치 않자 바울은 서둘러 고린도교회를 방문하여 책망하였으나, 아무런 성과 없이 근심 중에 헤어져야 했다.(고후 2:1,5) 그후 바울은 그의 신실한 동역자 디도를 보내어 고린도교회의 악습을 시정하고, 또한 신자들을 격려하여 예루살렘교회의 가난한 성도들을 위한 연보를 모으도록 하였다. 3년간 머물던 에베소를 떠나서 바울은 고린도교회의 소식을 가져올 디도를 만나기 위해 드로아로 갔으나, 만나지 못하자 근심 가운데 마게도냐로 갔다.(2:12-13) 그곳에서 바울은 디도를 만났다. 디도가 고린도로부터 가져온 소식은 고무적인 것이었다. 고린도 교인들이 그들의 악행을 회개하였으며, 바울을 다시금 사모하게 되었다는 소식이었다.(7:6-16) 그러나 여전히 바울을 불안하게 하는 것이 있었는데, 그것은 바로 거짓 교사들에 관한 소식이었다. 거짓 교사들은 바울이 방문 약속을 지키지 않았기에(1:15-17) 그가 전한 복음도 믿을 만한 것이 못된다고 선전하였다. 또한 그들은 바울이 자격없는 거짓 사도이며, 예루살렘의 가난한 성도들을 구실로 연보로 거둔 돈을 착복하려 한다고 모함하였다. 바울은 즉시 고린도 교인들의 오해를 풀고 그릇된 진리로 교인들을 유혹하던 거짓 교사들에 대하여 단호히 행동해야 할 필요성을 느끼게 되었다. 그래서 바울은 고린도후서를 쓰게 되었다. 따라서 바울은 첫째, 고린도교회의 뉘우침을 듣고 기뻐하면서 복음의 진리를 성도들에게 정확히 가르치고. 둘째, 예루살렘교회를 위해 헌금할 것과 셋째, 자신의 사도직을 변호할 목적으로 본서를 기록했던 것이다.

3) 본서의 특징

고린도후서를 흔히들 바울의 자서전이라고 부른다.

강한 변명체로 된 자서전이다. 자신의 풍채가 형편없고 말씨가 보잘것없다는 점을 고백하는(10:10) 등 자신의 적나라한 모습을 그대로 토로했다. 때로는 환희의 절정에, 때로는 절망의 깊은 계곡에 빠져있는 그의 모습을 볼 수 있다. 그가 매우 사랑했던, 모순 투성이의 교회 성도들을 어떻게 지도했는지 보여준다. 분쟁과 분열을 일으키는 자들로 인해 고민하면서 바울은 슬픔에 잠긴 아버지처럼 주안에서 자녀된 자들을 위하여 울고 꾸짖으며 간청했다. 그는 또한 예루살렘의 형제들에 대해 깊이 근심하면서 가난하고 어려운 그 형제들을 위한 헌금을 직접 전하기 원했다. 뿐만 아니라 바울은 사도로서의 자신의 소명과 권위를 밝히 말하고 있다. 비록 열두 사도의 일원은 아니지만 바울은 자신의 사도적 소명(召命)이 주로부터 직접 받은 것임을 강하게 변호하고 있다.

본서야말로 그의 심중에서 우러나오는 고백, 가리우지 않은 인간성, 선명한 판단, 그리고 사도권에 대한 투사적 사수 등이 적나라하게 표현되어 있어 바울 사도의 진면목을 선명하게 보여주고 있다.

4) 본서의 내용
본서는 크게 세 부분으로 나누어져 있다.

(1) 고린도교회에 대한 위로와 격려(1-7장)
(2) 예루살렘의 성도들을 위한 헌금 권고(8-9장)
(3) 자신의 사도적 권위에 대한 변호(10-13장)

탐 구 문 제

🌿 1. 바울은 자신이 당한 고난을 무엇이라고 말했습니까? (1:5)

바울은 자신의 고난을 '그리스도의 고난'이라고 불렀다. 그리스도께서 거짓 증인들에게 모함을 받고(마 26:60, 61) 유대인들에게 배척과 미움을 받고(요 1:11, 15:23-25) 또 매를 맞고(막 14:65) 조롱과 모욕을 당했듯이(마 27:39, 40) 바울 자신도 복음을 증거하다가 그와 같은 핍박을 받았기 때문에 그렇게 말했다.

🌿 2. 바울은 성도를 가리켜 그리스도의 무엇이라고 말했습니까? (2:14-15)

'그리스도를 아는 냄새'라 말하였다. 바울은 먼저 '항상 우리를 그리스도안에서 이기게 하시고'했다. 이 말은 로마황제나 장군이 전쟁터에서 적군을 격파하고 많은 포로를 끌고 오는 것을 가리키며 그 다음에 나오는 '그리스도를 아는 냄새'라는 것은 당시 개선장군이 쥬피터 카피톨리누스신전에 도착할 때면 그 신전에 바치는 제물이 타는 냄새가 사방에 퍼져나간 것을 비유해서 말한 것이다. 이와 같이 성도는 이 땅에서 그리스도를 알리도록 그리스도의 냄새를 풍길 수 있어야 한다.

🌿 3. 새 언약(New Testament)은 무엇입니까? (3:6)

새 언약이란 옛 언약에 대비되는 말이다. 옛 언약이란 하나님이 시내산에서 모세에게 하신 언약으로 핵심은 하나님의 말씀을 잘 듣고 지키면 하나님께서도 이스라엘의 하나님이

탐 구 문 제

되시며 거룩한 백성으로 삼아 주시겠다는 것이다.(출 19:5, 6) 이러한 옛 언약은 이스라엘의 불순종으로 깨져버렸다.(히 7:11, 8:7) 그러나 하나님은 당신의 백성을 사랑하시기에 그리스도를 이 땅에 보내주시고 십자가에서 피흘려 속죄케 하시고 그를 믿는 자에게는 '저희 죄를 다시 기억하지 아니하시리라'(히 8:12) 언약하셨다. 이를 새 언약이라 부른다. 그러니까 새 언약은 옛 언약을 능가하는 완전한 언약이라 할 수 있다.

[참고] 옛 언약과 새 언약의 비교

특징	옛 언약	새 언약(3:6)
대상	육적 이스라엘(출 19:5, 6)	영적 이스라엘(롬 9:6-13)
내용	의문(儀文:6절), 형식적	내적, 영적(히 8:10)
방법	하나님께, 제물을 바침으로써 성립	예수 그리스도의 대속적 피(죽음)를 믿음으로(마 26:28, 눅 22:20)
성격	행함	그리스도에 대한 믿음 (롬 10:9, 10, 히 10:39)
결과	임시적인 것	영원한 것(히 8:12)
모양	흠이 있음	무흠(無欠:히 8:7)

4. 연보(헌금)은 어떻게 하라고 했습니까? (8:12, 9:7)

연보에 대한 교훈은 첫째, 있는 대로 바치라(8:12)고 했다. 하나님은 주신 물질을 갖고 하나님께 바치라 하셨지 주시지 않은 것을 바치라 하시지는 않았다. 둘째로 인색함으로나 억지로 하지 말고 감사함으로 바치라 했다.(9:7, 시 50:8-14)

또한 연보를 추수에 비유했다. 적게 심는 자는 적게 거두고 많이 심는 자는 많이 거둔다(9:6, 갈 6:7, 마 19:29)고 하였다.

5. 성도는 누구와 멍에를 같이 하지 말라 했습니까? (6:14)

믿지 않는 자와 멍에를 같이하지 말라 했다. 이 권고는 '너는 소와 나귀를 겨리하여 갈지 말며'(신 22:10), '내 육축을 다른 종류와 교합하지 말며 네 밭에 두 종자를 섞어 뿌리지 말며'(레 19:19)라는 명령과 맥을 같이 하고 있다. 이는 이교도들과 모든 접촉을 끊어야 한다는 것을 의미하지 않고 다만 그들의 신앙생활과 타협하고 동화되어서는 안된다는 경고이다. 따라서 성도는 불신자와 결혼하는 것은 금해야 한다.

6. 바울이 복음을 전하다가 당한 고난의 목록에는 어떤 내용들이 있습니까? (11:24-27)

바울이 복음을 전하다가 당한 고난은 필설로 형언하기 어려웠다. 사십에 하나를 감하는 매를 다섯 번 맞고 세 번 태장으로 맞고 한번 돌에 맞고 세 번 파선당하고 그 외에도 수많은 고난을 당했다고 말했다.

7. 하나님은 왜 바울에게 육체의 가시(사단의 사자)를 주셨다고 했습니까? (12:7)

자고하지 못하도록 육체의 가시를 주셨다고 했다. 여기 육체의 가시가 무엇이냐에 대해 여러 학설이 구구하나 일반적으로

육체의 질병으로 여겨진다. 바울은 삼층천에 올라가서 하나
님의 나라를 직접 목격한 신비한 체험을 했다. 뿐만 아니라
놀라운 능력도 행하였다. 이러한 바울이 교만하지 않도록 넘
어지지 않도록 육체의 가시를 주셨다고 하였다. 일종의 안전
장치라 할 수 있다. 오늘 우리들에게도 하나님은 이런 조치를
취하고 계심을 잊지 말아야 한다.

9. 갈라디아서

1) 서론

기독교 자유의 대헌장(Magna Carta)이요, 그리스도인의 자유에 대한 선언서로 불리는 본서는 신약의 다른 어떤 책보다 후세에 끼친 영향이 큰 책이다.

본서의 저자는 본서의 서두에 언급(1:1, 5:2)된 대로 바울 사도이다. 19세기 브루노 바우어(Bruno Bauer), 나버(Naber) 등 몇몇 학자를 제외하고는 아무도 바울의 저작권을 의심치 않는다. 본서의 저작 시기와 장소는 정확히 말하기 어렵다.

기록한 시기에 대해서는 대체로 세 가지 학설이 있다. 바울의 제1차 전도여행(A.D. 46-48)이 끝난 뒤, 바울의 제2차 전도여행(A.D. 50-52) 도중, 바울의 제3차 전도여행(A.D. 53-58) 중에 기록했을 것으로 각각 주장되고 있다. 그러나 행 13:14-14:23에 의하면 바울은 바나바와 함께 제1차 전도여행때 갈라디아 지방에 여러 교회를 세웠는데 이 때의 일이 본 서신 4:13에 회고되어 있다. 이 사실은 본 서신이 바울의 제 1차 전도여행이 끝난 훨씬 이후에 기록되었음을 암시한다. 많은 학자들은 행 18:23-20:2,31의 정황을 들어 바울이 제3차 전도여행 중에 고린도후서를 기록한 지 얼마 되지 않아 마게도냐에서 급히 본서를 기록하였다고 본다. 따라서 기록 연대는 A.D. 55-58년 어간으로 추정한다.

2) 갈라디아 지방의 역사

갈라디아 지방은 소아시아 중앙 부분에 위치한 고원 지대로 오랜 옛날부터 빈번한 민족들의 이동과 강대국들의 각축(角逐)전이 벌어졌던 지역이다.

B.C. 3천년대에는 힛타이트족이, B.C. 2천년대에는 헬라 사람들과 브루기아 사람들이 그리고 B.C. 1천년대에는 바벨론과 페르시아 사람들이

지배하였다.

그리고 B.C. 278년 경에는 프랑스에 거주하였던 켈트족(Celts)의 한 지류인 고올족(Gauls)이 이 지역에 침입하여 널리 분포하였으며 바울 당시 갈라디아인의 주류를 이루고 있었다. 그러나 B.C. 189년에는 로마가 이 땅을 정복했다. 그리하여 이 때부터 바울 당시에 이르기까지 이 지역은 로마 제국의 한 부분으로 남아있게 되었다.

한마디로 갈라디아 지역의 역사는 전쟁, 노예, 빈곤, 질병, 기근 등으로 얼룩진 어두운 역사였다.

3) 갈라디아교회

갈라디아교회는 바울의 제1차 전도여행에서 가장 중요한 결실로 세워진 교회이다.

갈라디아 지방에 여러 교회가 세워진 경위는 다음과 같다.

(1) 수리아 안디옥에서 제1차 전도여행을 떠난 바울과 바나바는 비시디아 안디옥에서 복음을 전했다.(행 13:16-41)

(2) 유대인의 방해로 오래 머물지 못하고 이고니온으로 가서 전도했다.(행 13:50-14:5)

(3) 계속된 핍박으로 다시 이고니온에서 루스드라로 가서 전도했는데 그곳에서는 많은 개종자들을 알게 되었다.(행 14:1-7)

(4) 그곳에서도 유대인들이 바울을 돌로 쳐죽이려고 했기에 바울은 다시 더베로 가서 전도하였다.(행 14:8-21)

(5) 이제 바울은 다시 루스드라, 이고니온, 비시디아 안디옥의 순으로

온 길을 되돌아가면서 그곳에 각각 장로들을 세워 여러 교회를 조직함으로 그의 1차 전도여행을 끝마쳤는데(1:2, 행 14:21-25), 바로 이 교회들이 갈라디아교회인 것이다.

[갈라디아 지역]

4) 본서의 기록 동기와 목적

본서를 기록하게 된 동기는 갈라디아교회에 들어온 율법주의자들 때문이었다.

바울의 제1차 전도여행 때 복음을 받아들인 갈라디아 교인들은(4:13-15) 그 당시 세례를 받았고(3:27) 성령도 체험했지만(3:5), 그들 대부분이 원래 이교도들이었기에(4:8) 이전에 신봉했던 율법에 대한 미련을 완전히 떨쳐버리지는 못한 상태였다. 그런 취약한 상태에 처해 있던 갈라디아교회에 예루살렘으로부터 온 유대인들이 바울은 참된 사도가 아니며 동시에 바울의 가르침은 잘못된 것이라고 주장하며 할례를 받아야 한다(6:13)는 등 율법주의를 강조하였다. 이 율법주의자들 때문에 갈라디아교인들은 율법과 복음을 혼돈하여 대혼란을 일으켰다. 이러한 소식을 들은 바울은 황급히 율법을 행하여 구원받는 것이 아니라 오직 믿음으로 구원받는 도리를 역설할 필요가 생겼고, 동시에 자신이 그리스도의 참된 사도이며 그의 복음은 하나님의 진정한 복음임을 천명하는 데 그 기록 목적을 두고 있다.

5) 본서의 특징

갈라디아서는 단순하면서도 뚜렷한 몇 가지 특징을 갖고 있다.

(1) 본서는 강한 전투적 논박문이다.

본문 서두에 "사람에게서 난 것도 아니요 사람으로 말미암은 것도 아니요 … 하나님 아버지로 말미암아 사도된 바울은"(1:1)이란 표현은 곧 선전포고이며, "어리석도다 갈라디아 사람들아 … "(3:1), "너희가 이같이 어리석으냐"(3:3)라는 과격한 문장을 위시하여 전 서한이 전투적 분위기로 진행되고, "이후로는 누구든지 나를 괴롭게 말라 내가 내 몸에 예수의 흔적을 가졌노라"(6:17)는 단호한 결귀로 끝맺고 있다. 마치 마틴 루터(M. Luther)가 로마 카톨릭교회에 항거했을 때를 상기하게 한다.

(2) 본서는 바울의 자서전이다.

바울서신 도처에 그의 자서전적 면모를 찾을 수 있으나, 본서처럼 그의 사생활을 적나라하게 파헤친 자서전은 그 유례를 찾을 수 없다. 위기에 직면한 복음과 또한 복음을 위해 역시 위기에 처한 자신의 사도권을 전력을 다해 변호하는 사정이 이런 적나라한 자서전을 산출하게 만든 것이다. 더구나 1:18-2:12의 내용 같은 것은 바울전 연구에 소중한 자료가 되는 동시에 초대교회의 모습을 생생하게 보여주는 것이다.

(3) 본서는 로마서와 유사점을 갖고 있다.

로마서는 바울신학의 결정(結晶)으로서 그리스도교 교리의 근간을 이룩한 전무후무한 대서신으로 공인되고 있다. 본서는 체제에 있어서는 로마서에 미치지 못하나 중심사상은 완전히 일치하여 '소로마서'로 불린다. 저술한 연대로 보면 로마서보다 약간 앞서므로 본서에서 선명히 밝힌 복음의 진수를 고요히 정리하고 조직한 것이 바로 로마서였던 것이다.

(4) 본서는 기독교 기본 교리를 잘 규명하고 있다.

본서와 로마서를 관통하는 사상은 믿음으로 의롭게 된다는 것이다.

즉 구원은 율법을 행함에 있지 않고, 오직 예수 그리스도를 믿음으로 말미암는 것이요(2:16), 구원받은 사람은 성령 안에서 새 생활을 하며(5:16-26), 그리스도와 일치되는 자이다.(2:20) 이와 같이 율법과 복음과의 관계, 믿음으로 의롭게 됨 및 성령 안에서의 새 생활 등은 그리스도교 교리의 핵심적 요소인 것이다. 본서는 유대교에 대한 그리스도교의 독립선언문이라고도 할 수 있다.

(5) 첫 장에 감사의 표현이 없는 유일한 서신이며 동시에 바울이 친필로 쓴 유일한 서신이기도 하다.(6:11)

[참고] 본서와 로마서와의 공통점

공 통 사 상	갈라디아서	로마서
행함으로가 아니라 오직 믿음으로 의롭게 됨(以信得義)	2:16, 3:5, 6, 11	1:17, 3:20-22
그리스도와 연합함으로 자유함을 얻음	2:19, 20	6:6, 8, 7:4
율법은 임시적이며 무능함	3:19-21	8:3, 4
율법은 몽학 선생의 역할을 함	3:23-26	7:1-3
성령 세례를 받음으로 그리스도와 연합한 삶을 살 수 있게 됨	3:27	6:3, 13:14
하나님의 은혜로 의롭다 함을 받은 자가 하나님의 아들이요, 상속자가 됨	4:5-7	8:14-17
성령의 능력으로 말미암아 성화(聖化)의 생활을 해야 함	5:13-26	6:1-8:39

로마서는 멀리 미래의 전도 목적지를 바라보는 침착한 논설조의 서신인데 반해 갈라디아서는 당면한 교회의 위기에 대처하기 위해 황급히 논박하는 전투적인 서신이지만 그 중심사상은 완전히 일치한다.

6) 본서의 위치

오래 전부터 많은 사람들이 본서에 대한 격찬을 아끼지 않았다. 갈라디아서는 종교개혁의 선전포고(Thiessen)요 그리스도교 신앙의 대헌장(The Magna Charta)이다.(Stamm).

특별히 종교개혁자 루터(Luther)는 성경의 여러 책들 중에서 본 서신을 가장 으뜸으로 꼽았으며, 본 서신에 자기 아내의 이름 '캐더린 폰 보라'(Catherine von Bora)라는 별명을 붙이면서 '나는 이 책과 결혼했다' 라고까지 말하였다. 실로 갈라디아서는 종교개혁과 더불어 각광을 받게된 책이라 할 수 있다.

7) 본서의 내용

본서는 크게 세 부분으로 나누어져 있다.

(1) 바울의 사도적 권위 변호(1-2장)
(2) 믿음으로 구원받는 교리 변증(3-4장) : 교리
(3) 성령으로 말미암은 새생활(5-6장) : 생활

탐 구 문 제

🌿 **1. 바울 사도가 갈라디아서에 특별히 자기가 사도가 된 사연을 장황하게 설명한 이유가 무엇입니까? (1:1)**

바울은 고린도전·후서에서는 하나님의 뜻을 따라 사도가 되었다고 간단하게 자기를 소개했지만, 갈라디아서에서는 '사람에게 난 것도 아니고 사람으로 말미암은 것도 아니요 오직 예수 그리스도 하나님 아버지로 말미암아 사도가 되었다'고 길게 설명한 것은 자신의 사도권을 변호하고 보호하기 위해서였다. 당시 갈라디아교회에서는 바울이 사도가 아니라고 주장하는 거짓 교사들이 있었다.

🌿 **2. 바울이 회심한 후에 아라비아로 간 목적은 무엇입니까? (1:17)**

이에 대한 해답은 성경에서 찾을 수 없다. 대부분의 학자들은 본 절의 전후 관계를 보아 바울이 다메섹에서 그리스도를 만난 후 그리스도의 계시를 깊이 연구하기 위해 아라비아로 갔다고 본다. 바울은 다메섹 도상의 체험으로 예수를 잘못 이해한 것을 깨닫고 지금까지 열렬히 신봉했던 유대주의적 세계관과 생활관을 탈피해서 자신의 신앙과 신학을 재정비하기 위하여 한적한 곳을 찾아간 것으로 여겨진다.

🌿 **3. '14년 후에'라는 말의 의미는 무엇입니까? (2:1)**

여기 14년간의 기간은 바울이 회심한 때를 기점으로 계산한 연수인지 아니면 1:17, 18에 언급된 예루살렘 방문을 기점으로 한 것인지 정확히 알 수 없다.

탐 구 문 제

그러나 14년이란 말을 통해 바울이 14년간이라는 긴 기
간동안 예루살렘의 사도들과 무관하게 복음을 전했다는 것
만은 확실히 알 수 있다.

🌿 4. '유명한 이들은 내게 더하여 준 것이 없고'는 무슨 뜻입니
까? (2:6)

'유명한 이들'은 예루살렘의 사도들로서 특별히 8절에 언
급된 야고보, 베드로, 요한 등을 가리킨다.

이들은 바울과 달리 예수를 직접 본 사람들이요 직접적으
로 사도의 명분을 받은 사람들이다. 그렇지만 바울은 그들과
'상관이 없으며' 그들이 자기에게 '더하여 준 것이 없다'라고
말한다. 이는 바울이 그들로부터 복음에 대하여 어떤 내용을
전달받은 사실이 없음을 밝혀준다. 결국 바울이 전한 복음은
전적으로 하나님의 계시를 통해 받은 것임을 강조한다.

🌿 5. 속량(贖良)한다는 말의 뜻은 무엇입니까? (3:13)

속량이란 말의 뜻은 대가를 지불하고 노예를 사서 풀어준
다는 의미를 갖고 있다.

당시 사회에서 노예는 누군가가 돈을 지불하고 사서 풀어
주어야만 했다.

바울은 속량이란 단어를 복음에 도입해서 그리스도가 십
자가의 죽음이란 값비싼 대가를 지불하고 죄의 종이 된 인
간을 구원해 주신 것을 말씀하고 있다.(4:5, 행 20:28)

🌱 6. 바울은 율법은 그리스도에게 인도하는 무엇과 같다고 했습니까? (3:25)

몽학선생(蒙學先生)과 같다고 했다. '몽학선생' 이란 말은 어린아이를 보호하는 사람 또는 어린아이를 시중드는 사람이란 뜻이다. 당시 로마 사회에서는 노예들이 어린아이가 학교에 갈 때 데리고 갔다가 학업을 마치면 집으로 데리고 왔다. 결국 율법이란 인간이 율법의 행위로는 도저히 구원받을 수 없음을 깨닫게 하여 구원자 예수 그리스도로 인도하는 역할을 한다는 것을 비유로 한 말이다.

🌱 7. 복음이 율법보다 430년 앞섰다는 말의 뜻은 무엇입니까? (3:17)

모세가 율법을 받기 이전 벌써 430년 전에 아브라함은 믿음으로 의롭다 인정을 받았다.(창 15:6) 아브라함이 하나님을 믿으므로, 하나님이 그를 의롭다 인정했으므로 복음이 율법보다 430년 앞섰다는 것이다.

🌱 8. 갈 3:28 에서 행한 바울의 위대한 혁명적 선언은 무엇입니까?

유대인이나 헬라인이나 종이나 자유자나 남자나 여자가 그리스도안에서 하나라고 선언했다. 당시 사회에서 유대인은 헬라인(이방인)을 개취급 했고 또한 종은 자유자의 소유물로 여겼고 여자는 남자의 부속물로 보았다. 이런 사회배경에서 모든 사람이 그리스도 안에서 동등하다는 주장은 가히 혁명적인 선언이 아닐 수가 없다.

10. 에베소서

1) 서론

에베소서는 빌립보서, 골로새서, 빌레몬서와 더불어 옥중 서신에 속하는 책으로 저자는 본서가 증거하는 대로 사도 바울이다.(1:1, 3:1) 초대 많은 교부들도 바울의 저작으로 인정하였다.

기록장소는 옥중임을 본문이 여러 곳에서 증거하고 있다. '그리스도 예수의 일로 갇힌 자'(3:1), '주 안에서 갇힌 내가'(4:1), '쇠사슬에 매인 사신'(6:20)이라고 기록함으로 그가 본 서신을 집필할 때의 정황이 자유로운 몸이 아니라 죄수의 신분으로 복역 중임을 명백히 보여준다.

한편 사도 바울이 옥중에 수감된 사실을 추적해 보면 사도행전에서는 통틀어 세 군데 나오는데 빌립보(행 16:19-34), 가이사랴(행 25장), 로마(행 28:16) 등이다. 여기서 빌립보는 단 하루 감금되었으므로 본서를 기록한 장소로 볼 수가 없다. 또한 바울사도는 가이사랴에서 2년 동안 수감되었는데 이때 바울은 로마 시민권자로서 로마 황제에게 상소하여 로마로 가기 위해 기다리고 있던 중이었다. 그런데 옥중서신에 보면 조만간 석방될 것이라는 기대감을 갖고 있었던 것을 볼 때 가이사랴에서 기록한 것이 아니라 로마에서 기록한 것으로 믿어진다.

바울이 A.D. 61년경에 죄수의 신분으로 로마에 도착하여 2년 동안 시위대와 가까운 셋집에서 비교적 자유롭게 지낼 때 본서를 기록하였다고 추정된다.(행 28:30)

2) 에베소

(1) 에베소는 카이스테르 강 입구에 위치한 항구 도시로서 상업과 종교의 중심지였다

(2) B.C. 11세기에 건설되어 이오니아의 식민지, 바사의 영토, 알렉
　　산더의 자유시, 로마 제국의 한 주 등의 역사를 겪으면서 점차 발
　　달되어 신약 시대에 이르렀다.

(3) 소아시아의 중심지로 철인 헤라크리토스 등을 낳은 문화의 중심
　　지로 2만 4천 석의 좌석을 갖춘 원형극장을 비롯하여 경기장, 시
　　민 광장 등 공동시설을 잘 갖추고 있었다.

(4) 헬라 신화의 영향으로 모성신(母性神) 성격이 강한 아르테미스
　　(Arthemis)신전(개역성경, 아데미:세계 7대 불가사의)이 있어 그
　　것에 대한 숭배가 성행하였다.(행 19:27, 28)

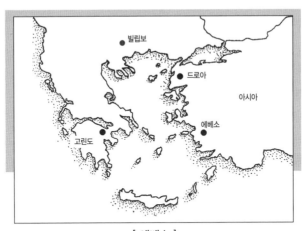

[에베소]

3) 에베소교회

(1) 에베소교회는 바울이 가장 오랫동안 머물면서 세운 교회였다.

(2) 바울은 제2차 전도여행에서 돌아오는 길에 이 곳에 들러 얼마동
안 전도하다가 동역자인 브리스길라와 아굴라를 남겨두고 떠났
다.(행18:21)

(3) 그후 바울은 제3차 전도여행 중에 다시 이곳에 들러 회당에서 3개
월(행 19:8,9), 그리고 두란노 서원에서 최소한 2년 이상 하나님의
말씀을 가르쳤다.(참조, 행 19:9,10, 20:31)

(4) 바울의 손수건이나 앞치마를 병든 사람에게 얹으면 병이 낫는 등(행
19:12) 바울이 가장 이적을 많이 행하였던 교회였다.

(5) 바울의 뒤를 이어 아볼로, 사도요한, 디모데가 차례로 목회를 한
소아시아의 중심교회였다.

4) 본서의 수신지

본 서신이 에베소에 있는 교회에 보낸 것인지에 대해서 학자간에 논란
이 많다. 왜냐하면 본 서신의 수신지를 결정해 줄 수 있는 문구인(1:1) '에
베소에 있는' 이라는 구절이 시내사본, 바티칸사본 등 중요한 헬라어 사본
에는 빠져있기 때문이다. 그래서 본서는 골 4:16를 근거하여 라오디게아
교회에 보낸 편지라 하는 자도 있고, 그리스도 안에 있는 모든 성도들에게
보낸 편지라고 주장하는 이도 있다. 더구나 에베소교회가 바울의 선교지
가운데 가장 많은 수고와 열심을 쏟았던 곳임에도 불구하고(참조, 행
20:19-21) 그가 다른 서신들에서 보인 목회자적 관심이나 특정인물에 대
한 개인적인 언급과 문안 등이 본 서신에는 눈에 띄지 않는다. 이와 같은
사실을 감안할 때 본 서신이 에베소교회만이 아니라 로마령(領)에 속한 아
시아 지방의 몇몇 교회에서 회람되도록 기록했을 법도 하다. 결론적으로

본 서신은 사도바울이 에베소교회로 보낸 것이 확실하며, 또한 필요에 의해 다른 교회들도 본 서신을 읽도록 회람서신으로 보낸 것으로 여겨진다.

5) 본서의 기록 동기와 목적

바울이 본서를 쓰게된 직접적인 동기는 바울의 영향 아래 골로새교회를 직접 설립한 에바브라가 멀리 로마로 찾아와서 골로새교회의 긴급한 사정을 아뢰었기 때문이다. 바울은 이제는 더 참을 수 없어 골로새교회를 위해 골로새서를 기록하고, 때마침 로마에서 회개한 오네시모도 같이 보내면서 그의 상전이며 골로새교회의 중진인 빌레몬에게 돌려보내기 위해 빌레몬서를 기록하였다. 또한, 이 기회를 이용하여 그가 친히 3년간이나 주재하면서 심혈을 기울였던 에베소교회에 당부하고 싶은 말이 없을 수가 없었던 것이 본서를 기록하게된 동기가 되었다. 그리고, 유대인과 이방인이 같이 있어서 잘못하면 분열될 위험을 늘 내포하고 있는 아시아의 교회를 향해 그리스도로 말미암은 교회의 통일을 당부할 필요가 있었던 것이 또 하나의 동기가 되었다고 본다. 그래서 에베소교회 뿐만 아니라 소아시아 지역의 흩어진 교회들에게 그리스도 안에서 하나되었음을 알려줄 목적으로 본 서신을 기록하였던 것이다.

6) 본서의 주요 내용

본서는 창세 전에 예정하신 하나님의 구원 계획부터 시작하여 그리스도에 의한 구원 완성에 이르기까지 하나의 일관된 흐름을 제시하면서 복음의 비밀을 명료하게 제시하고 있다. 그 중요한 내용은 다음과 같다.

본 서신에서 특히 강조된 내용으로는 첫째, 하나님의 선택(Election)으로서 하나님께서 그리스도 안에서 창세 전에 택하셔서 양자됨(1:5)과 죄용서(1:7), 성령의 인침(1:13)을 성도들에게 주신다는 것이다.

둘째, 화해(Reconciliation)를 강조하여 죄로 막힌 하나님과 인간 사이의 장벽과 유대인과 이방인 사이의 간격을 메꾸어 하나의 몸으로 하나님께 나아가게 하신다(2장)는 점이다.

셋째, 교회(Church)에 관한 강조로서 그리스도의 몸된 교회가 하나님의 영원하신 경륜으로 하나가 되어진다(3:2, 4:1-16)는 것이다.

넷째, 위의 세 교리의 적용으로 그리스도인은 남편과 아내, 부모와 자녀, 상전과 종과의 모든 관계에서 그리스도 안에서의 삶을 살아야 한다는 것으로 결론을 맺고 있다.

7) 본서의 특징

본서에 대한 논평은 아름답다. '서신 중의 여왕' '가장 영적인 저술' '기독교 구원에 관한 대서사시' 등 애칭이 많다. 본서는 〈교회관〉을 중심으로 교회를 논하고(1-3장) 동시에 이 교리를 반영할 성도들의 사랑의 행동을 논한다.(4-6장) 여기에 교회를 중심한 하나님의 영원하시며 웅대한 계획의 전모를 바라볼 수 있게 한다. 로마서는 이론적이고, 골로새서는 논쟁적이며, 갈라디아서는 질책적이라면, 에베소서는 명상적이라 말할 수 있다. 루터는 갈라디아서를 좋아하였고, 칼빈은 에베소서를 좋아하였다. 위대한 두 개혁가의 특성을 잘 나타낸다. "헨델은 꿇어앉아 할렐루야를 작곡하였다. 바울은 꿇어앉아 이 장엄한 서신을 기록한 것이다."(Scott)

🌿 1. 인간을 구속하시기 위해 성 삼위의 각 위(位)가 하신 일은 무엇입니까? (1:3-14)

　　에베소서에 들어가면서 인간을 구속하기 위하여 성삼위 하나님이 하신 역사를 증거하고 있다. 3-6절까지는 성부 하나님이 우리를 선택하신 역사를, 그리고 7-12절까지는 성자 예수께서 우리를 구속하신 역사를, 마지막으로 13-14절에는 성령이 택한 자를 인치신 역사를 증거하고 있다. 우리 인간의 구원은 성삼위 하나님의 협동적인 사역으로 이루어진다.

🌿 2. '속 사람'이란 구체적으로 무엇을 말합니까? (3:16)

　　속 사람이란 겉 사람 다시 말하면 우리 육신과 대조되는 말로서 영혼 혹은 이성 양심 그리고 의지 같은 인격적인 주체를 뜻하기도 하지만 성령에 의하여 새롭게 변화된 거듭난 심령을 말한다.(요 3:5, 고후 4:16)

🌿 3. '아멘'은 어떤 뜻을 가지고 있습니까? (3:21)

　　'아멘'은 히브리어로 '진실로 그렇습니다.' 또는 '그렇게 된 것을 확신합니다.' 그리고 '진리로'라는 의미를 갖고 있다. 아멘만은 영어, 라틴어, 독일어, 불어 등 여러 언어권에서도 번역하지 아니하고 히브리어 아멘을 그대로 사용하고 있다.

탐 구 문 제

🌿 4. 성경상의 부부의 도리를 말하고, 이것과 유교의 윤리와의 차
   이점을 말해 보세요. (5:21-25)

　　　아내는 남편에게 순종하라고 하고 그 정도까지 언급하기
를 주께 하듯 하라고 했다. 그리고 남편은 아내를 사랑하되
그리스도께서 교회를 사랑하사, 자기를 주심같이 하라고 하
였다. 자기 몸보다 아내를 더 사랑하라는 것이다. 높은 기
독교 윤리이다. 여기에 비하여 인간의 윤리를 강조하는 유
교의 삼강오륜을 보면 모두 일방적이다. 신하가 왕에게 아
내가 남편에게 자식이 부모에게 해야될 도리를 강하게 언급
했지만 반대로 왕이 신하에게 부모가 자식에게 남편이 아내
에게 해야될 도리는 별로 언급이 없다. 이것을 볼 때 성경
의 윤리가 얼마나 완벽하고 철저한가를 잘 알 수 있다.

🌿 5. 바울은 성도들에게 어떻게 기도하라고 하였습니까? (6:18)

　　　예수님은 기도에 대한 교훈을 많이 하셨다.(마 7:7-8, 마
6:9-13, 눅 18:1-8) 바울도 기도에 대한 교훈을 많이 하였
다. '무시로 기도하라'고 했다. 그야말로 복음이 아닐수 없다.
하나님이 밤 1시에 기도하라고 하였다면 기도하기가 또 얼마
나 힘들겠는가? 무시로 기도하라는 말은 기도할 때마다 어느
때든지 그 기도를 하나님이 들어주신다는 말씀이다. 그리고
'성령 안에서 기도하라'고 하였다. 성령의 인도를 받고 성령
의 능력을 힘입어 기도하라는 뜻이다. 또한 '깨어 기도하라'
고 하였다. 전투 중의 군인이 방어태세를 갖추기 위해 긴

장갑을 풀지 않아야 하듯이 그리스도인들도 영적 경각심을 갖고 기도해야 된다는 것을 말하고 있다. 뿐만 아니라 '쉬지 말고 기도하라'(살전 5:17)고 하였다.

6. 전신갑주의 특징을 말해 보세요. (6:14-17)

바울은 로마옥에 갇혀 있으면서 자기를 지키는 완전무장한 로마병사를 바라보고 마귀와 싸우는 영적 전투에도 완전무장 곧 전신갑주를 입으라고 권하였다. 전신갑주에는 방어용과 공격용 무기로 나눌 수 있다. 허리에 차는 진리의 띠를 비롯해서 머리에 쓰는 구원의 투구까지는 방어용이고, 마지막 성령의 검은 공격용이다. 마귀와 싸울 때 방어만 해서는 승리할 수 없다. 공격적인 무기는 성령의 검, 곧 하나님의 말씀이다. 예수님도 마귀와 싸우실 때 말씀으로 물리쳤다.(신 8:3, 6:16, 6:13) 특별한 것은 전신에 갑주를 입어야 하는데 등에만은 입는 것이 없다. 이것은 마귀와 싸울 때 등을 보여서는 안된다는 뜻이다. 마귀에게는 물러서면 안 된다. 끝까지 공격하여 물리쳐야만 한다.

7. 자녀교육을 어떻게 하라고 하였습니까? (6:4)

먼저 교육의 주체는 아비라고 하였다. 설령 어머니가 교육을 시킨다 하더라도 아버지의 권위를 빌어서 자녀를 교육해야 한다. 교육할 때 무엇보다도 자녀를 노엽게 하지 말라고 했다. 어린이의 심리를 잘 파악하고 부당하게 강요하지 말라

는 뜻이다. 그리고 교육의 내용은 먼저 주의 교양과 훈계로 양육하라고 했다. 하나님의 말씀으로 먼저 가르치고 그 다음 가르침대로 행하지 않을 때 매질을 해야만 된다고 했다.

8. 부모공경에서 6장 1절과 2절의 차이점은 무엇입니까?
   (6:1-2)
   1절 말씀은 부모에게 순종하라 하였고, 2절에도 부모를 공경하라 했다. 전자는 주로 어린아이를 대상으로 무조건 부모에게 순종할 것을 교훈하고 후자는 주로 성인을 대상으로 부모를 물질로 정성으로 섬기라는 뜻이다. 어릴 때에는 부모에게 순종만 하면 족하지만 성인이 되면 순종만으론 부족하고 물질적으로 궁하지 않도록 잘 봉양해야 하며 또한 정성을 다해 섬겨야 함을 강조한 말씀이다.

11. 빌립보서

1) 서론

유럽의 최초 교회인 빌립보교회에 보낸 본 서신의 저자는 본서에 언급된 대로 사도 바울이다. 서두에는 바울과 디모데가 공동으로 기록한 것처럼 되어 있는데(1:1), 3절 이하부터 계속 단수로 사용한 것을 보면 사도 바울 자신의 글임을 알 수 있다. 뿐만 아니라 초대교회 교부들도(Clement of Rome, lgnatius, Polycarp) 한결같이 바울의 저서임을 인정하였다. 기록 장소는 로마라고 하는 설이 전통적으로 고수되어온 입장이며 최근에 와서 는 에베소설이 다소 주목을 끌고는 있으나 로마설에 동요를 일으킬 정도는 아니다. 기록연대는 A.D. 61-62년경으로 추정한다.

2) 빌립보

(1) 빌립보서는 에게해에서 내륙으로 약 16Km 정도 떨어진 곳에 위 치한 도시로 원래 이름은 크레니데스(작은 우물)였다.

(2) B.C. 356년 마케도니아 왕 필립 2세(Philip II, B.C. 359-336) 가 그곳에 많은 사람들이 이주시키고, 도시를 확장, 증축하면서 자 신의 이름을 본따서 '빌립보'라고 칭하였다.

(3) 여러 번 정복과정을 거쳐서 로마의 식민지가 되었으며 옥타비아누 스가 로마의 실권자가 되면서 그의 퇴역군인들을 빌립보로 이주시 켰다. 이에 따라 빌립보의 지위가 상승하여 빌립보 시민들에게는 로마 시민권이 주어졌으며 그들은 로마 시민으로서의 모든 권리를 행사할 수 있게 되었다.

(4) 이 빌립보 지역은 로마의 군사적 전초기지로서, 유럽과 아시아를 연결하는 중요한 통로 중 하나였으며, 전략상 마케도니아 지방의 제일로 꼽히는 성읍이며(행 16:12), 마케도니아의 수도이기도 하였다.

(5) 또한 빌립보에는 헬라인, 로마인, 아시아인 등 여러 민족이 모여 살았으며 각종 철학, 종교, 미신 등이 성행하였다. 빌립보에 거주하던 유대인은 소수밖에 없었기 때문에 회당도 없었고, 종교와 생활습관의 차이로 그곳 사람들이 유대인을 대하는 감정도 좋지 않았다.(참조, 행 16:13, 20-21)

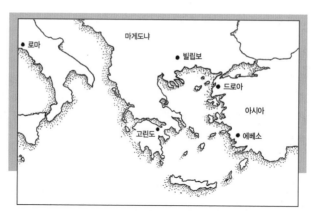

[빌립보]

3) 빌립보교회

빌립보교회는 사도 바울이 드로아에서 환상을 보고 유럽으로 건너가 최초로 세운 교회이다. 역사가는 바울이 배를 타고 빌립보로 갈 때 유럽 문화를 싣고 갔다고 평할 정도로 빌립보교회가 세워진 것은 역사적으로 대단한 의의를 갖고 있다.

(1) 빌립보교회는 A.D. 50년경 바울의 2차 전도여행 중에 세워졌다.(행 16장) 이 교회는 이방 여인 루디아의 집에서 시작되었으며 최초의 신자로는 귀신들렸던 하녀와 빌립보 감옥의 간수와 그 가족들이었다.(행 16:33)

(2) 비록 소수로 시작되었으나 헌금에 열성적이고 아름다운 봉사로 타 교회의 본이 되었다.(4:15, 16, 고후 8:1-4)

(3) 또한 빌립보교회는 사도 바울에 대해 특별한 애착을 가지고 열성적으로 헌신하였다. 그들은 가난하였음에도 불구하고(고후 8:1,2) 수차에 걸쳐 바울의 궁핍을 보충하기 위해 헌물을 보냈다(4:16-18)

(4) 빌립보교회에도 몇 가지 문제가 있었다. 그것은 두 여인 유오디아와 순두게를 통해 나타난 교회 안에서의 분열(4:2), 유대주의자들의 분쟁(3:1-3), 바울의 장기화된 투옥에 대한 비관론(2:19-24) 등이었다.

4) 본서의 기록 동기와 목적

본서의 저작동기와 목적은 본문 중에 잘 나타나 있다. 바울과 인연이 깊고, 또한 그에 대해 각별한 애정을 가진 빌립보 교인들은 그들의 스승이 로마에 투옥되어 있다는 소식을 듣고, 헌금하여 그 교회의 교인인 에바브로디도에게 맡겨서 보냈고 또한 에바브로디도로 하여금 친히 옥에 갇힌 스승을 봉사하게 했다(2:25). 그러나 에바브로디도는 로마에 온 후 얼마 안되어 병들어 중태에 빠졌다(2:26,30). 이 소식은 곧 빌립보에 전하여지고 그들은 자기들이 보낸 위문사가 오히려 스승에게 짐이 되었으므로 근심하게 되었고(2:26), 이러한 소식이 로마에 되돌아왔을 때 바울은 여러 방면으로 근심하게 되었다(2:27). 그러나 얼마 후 에바브라디도가 회복되었으므로 바울은 그를 빌립보로 보내줌으로 피차의 모든 근심을 풀고 또 한편으로 빌립보 교회의 후의에 대한 감사를 전하고 싶어서 본서를 기록하였던 것이다. 뿐만 아니라 이외에도 몇 가지 목적이 더 있었다.

첫째는 자기의 투옥에 대한 변명이다. 빌립보 교인들 중에는 아직도 신앙의 깊이가 없어서 바울의 투옥이 복음전파를 위해서나 사랑하는 스승을 위해서나 불행한 일이라고 염려하는 성도들이 있었다. 이들에게 자기의 투옥이 오히려 복음전파에 유익하였다는 하나님의 신비로운 경륜을 변명해 주어야 할 필요가 있었다.

둘째는 빌립보교회의 일치를 권하는 데 있었다. 이 교회는 확실히 좋은 교회였으나, 유오디아와 순두게로 인해 교회내에 분파가 있었다. 그러므로 그들에게 피차 겸손하여 하나가 되도록 권면해야만 되었다.

5) 본서의 특징

(1) 옥중서신 중에 에베소서, 골로새서는 공적이며 교리의 책이나, 빌립보서, 빌레몬서는 사적이며 윤리의 책이다. 전자에는 바울의 깊은 신학이 나타나 있고, 후자에는 그의 경건한 신앙태도를 엿볼 수 있다.

(2) 사도 바울의 여러 가지 서신들 중에서도 가장 개인적이며, 빌립보 교인들에 대한 사랑과 신뢰가 넘치는 글이라 할 수 있다. 바울의 '내(혹은 내가)' 라는 낱말이 무려 52회나 나온다.

(3) 사랑의 편지라 불린다. 바울의 그리스도를 대하는 사랑, 빌립보 교인의 바울에 대한 사랑, 그것에 대한 바울의 감사의 정 등 실로 사랑은 소리없는 말로서 본서의 전편에 흐르고 있다.

(4) 기쁨의 편지라 불린다. 전편을 통하여 '기쁨'이란 낱말은 도처에서 보인다.(1:4,18,25, 2:17-18, 3:1, 4:4,10,18 등) 물론 이 기쁨은 세속적인 것은 아니다. 저자 바울은 로마 옥중에 투옥되어 있었지만 본서에는 기쁨이 넘쳐있다. 이러한 기쁨은 신앙으로 모든 어려운 환경을 극복함으로 얻는 기쁨인 것이다.

6) 본서의 내용

(1) 서론 – 인사와 감사기도(1:1-11)

(2) 바울의 간증(1:12-30)
    ① 매임의 의의(12-18)
    ② 생사의 의의(19-26)
    ③ 박해의 의의(27-30)

(3) 권면과 경고(2:1-4:9)
    ① 교회 생활에 관한 권면(2장)
    ② 이단에 대한 경고(3장)
    ③ 종합적 권면(4:1-9)

(4) 결론(4:10-23)

탐 구 문 제

🌿 1. 바울의 생사관을 설명하세요. (1:21-24)

　　바울은 생과 사 두 사이에 끼여 어느 것을 택해야 될지 알지 못한다고 했다. 자기 마음 같아서는 그리스도에게 빨리 가고 싶지만 빌립보 교회를 위해서는 이 땅에 더 머무는 것이 유익하겠다고 하였다. 달관의 경지가 아닐 수 없다. 단순히 죽고 싶다는 것이 아니었다. 영원한 상급을 누리는 천국을 소망한다고 했고 살아야 된다는 것도 무의미한 삶이 아니라 빌립보교회를 위해서 살아야 된다고 했다.

🌿 2. 그리스도 예수께서 '근본 하나님의 본체시나' 라는 말씀의 뜻은 무엇입니까? (2:6)

　　예수 그리스도가 성육신 하시기 전 본래의 모습을 설명한 성구이다. 여기 '본체'란 말은 영원하고 변치 않는 본질적인 형태라는 뜻으로 예수 그리스도는 본질적으로 변하지 않으시는 하나님 자신임을 밝히는 말이다.

🌿 3. 에바브로디도는 어떤 사람입니까? (2:25)

　　에바브로디도는 바울이 로마 옥에 갇혀있을 때 빌립보교회가 바울을 위해 헌금한 선물을 전달한 사람으로 바울을 위해 희생적인 봉사를 한 사람이다. 그리스도안에 거하는 바울의 형제, 바울과 함께 수고한 자, 바울과 함께 그리스도의 군사가 된 자, 빌립보교회 사자 등 그에게 붙여진 아름다운 이름들은 그의 고귀한 삶을 잘 대변해 준다.

❦ 4. 성도의 진정한 시민권은 어디에 있다고 했습니까? (3:20)

　　빌립보 사람들은 로마의 시민권을 자랑했다. 이 때 바울은 빌립보 성도를 향해 '오직 우리의 시민권은 하늘에 있는지라'고 외쳤다. 성도는 천국 시민권자라는 긍지와 자부심을 갖고 세상을 불신자와 구별되게 살아가야 한다는 말씀이다.

❦ 5. 우리가 하나님께 기도할 때 어떤 평안을 주신다고 했습니까? (4:6-7)

　　아무 것도 염려하지 아니하고 오직 모든 문제를 하나님께 아뢰면 지각의 뛰어난 하나님의 평강이 너희 마음과 생각을 지키시리라 했다. 지각에 뛰어난 하나님의 평강 곧 이성적으로 감성적으로 반드시 염려하고 걱정해야 되겠지만 그 입장과 환경을 초월하는 평강을 주신다고 했다. 베드로는 깊은 옥에 갇혀서 죽음을 기다리며 깊이 잠들 수 있었다.(행 12:3-9) 그것은 바로 지각에 뛰어난 하나님의 평강때문이라 할 수 있다.

❦ 6. 바울이 항상 기뻐할 수 있었던 비결은 무엇이었나요? (4:11-12)

　　자족하기를 배웠다고 했다. 많이 가진 자가 행복한 것이 아니라 가진 것을 족하게 여기는 자가 행복한 사람인 것이다. 바울은 풍부와 궁핍에도 일체의 비결을 배웠노라고 했다. 배웠다고 하였으니 하루아침에 이 원리를 깨달은 것이 아니라 오랜 생활을 통해서 터득한 진리라는 것이다.

7. 바울의 전능의 비결은 무엇입니까? (4:13)

'내게 능력 주시는 자 안에서 내가 모든 것을 할 수 있다'
고 했다. 불세출의 영웅 나폴레옹은 자기 자신의 힘을 믿고
모든 것을 할 수 있다고 했지만 바울 사도는 능력 주시는 자
안에서 모든 것을 할 수 있다고 했다. 나폴레옹은 워털루 전
쟁에서 참패하고 비참한 최후를 마쳤지만 바울 사도는 최후
에 '내가 선한 싸움을 다 싸우고 나의 달려갈 길을 마치고
믿음을 지켰으니'(딤후 4:7)라고 최후의 승리의 개가를 높이
불렀다.

12. 골로새서

1) 서론

에베소서와 쌍둥이 서신이라고 일컫는 골로새서의 저자는 본서가 증거하는 대로 사도 바울이다.(1:1, 4:8) 다만 바울이 즐겨쓰는 의, 계시, 구원, 복종 등의 어휘가 나타나지 않고 2세기에 성행했던 영지주의에 대한 경계가 두드러진 점들만을 들어 바울의 저작권을 부인하는 학자들도 있으나 온당치 않다. 본서가 증거하듯이 옥중에서 기록되었다.(4:3,18) 본서도 다른 옥중서신과 함께 바울이 로마옥에서 기록했으며, 기록한 연대는 A.D. 62년경으로 추정한다.

2) 골로새

(1) 골로새는 로마 제국의 식민지였던 소아시아 내륙에 위치한 브부기야주의 리코스 골짜기(Lycus Valley) 남안(南岸)에 위치해 있던 작은 성읍이었다.

(2) B.C. 5세기경에는 '브부기야의 큰 성읍' 이라고 알려질 정도로 고대 상업의 중심지였으나 부근에 위치한 두 자매도시의 번영에 따라 쇠퇴해져서 사도 바울 시대에는 소도시로 전락한 상태였다.

(3) 북쪽에는 히에라볼리스 남쪽에는 라오디게아, 동쪽에는 골로새의 3도시가 솟발처럼 정립하고 있었다.(4:13)

(4) 토지는 비옥하고 목축업이 왕성하고 또한 광질의 강물 때문에 염색업이 왕성했다.

[골로새]

3) 골로새교회

골로새교회는 바울이 직접 설립한 교회는 아니다. 행 16:6-7 및 18:23에 의하면 바울은 제 2차와 3차 여행에 있어 갈라디아와 브부기야 지방을 차례로 다녀갔으나, 아마 브부기야 북방 지방만 다녀갔고 루쿠스 골짜기에는 방문한 적이 없었던 것 같다.(1:4,7-9, 2:1 등 참조) 골로새교회의 직접 설립자는 에바브라였다.(1:7, 4:12) 바울이 에베소 두란노 서원에서 오랫동안 복음을 전할 때 "아시아에 사는 자는 유대인이나 헬라인이나 다 주의 말씀을 들었다고"(행 19:10) 했는데 이 때 에바브라도 복음을 받고 자기 고향으로 돌아가 골로새교회를 세웠다고 보여진다. 그러므로 바울의 제자가 세운 교회이다. 이 교회의 성도의 수가 얼마나 되었는지는 분명하지 않지만 본 서신의 내용으로 미루어 볼 때 대부분 헬라 문화권에 속해 있었던 사람들이었음을 알 수 있다.(참고, 2:1, 8, 20, 3:11, 4:13-17)

4) 본서의 기록 동기와 목적

바울이 로마옥에 갇혀 있을 때 골로새교회의 창설자인 에바브라가 찾아와서 그 교회의 어려운 사정을 보고하였다.(1:8) 그 당시 골로새교회에 이단이 침투해 교회를 대단히 어렵게 만들었다. 이 소식을 듣고 대응해야만 했던 것이 본서를 기록하게 된 직접적인 동기이다. 당시 골로새교회에 침투한 이단은 4종류가 되었다.

(1) 이성주의
누가 철학과 헛된 속임수로 너희를 노략할까 주의하라.(2:8)

(2) 율법주의
먹고 마시는 것과 절기나 월삭이나 안식일을 인하여 누구든지 너희를 폄론하지 못하게 하라.(2:26)

(3) 신비주의
천사 숭배함을 인하여 너희상을 빼앗지 못하게 하라.(2:16)

(4) 금욕주의
붙잡지도 말고 맛보지도 말고 만지지도 말라 하는 것이니.(2:21)

그래서 바울이 이단에 대항하여 그리스도만이 유일한 구주시며, 하나님과 사람(세상) 사이에 중보자이신 것을 밝히 증거해야만 되었다. 뿐만 아니라 빌레몬의 종 오네시모가 로마로 도주해 와서 바울을 만나 좋은 신자가 되었으므로(4:9) 그를 그 주인에게 돌려보내야만 되었는데 마침 에바브라의 보고를 받자 바울은 즉시 골로새교회를 위해 골로새서를, 오네시모를 위해 빌레몬서를, 또한 에베소 부근의 교회를 위해 에베소서를 기록하여 두기고에 맡겼던 것이다.

5) 본서의 특징
에베소의 주제가 교회론인 것처럼 골로새서의 주제도 그리스도론이다.

그는 먼저 그리스도와 하나님의 관계를 논하고 그 다음 그리스도와 우주와의 관계를 논했다. 실로 본서의 그리스도론은 우주적 범위로 웅대하다.

(1) 그리스도와 하나님 아버지와의 관계
"그는 보이지 아니하시는 하나님의 형상이요 모든 창조물보다 먼저 나신 자니"(1:15)

(2) 그리스도와 우주와의 관계
① 그분은 과거에 그것을 창조하신 분이다.(1:16)
② 그분은 현재에 그것을 유지하시는 분이다.(1:17)
③ 그분은 미래에 그것을 화목시키실 분이다.(1:20-22)

6) 본서의 내용
본서도 교리와 생활로 나누어져 있다.

(1) 교리편(1-2장)
① 서론 – 인사와 감사(1:1-12)
② 그리스도론(1:13-2:7)
③ 이단론(2:8-23)

(2) 실천편(3-4장)
① 새 사람의 생활 원리(3:1-17)
② 새 사람의 가정 생활(3:18, 4:1)
③ 새 사람의 기도 생활(4:2-6)
④ 결론(4:7-18)

탐 구 문 제

1. 바울이 칭찬했던 골로새교회의 3가지 덕목은 무엇이었습니까? (1:3-8)

첫째는 주안에서 굳게 서 있는 요동함이 없는 믿음과, 둘째는 골로새교회가 간직하고 있는 소망, 셋째는 골로새교회가 행한 사랑이었다. 바울은 골로새교회가 믿음, 소망, 사랑 가운데 성숙해 가는 것에 크게 기뻐했다.

2. 그리스도와 우주와의 관계를 말해 보세요. (1:16-22)

그리스도는 과거에 우주를 창조하신 분이요(1:16), 현재에 그것을 유지하는 분이며(1:17) 미래에 그것을 회복시키실 분이라고 하였다.(1:20-22)

3. 이단들은 어떠한 말로 성도들을 속이려 합니까? (2:4)

이단들은 공교한 말로 속이려 한다고 하였다. 이단들의 특색은 감언이설(甘言利設)로 속이는 것이다. 언제나 참된 진리의 말씀은 '간단 명료'하다. 그러나 잘못된 도리는 공교한 말로 꾸며대는 법이다.

4. 이단들의 두 가지 특색은 무엇입니까? (벧후 2:2-3)

이단의 공통된 특징은 호색과 탐심이다. '여럿이 저희 호색하는 것을 좇으리니 이로 인하여 진리의 도가 훼방을 받을 것이요 저가 탐심을 하여 지은 말을 가지고 너희로 이를 삼으니'(벧후 2:2-3) 했다. 우리 나라에서 일어난 이단들 역시

탐 구 문 제

이 두 가지 특색이 두드러졌다.

🌱 **5. 무엇으로 하나님께 찬양하라 했습니까? (3:16)**

　　시와 찬미와 신령한 노래로 하나님께 찬양하라고 했다. 여기 '시'란 구약의 시편을 말한다. 구약의 시편은 찬송가 가사로서 완전히 영감된 하나님의 말씀이다. 그리고 '찬미'란 오늘날 찬송가처럼 저자가 영감을 받아 기록한 노래이며 '신령한 노래'란 세속적인 노래와 구별되는 거룩한 노래를 말한다.

🌱 **6. '눔바와 그 여자의 집에 있는 교회'란 무슨 뜻입니까? (4:15)**

　　초대교회는 교회건물을 따로 세우지 못하고 유력한 성도의 가정에서 모였다. 눔바는 여자로 라오디게아 근방의 유력한 성도였다. 가정은 교회와 함께 하나님께서 복음전파를 위하여 제정하신 거룩한 기관이요 복음의 전초기지였다.

🌱 **7. 바울이 본 서신의 인사말을 직접 썼다는 사실을 밝힌 까닭은 무엇입니까? (4:18)**

　　바울서신에 보면 대부분 수행원의 손을 빌려서 쓰고(롬 16:22) 최후의 인사말은 자신의 친필로 직접 기록한 경우가 많다.(고전 16:21, 갈 6:11, 살후 3:17) 바울은 시력이 좋지 않았던 것 같다. 이렇게 인사말만 친필로 기록한 데에는 두 가지 목적이 있다. 첫째는 당시 다른 사도의 이름을 빙자한 위조된 서신이 많았기에 바울의 친서라는 것을 밝히기 위해

썼고, 다른 하나는 사랑의 표시이기도 했다. 현대인도 인쇄물 끝에 이름만 친필로 사인하는 것을 볼 수 있는데 같은 이유라고 생각한다. 그것은 관심과 사랑을 베푸는 행위이다.

13. 데살로니가전서

1) 서론

데살로니가전·후서는 바울서신 중에서 최초의 것이요 신약성서 전체에서도 최초로 기록된 것이다(야고보서, 갈라디아서, 마태복음 조기 저작설 등이 있음) 그런 의미에서 양서의 위치는 매우 중요하다. 아직 젊은 시절 바울의 생생한 신학사상과 신앙체험과 전도활동 등을 엿볼 수 있기 때문이다. 본서의 저자는 1:1에 언급된 대로 사도 바울이다.(바울의 저작을 부인하는 사람은 거의 없다.) 초대교회의 교부(教父)인 이레니우스(Irenaeus, A.D. 115-202)나 클레멘트(Clement of Alexandria, A.D. 150-215)로부터 그 이후 현대 신학자에 이르기까지 거의 대부분의 사람들이 본 서신을 바울이 썼다고 주장하고 있다.

기록장소는 사도행전에 기록된 대로 바울이 제2차 전도여행 중 고린도에서 디모데를 만나 거기서 데살로니가의 소식을 듣고(행 18:5) 기록하였다. 그리고 바울이 고린도에 있을 때 갈리오 총독의 법정에 끌려갔다는 사실에서 그 기록연대를 추정할 수 있다.(행 18:12-17) 대체로 A.D. 51-53년경에 기록하였다고 본다.

2) 데살로니가

(1) 이 도시는 살로니가만(Gulf of Salonica)의 윗 부분에 위치한 온천지대로서 빌립보성(成)을 건설한(B.C. 358) 마케도니아의 왕 필립 2세의 양자인 카산더(Cassander)에 의해 B.C. 315년에 건축되었다.

(2) 또한 이 도시의 이름은 카산더의 부인이며 알렉산더 대왕의 이복 누이인 데살로니가의 이름을 따 붙여졌다.

(3) 그후 로마가 마케도니아를 지배했을 때 이 도시는 로마의 네 행정 구역중 한 지방의 수도가 되었으나 B.C. 146년에는 마케도니아 전지역의 수도가 되었다.

(4) 한편 로마의 영웅 시저가 죽은 뒤 로마가 내란으로 혼란할 때 데살로니가시는 옥타비아누스(Octavianus, B.C. 27 - A.D. 14) 편에 가담한 공로로 B.C. 42년에 자유도시가 되었다.

(5) 그 뒤 이 도시는 점점 발전하여 바울 당시에는 '읍장' 이라 불리는 행정 장관들에 의해 자치적으로 관리되었는데(행 17:6), 주민은 대부분 그리이스인과 많은 유대인으로 구성되었다.

(6) A.D. 904년에 사라센에게 점령되고, 1184년에는 십자군이 점령했다가 1430년에 터키의 영토가 되었다. 제 1차 세계대전 때는 영국 해병대가 이곳에 상륙하고 제 2차 대전 때에는 독일 공정대가 잠시 점령한 바 있었다.

[데살로니가]

3) 데살로니가교회

데살로니가교회의 기원에 관해서는 사도행전과 본서 자체에 비교적 상세히 밝혀져 있다.

(1) 바울이 제2차 전도여행 때 빌립보를 떠나 실라와 디모데를 동반하고, 암비볼리스(Amphipolis)와 아볼로니아(Apollonia)를 거쳐 데살로니가에 도착하였다.(1:1, 2:1-2, 3:1-2, 행 17:1-10) 대체로 A.D. 52-3년경의 일이었다고 본다.

(2) 이때 바울은 3주일 동안 회당에서 가르쳤는데(행 17:2) 바울이 데살로니가에 머문 기간은 3주간이 훨씬 넘는 것 같다.
왜냐하면 그는 데살로니가에 있을 때 두 번이나 빌립보교회로부터 보조를 받았으며(빌 4:16), 또 많은 사람들이 우상에서 돌아와 하나님을 섬겼는데(1:9) 이것은 많은 시간이 경과했음을 말해 주기 때문이다. 혹자는 2개월이라 하고(Moffatt), 혹자는 7·8개월이나 되었을 것이라 한다.(Ramsy)

(3) 이와 같이 시작된 데살로니가교회는 야손의 집에서 모였고(행17:5), 교인의 대부분은 이방인이었다.(행 17:4) 교인 중에는 위의 야손을 위시하여 바울의 충실한 동역자가 된 아리스다고(행 27:2, 골 4:10), 세군도(행 20:4) 등이 있었고 데마도 아마 데살로니가인으로 여겨진다.(딤후 4:10)

(4) 데살로니가인들은 이런 바울의 전도를 잘 받아들여 단시일 내에 훌륭한 신앙으로 성장한 것이다.(1:2-10, 2:13, 3:6-10)

4) 본서의 기록 동기와 목적

본서를 기록하게 된 동기가 좀 복잡하다.

(1) 데살로니가에서 3주간을 머물며 전도한 바울은 유대인의 폭동으로 인해 베뢰아로 피신하나 그곳까지 좇아온 유대인들로 인해 아덴까지 가게 되었다.(행 17:10-15)

(2) 그 때 바울은 디모데를 데살로니가에(행 17:10), 실라를 베뢰아에(행 17:14) 각각 남겨 두면서 아덴에서 두 사람이 합류하기를 명령하였다.(행 17:15) 그 뒤 실라와 디모데는 아덴으로 와서(3:1, 2, 행 17:15) 바울에게 데살로니가교회가 박해와 시련을 받고 있다는 사실을 전해 주었다.

(3) 이 소식을 들은 바울은 직접 데살로니가로 가기를 원했으나 가지 못하고(2:17, 18) 대신 디모데를 그곳에 보냈다.(3:2) 얼마후 고린도에서 실라와 디모데를 통해(행 18:5) 데살로니가 교인들이 환난을 잘 견뎌내며 그 가운데서도 기쁜 생활을 하고 있다는 소식을 들은 바울은 그들을 격려하고자 하였다.

(4) 한편 디모데의 보고를 통해서 데살로니가교회가 잘못된 종말관으로 문제가 생겼음을 알게 되었다.
첫째, 바울의 전도를 듣고 주의 재림이 임박한 것으로 단정하고 무위도식하는 자가 있었다.(4:11-12, 살후 3:8)
둘째, 어떤 자들은 과거의 생활을 버리지 못하여 부도덕한 생활에 빠져 있었다.(4:1-6)

셋째, 어떤 자들은 죽은 가족 때문에 너무 비탄에 빠져 있었다.(4:13-18) 이와 같은 사정에서 바울은 한편으로는 데살로니가 교인들의 좋은 믿음에 감사하는 동시에 그들의 그릇된 종말관을 시정하기 위해 그의 최초의 서신을 보낸 것이다.

5) 본서의 특징

본서는 기독교 교리의 근본이 되는 신론(1:9, 3:11), 기독론(1:1), 성령론(1:5), 구원론(5:10) 및 종말론(4:13-5:10) 등을 두루 증거하고 있다. 그 가운데서도 가장 중심이 되는 교리는 종말론으로 특별히 본 서신에서는 그리스도의 재림시에 나타나는 현상을 자세히 기록하고 있다. 첫째로, 그리스도가 재림하면 제일 먼저 죽은 자들이 부활하여 그리스도를 영접한다.(4:16) 둘째로, 그후 살아 있는 자들도 공중으로 올라가서 주를 영접하며 영원토록 그와 더불어 살게 된다.(4:17) 마지막으로 재림의 때와 시기는 아무도 알지 못하고 평안하다, 안전하다 할 때에 갑자기 임한다.(5:1-3) 결국 주께서 강림(降臨)하시는 마지막 날에 불신자는 멸망을 당하지만(5:2) 성도는 예수 그리스도와 함께 영원히 살게 된다.(5:10)

6) 본서의 내용

(1) 사도 바울의 감사와 위로, 격려(1:1-4:12)
(2) 재림에 대한 교리적 가르침 (4:13-5:28)

탐 구 문 제

1. '주 예수 그리스도'라는 호칭이 주는 의미는 무엇입니까?
(1:1)

'주'란 말은 여호와를 헬라인의 사고방식으로 표현한 말
로서 유대인들은 여호와만을 주(主)라고 생각했다.

결국 이 말은 예수가 곧 하나님이라는 말이다. 그리고 예
수는 구원자란 뜻인데 인명을 가리키고, 그리스도는 기름
부음을 받은 자란 뜻으로 히브리어로 메시야와 같은 뜻인데
예수의 직명을 나타낸 말이다.

예수가 바로 하나님이시요 우리를 구원하시는 분이라는
뜻이다.

2. 바울이 데살로니가교회에 감사한 내용은 무엇입니까? (1:3)

바울이 데살로니가교회에 감사한 것은 믿음, 사랑, 소망
3가지라고 하였다. 믿음이 없이는 역사(役事)가 일어날 수
없는 법이다. 그리고 사랑할 때 얼마든지 수고가 가능하며
소망이 있을 때 오래 인내할 수 있는 법이다. 데살로니가교
회는 이렇게 믿음과 사랑과 소망 가운데 성장해 갔다.

3. 바울은 데살로니가 교인들을 어느 정도까지 사랑했습니까?
(2:8)

바울은 데살로니가 교인에게 복음을 증거하기 위하여 자
신의 목숨까지도 내어주기를 즐거워했다고 했다. 이는 영혼
을 사랑하는 고귀한 희생이라고 말할 수 있다.

🌿 4. 바울은 데살로니가교회를 개척할 때 어떻게 행하였습니까?
   (2:9)

   밤낮 일하면서 복음을 전했다고 했다. 새로 나온 성도들
에게 조금이라도 누를 끼치지 않기 위해 사례금을 받지 않
고 밤낮 일하면서 생활비를 마련했다고 하였다. 처음 교회
나오는 사람들에게 경제적 부담을 주지 않는 것이 좋다.

🌿 5. 데살로니가 교인들은 무슨 일로 슬퍼하였습니까? (4:13)

   자는 자들 곧 죽은 자들 때문에 슬퍼했다고 하였다. 성도
들이 주 예수 그리스도의 재림을 기다리다가 재림 전에 죽
으면 재림때 주님을 맞이하지 못하는 줄 알고 슬퍼했다. 그
래서 바울은 예수가 재림하면 죽은 성도들이 산 사람보다
먼저 주를 영접한다고 위로했다.(4:16, 17)

🌿 6. 주의 재림 때까지 살아남아 있는 사람은 어떻게 된다고 했습
   니까? (4:17)

   주님이 재림하면 먼저 주안에서 잠자는 자들이 부활하여 주
를 영접하고 그 후에 살아있는 자도 죽음을 맛보지 아니하고 홀
연히 영화로운 몸으로 변화하여 공중으로 끌어 올려져 주를 영
접한다고 했다. 여기 끌어 올려 가는 것을 휴거(携擧)라 부른다.

🌿 7. 바울은 재림의 때와 시기에 관해서 무엇이라고 말했습니까?
   (5:1-2)

쓸 것이 없다고 했다. 주의 날은 예고 없이 도적같이 임하기 때문에 어떤 암시도 줄 수가 없었던 것이다. 예수께서도 '그 날과 그 때는 아무도 알지 못하고 하나님만 아신다'고 하셨다.(마 24:36, 행 1:7) 예수가 언제 재림한다고 말하는 사람들은 다 이단들이라고 단정할 수 있다.

8. '성령을 소멸치 말라'는 말의 뜻은 무엇입니까? (5:19)

성령의 활동을 제한하지 말라는 뜻이다. 성령이 역사할 때 민감하게 받아들여 순종하면 성령이 더욱 크게 역사하지만 성령이 역사하는데도 무시하고 방관하면 성령의 역사가 소멸될 수 있다.

14. 데살로니가후서

1) 서론

데살로니가후서를 기록한 사람은 사도 바울이다. 본서에 두 번이나 자신의 이름을 밝혔다.(1:1, 3:17) 본서를 기록한 장소는 데살로니가전서를 기록한 곳과 동일한 고린도로서 전서보다 얼마 후에 기록했다는 것이 일반적인 견해이다. 데살로니가 전·후서의 시간 간격은, 데살로니가전서가 데살로니가에 도착한 후 그 회답이 고린도로 돌아올 정도의 수개월에 불과하다고 보는 것이 좋다.(Zahn, Millgan) 데살로니가전서의 기록연대를 A.D. 51-53년으로 본다면, 데살로니가후서도 같은 연대에 씌어졌다고 볼 수 있다. 참고로 데살로니가후서는 19세기에 접어들면서 몇 가지 문제가 제기되었다. 첫째, 후서의 저자는 바울이 아니라는 것이다. 전서 5:1-11과 후서 2:1-12를 비교해서 종말론적 차이점을 들어 데살로니가후서는 바울의 저작임을 부인한다. 둘째, 전·후서가 뒤바뀌었다고 보는 것이다. 내용을 보면서 후서가 먼저 보낸 편지이고 전서는 나중에 보낸 편지라고 한다. 단순히 편지의 길이에 따라 전서가 앞에 배치되었다는 것이다. 셋째, 수신자가 다르다는 것이다. 데살로니가에는 이방인과 유대인의 두 교회가 있었고 전서에는 재림에 대해서 일반적인 교훈을 한 것을 보아 이방인 교회에 보내졌고 후서는 그리스도의 재림을 구약성경을 배경으로 설명했기에 유대인 교회에 보낸 편지라는 것이다. 그러나 이상 세 가지 주장은 전통적인 견해를 뒤집을 만한 근거가 되지 못한다. 일부 학자들의 주장에 불과하다.

2) 본서의 기록 동기와 목적

바울이 데살로니가교회에 보낸 첫째 편지가 전해진 후 그 회답이 왔을 것이고, 그런 회답 이외에도 간접적인 소식을 통해 교회의 소식은 바울에게 전해졌을 것이다. 이런 사실들은 바울로 하여금 계속적으로 둘째 편지를 보내게 한 것이 되었다. 본서를 참고할 때 당시 데살로니가교회가 밖으로부터 억압당하는 핍박은 전서를 보낼 때와 마찬가지였고(1:4-6) 무엇보다 중요한 문제는 재림에 대한 교회의 과열된 상태였다. 원래 데살로니가교회는 재림에 대해 열망적이었다.(이 사실은 바울의 전도에 영향받은 바도 컸을 것이다.) 그래서 전서에서 이 교리를 주로 다루었던 것이다.(살전 4:13-5:11) 그러나 교회내의 일부 몰지각한 편에서는 바울의 교훈을 그릇 이용하여 '주의 날이 이르렀다'(2:2)면서 주의 재림이 실현되었다고 선전하는가 하면 심지어 성령을 통해 이런 계시를 받았다느니, 바울의 다른 편지를 받았다느니, '혹은 영으로나 혹 말로나 혹 우리에게서 받았다하는 편지로나'(2:2) 하면서 교회를 소란케 했다. 더구나 이런 광신자들은 일상생업도 중단하고 떼를 지어 성도들의 가정에 폐를 끼치며 다녔다.(3:6-12) 이런 사정을 알게 된 바울은 급히 다시금 붓을 들어 냉철하게 재림에 대한 교리를 해명한 것이다. 즉 재림에 앞서 불법을 행하는 자가 먼저 나타날 것을 밝힘으로써 그들을 진정시키고 믿음에 굳게 서서 위와 같은 경망한 행동에 휩쓸려 가지 말기를 권하며(2:13-3:5), 더구나 무위도식하는 무리에게 엄중히 경계한 것이다.

3) 본서의 특징

(1) 첫째는 재림관이다.

즉 데살로니가전서에는 그리스도의 재림이 은밀하며 갑작스럽게 이루어질 것으로 표현된 것에 반해(살전 5:2), 본 서신에는 재림 전의 종말의 징조로 거짓 교사들과 거짓 그리스도의 출현이 언급되어 있다.(2:1-12)

(2) 둘째는 본 서신에 흐르는 분위기의 차이이다.

데살로니가전서에는 어버이와 같은 자상한 바울의 마음이 잘 나타나 있음에 반해(살전 2:11, 12, 17) 본 서신에는 사도로서 데살로니가 교인들을 훈계하는 엄격한 모습이 두드러지게 나타나 있다.(3:6-14)

(3) 셋째는 재림교설의 색채 차이다.
데살로니가전서에는 그리스도의 재림에 관해서 일반적인 교훈을 하였으나, 본 서신은 유대적이다. 구약성경을 배경으로 설명하고 있다. 그래서 본서는 데살로니가교회내의 유대인 신자에게 보냈다는 가설까지 제시되었다.(Harnack)

4) 본서의 내용

(1) 인사(1:1, 2)
(2) 환란을 이기는 교회에 대한 감사(1:3-12)
(3) 주의 재림에 관한 바른 견해(2:1-17)
(4) 기도와 규율에 관한 교훈(3:1-15)
(5) 끝맺는 말과 축복(3:16-18)

탐 구 문 제

🌸 1. 데살로니가 교인들은 어떻게 주의 날이 이르렀다는 소식을 들었습니까? (2:2)

혹 영으로나 혹 말로나 혹은 바울에게 받았다는 편지를 통해서 들었다고 했다. 여기 '영'이란 예언 또는 초자연적 계시를 말하고 '말'이라는 것은 직접 바울에게 들은 소식을 말하며 '편지'라는 것은 바울이 보낸 편지를 잘못 알고 오해한 것이다.

주의 날은 예수도 천사도 모르고 오직 하나님 한 분만이 아시기 때문에(마 24:36) 어떤 것에도 동요되어서는 안 된다.

🌸 2. 노동의 황금률을 말해보세요. (3:10)

'일하기 싫어하거든 먹지도 말라' 이 말씀을 노동의 황금률이라 칭한다. 바울이 재림이 가까워왔다고 일하지 않고 놀고 먹는 사람들에게 주신 경계의 말씀이다. 노동은 하나님께서 명령하신 신성한 법칙이다.

🌸 3. 노동의 황금률은 구약성경 어디에 기초하고 있습니까? (창 1:28, 3:19)

하나님은 태초에 아담을 창조하시고 명령하시기를 '생육하고 번성하여 땅에 충만하라 땅을 정복하라 모든 생물을 다스리라' 하셨다. 한마디로 일하라고 하신 것이다. '예수께서도 내 아버지께서 이제까지 일하시니 나도 일한다고'(요 5:17) 하였다.

15. 디모데전서

1) 목회서신

디모데전 · 후서와 디도서 3권을 '목회서신'이라 한다.

노경의 바울이 젊은 제자들인 디모데나 디도에게 목회에 관한 지침을 주었기 때문이다. 그러나 이 세 서신은 기록할 때부터 목회서신으로 구분되지 아니했다. 이 세 서신들을 처음으로 목회서신으로 언급한 사람은 토마스 아퀴나스(Thomas Aquinas, 1227-1274)였다. 그가 '이 세 서신은 하나같이 목회 규칙을 취급하고 있는 것들이다'라고 말하는 데서 기원했고 그 다음 1726년 폴 안톤(Paul Anton, 1661-1730)이 '목회서신 강의'란 일련의 강의를 한 데에서 '목회서신'이라는 명칭이 정식으로 쓰이게 되었으며 1849년 영국의 성경학자 헨리 알포드(Henry Alford, 1810-1871)가 '목회서신'이라는 명칭을 공적으로 사용할 것을 주장함으로써 일반화되었다. 바울은 에베소에서 목회하는 디모데에게 디모데전 · 후서를, 그리고 그레데에서 목회하고 있는 디도에게 디도서를 써 보냈다.

목회서신은 교회앞에 공적으로 보낸 서신이 아니고 특정한 한 개인에게 보낸 사적인 편지이지만 그 취급하고 있는 내용은 교회 치리에 관한 지침을 주고 있기에 분명히 공적인 서신이며 오늘 우리들도 이 서신을 연구해야 되는 이유가 여기에 있는 것이다.

구체적으로 그 이유를 정리하면

첫째, 교회 행정에 관한 중요한 문제에 대해 도움을 주기 때문이다. 즉 이 서신들은 우리에게 공중 예배에 관한 지침과 교회의 직분, 교회의 역할, 목회 상담 등과 같은 교회 행정과 지도자의 자질 및 역할에 대해 가르쳐 준다.

둘째, 기독교 정통 신앙에 위배되는 이단들에 대해 가르쳐주기 때문이다. 이는 우리 주변에 나타나는 이단들에 대처할 수 있는 방안을 제시해 준다.

셋째, 성별된 생활을 요구하기 때문이다. 즉 '기독교인으로서 생활 태도는 어떠해야 하는가? 악한 자들에 대한 징계는 어떻게 해야 하는가?' 라는 문제의 해결책을 제시한다.

넷째, 신조(信條)의 필요성에 대해 설명해주기 때문이다. 우리가 신앙 생활을 하는 데 있어서 무조건 믿는 것도 중요하지만 이단 사상에 효과적으로 대처하기 위해서, 또한 올바른 신앙 교육을 위해서 신조 곧 교리는 절대적으로 필요하다.

2) 서론

본서의 저자는 사도 바울이고 수신자는 디모데이다.(1:2)

수신자 디모데는 루스드라 태생의 헬라인 부친과 경건한 유대인 모친간의 혼혈자이며 바울의 1차 여행 때 개종하고 2차 여행 때 조수로 발탁된 후(행 16:1-3) 바울의 충실한 제자가 되었다. 제자가 된 디모데는 바울에 의하여 마게도냐(행 19:22), 고린도(고전 16:10), 에베소(딤전 1:3) 등 여러 곳에 파송되었다. 디모데전서는 바로 디모데가 에베소에서 목회할 때 보낸 편지이며, 바울이 1차로 로마감옥 생활을 마치고(62-62년경) 다시 동방 전도여행을 시작하면서 63년경에 이 편지를 기록하였다고 보는 것이 일반적인 견해이다.

3) 본서의 기록 동기와 목적

예수 그리스도의 승천과 오순절 성령 감림 이후 초대교회는 열화와 같은 전도 열기로 인해 곳곳에 지역 교회들을 세우게 되었다. 그러나 교회안에는 이단 사상이 침투하게 되었다. 이에 바울은 이단사상을 배격하고 복음의 순수성을 변호하며 교인들을 신앙으로 바로 세우기 위해 그 당시 목회에 주력하고 있던 디모데와 디도를 향하여 목회서신을 기록하게 되었다.(참조, 1:4-7, 딤후 2:23-26, 딛 1:1-13) 뿐만 아니라 영적 나태로 인한 내부로부터의 신앙적 와해를 막고 경건의 훈련과 이 땅의 시민으로서의 도덕적 품성을 고양하기 위해, 나아가서 교직 제도와 그에 따른 교역자들의 자질을 규정하기 위해 목회 서신을 기록하였다.(참조, 3:1, 딛1:5) 물론 이러한 공식적 목적 이외에도 복음의 동역자이며 인생의 후배들인 디모데와 디도에게 각각 따뜻한 위로와 그리스도 안에서의 교제의 정(情)을 나누기 위해 펜을 들게 되었던 것이다.(참조, 1:18-20)

4) 수신자 디모데

디모데는 바울의 제자 중에 가장 신임을 받던 인물로 바울에게서 믿음의 아들(1:2)로 불렸다. 바울서신중 바울과 디모데가 함께 보낸 편지는 고린도후서(그리스도 예수의 사도된 바울과 및 형제 디모데(고후 1:1))를 비롯하여 6권이나 된다.(살전 · 후, 빌, 골, 몬) 그만큼 바울과 늘 함께 사역한 제자이다.

> (1) 루스드라 태생(행 16:1)의 헬라인 부친과 경건한 유대인 모친사이에서 출생하였다.(행 16:1, 딤후 1:5)

> (2) 어머니는 유니게, 외조모는 로이스였으며(딤후 1:5) 모계로부터 유대교의 경건한 종교 교육을 받고 성장하였다.(딤후 3:15)

> (3) 바울의 제1차 전도여행 때 루스드라에서 바울을 통해 개종한 듯

하고(행 14:6) 바울이 제2차 전도여행 때 루스드라에 들렀을 때에는 이미 그의 제자가 되었다.(행 16:1)

(4) 바울이 제2차 전도여행 중 루스드라에 들렀을 때에는 디모데는 명성있는 제자로 성장하였고(행 16:2) 거기서 바울의 조수로 발탁되어(행 16:3) 여러 곳으로 파송되었다.

(5) 바울의 제2, 3차 전도여행의 동역자로 참여하였고 바울의 제1차 로마 투옥 이후 에베소에 와 있었다. 로마 감옥에서 석방된 후 바울은 거기서 디모데를 만났고 떠나는 길에 디모데에게 그곳에 머물러 있으면서 그곳 교회를 목회하라는 부탁을 했다.(1:3)

(6) 바울이 떠난 후 에베소교회를 견실하게 돌보기 위해 그곳에 머물러 있던 중 그는 바울로부터 첫번째 편지(디모데전서)를 받았던 것이다.

(7) 그의 성품은 소심하기는 하지만 온유하고 충성스러웠다.(빌 2:19-22, 딤후 4:11) 이러한 디모데에 대해 바울은 특별한 관심과 사랑을 베풀었으며 그의 뛰어난 인품을 칭찬했다.(딤후 1:2, 4:9, 21)

5) 본서의 내용

(1) 문안(1:1, 2)

(2) 교리적 교훈(1:3-20)
　① 이단을 경계할 것(3-11절)
　② 바울의 본을 따를 것(12-20절)

(3) 일반인에 대한 태도(2장)
① 왕과 일반인에 대하여(1-7절)
② 남녀에 대하여(8-15절)

(4) 교회 제직의 자격(3장)
① 감독의 자격(1-7절)
② 집사의 자격(8-13절)
③ 본서의 목적(14-16절)

(5) 목회자에의 당부(4장)
① 이단을 경계할 것(1-5절)
② 경건을 연습할 것(6-10절)
③ 교인의 본이 될 것(11-16절)

(6) 교인 각층에 대한 태도(5:1-6:2)
① 남녀노소와 과부에 대하여(5:1-16)
② 장로에 대하여(5:17-25)
③ 종에 대하여(6:1,2)

(7) 결론적 지시(6:3-21)

6) 장로, 집사의 자격

(1) 장로의 자격(3:1-7)
① 책망할 것이 없고
② 한 아내의 남편이 되며
③ 절제하며
④ 근신하며

⑤ 아담하며

⑥ 나그네를 대접하며

⑦ 가르치기를 잘하며

⑧ 술을 즐기지 아니하며

⑨ 구타하지 아니하며

⑩ 관용하며

⑪ 다투지 아니하며

⑫ 돈을 사랑하지 않으며

⑬ 자기집을 잘 다스리며

⑭ 자녀들을 잘 복종케 하는 자

(2) 집사의 자격(3:8-13)

① 단정하고

② 일구이언을 하지 아니하며

③ 술에 인박이지 아니하고

④ 더러운 이를 탐하지 아니하며

⑤ 깨끗한 양심을 가지고

⑥ 믿음의 비밀을 가진 자

탐 구 문 제

🌿 1. 바울 사도는 자신이 어떻게 귀한 직분을 맡았다고 했습니까?
   (1:12)

   예수 그리스도께서 나를 충성되이 여겨 내게 직분을 맡기
   셨다고 했다. 자기는 용서받을수 없는 죄인임에도 불구하고
   자기에게 귀한 직분을 맡기신 그리스도의 자비에 대한 찬양
   이다. 또한 '내게 직분을 맡기심이니'라는 구절은 자신이
   복음전파자요 사도로서 봉직할 수 있었던 것이 자신의 뛰어
   남에서가 아니라 그 일의 주관자이신 하나님으로부터 말미
   암은 것임을 말한다.

🌿 2. 바울은 죄인 중에 죄인인 자신을 구원하신 이유를 무엇이라
   고 설명하고 있습니까? (1:15-16)

   자신이 긍휼을 입은 까닭은 후에 영생 얻은 자들에게 본이
   되게 하려 하심이라고 했다. 가장 죄많은 사람을 구원하신
   것은 어떤 죄인도 다 구원해 주신다는 것을 보여 주기위해
   그 모델로 구원하셨다고 했다.

🌿 3. 간구, 기도, 도고는 그 뜻이 각각 어떻게 다릅니까? (2:1)

   간구는 하나님의 뜻이 분명한 것을 간절히 구하는 것을
   말하고, 기도는 하나님의 뜻을 알지 못해서 하나님께 의논하
   는 것을 말하나 기도와 간구는 구별없이 사용할 때가 많다.
   그리고 도고는 다른 사람을 위한 기도를 말한다.

4. 특별히 어떤 사람을 장로로 택하지 말라고 하였습니까?
(3:6)

    새로 입교한 자를 교회 중직자로 세워서는 안된다고 했다. 일반적으로 교회에 새로 나오는 분 가운데 열심인 자가 많다. 오래된 성도보다 열심만 보고 처음 나온 사람을 세우면 시험에 빠지기 쉽다.

5. 경건을 위해 특별히 어떻게 하라고 하였습니까? (4:7)

    경건에 이르기를 연습하라고 했다. 경건은 하루아침에 이루어지는 것이 아니다. 끊임없이 노력하고 힘써야 된다. 특별히 교회 지도자는 이렇게 경건을 연습해야만 된다.

6. 바울이 디모데의 건강을 위하여 특별히 권한 것은 무엇입니까? (5:23)

    자주 나는 병을 위하여 포도주를 조금씩 쓰라고 했다. 장로의 규례에 대하여 포도주를 금할 것을 엄격히 말하면서 디모데에게 포도주를 사용하도록 권한 것은 디메데의 병때문이었다. 디모데가 금기조항을 마련해두고 몸이 약하여 자주 병으로 고생을 하면서도 병에 이로운 것까지도 금기하는 소극적인 삶을 살아가고 있었기 때문에 병을 치료할 수 있도록 포도주를 권고한 것이지 결코 쾌락주의를 권장하기 위해 한 말은 아니다.

탐 구 문 제

7. 장래 자기를 위해 좋은 터를 쌓는 방법은 무엇입니까?
(6:18-19)

여기 '장래'란 예수재림으로 완성될 하나님 나라의 삶을 뜻한다. 장차 하늘나라에 좋은 터를 쌓는 방법은 3가지 길이 있다고 했다. 그것은 첫째는 선한 사업에 부하고, 둘째는 나누어주기를 좋아하고, 셋째는 동정하는 자가 되는 것이라고 하였다.

16. 디모데후서

1) 서론

본서의 저자는 본서의 서두에 언급된 것처럼 바울이다.(1:1, 2) 본 서신은 바울이 2차로 로마에 투옥되어 죽음을 기다리면서 당시 에베소에서 목회하고 있던 그의 사랑하는 믿음의 아들이요, 동역자인 디모데에게 두 번째로 보낸 편지이자 바울이 기록한 최후의 서신이다.(4:6-8) 본 서신을 기록한 시기는 바울이 순교하기 직전으로 믿어진다. 바울은 A.D. 66-67년경 두번째로 투옥되었으며, A.D. 67년 네로 황제에 의하여 처형된다. 그런데 본문에 보면 디모데에게 '겨울 전에'(4:21) 자기에게 오라고 하는 대목으로 미루어보아 본 서신은 A.D. 67년 이전에 쓰여진 것이라고 할 수 있다. 그러므로 본 서신을 바울의 제2차 로마투옥 기간중에 기록된 서신이라는 점을 감안할 때 A.D. 66년에 쓰여진 것으로 믿어진다.

❖ 바울의 순교

(1) 3차 전도여행을 마치고 예루살렘에서 체포
(2) 가이사랴에서 2년간 투옥
(3) 로마 황제에게 상소 – 로마로 호송
(4) 로마에서 1차 투옥(61-63년경)
(5) 로마옥에서 석방 – 바울의 4차 전도여행 – 디모데전서
                                    디도서 기록
(6) 로마에서 2차 투옥(66-67) – 디모데후서 기록(최후의 서신)
(7) 로마에서 약간 떨어진 오스티안 가도(The Ostian way)에서 참수형 당함

2) 본서의 기록 동기와 목적

바울이 본서를 기록하게 된 동기는 몇 가지로 나누어 말 할 수 있다.

첫째, 당대 활동하던 거짓 교사들로부터 복음의 진리를 바르게 가르쳐서 지키게 하고 교회 질서를 유지하기 위해서였다.

둘째, 바울의 투옥과 교회가 당하는 여러 가지 어려움들 때문에 의기소침해 있던 디모데에게 용기를 주어 더욱 힘을 내서 목회 사역에 매진할 것을 촉구하기 위해서였다.

셋째, 로마 감옥에 투옥되어 외로이 자신의 최후를 기다리는 바울이 그의 사랑하는 믿음의 아들 디모데를 만나 위로와 사랑의 교제를 나눌 수 있기를 원해서였다.(참조, 4:9-11), 마지막으로 추위가 엄습해 오는 감옥 속에서 드로아에 두고 온 겉옷과 책들, 양피지 문서가 필요했기에 본 서신을 기록했던 것이다.(참조, 4:13)

3) 본서의 특징

디모데전·후서와 디도서가 다같이 목회 전반에 대한 원리를 가르치는 목회서신이지만 디모데전서, 디도서는 순수한 목회서신인데 반하여 디모데후서만은 사적인 몇 가지 특징을 가지고 있다.

첫째, 개인적인 성격이 강하다. 디모데 개인에 대한 권면과 격려의 내용이 기록되어 있고(1:13, 14), 또한 믿음을 저버린 자들에 대한 섭섭함을 솔직히 말했고(1:15-18), 복음의 사역을 성실히 수행하다가 이제 죽음을 앞둔 바울 자신의 회고담이 담겨 있다.(4:6-8)

둘째, 다른 두 목회 서신이 비교적 교리적인 문제를 다루고 있는데 반해 본 서신은 '복음과 함께 고난 받으라' (1:8)는 고독한 복음 전파자로서의 삶에 대한 권면이 강하게 부각되어져 있다.

셋째, 디모데전서가 개인과 교회 전체에 대하여 하나님으로부터 받은 바른 진리와 교리를 지키기 위하여 힘쓰라고 한데 비해 본 서신은 생의 마지막에 선 대사도가 그의 사랑하는 동역자요, 믿음의 후계자인 디모데를 위로하고 그의 믿음의 생활을 격려하고 있다.(참조, 1:13)

4) 본서의 내용

(1) 디모데에게 주는 사도 바울의 격려(1장)
(2) 목회선상에서의 필요한 권면(2장)
(3) 말세 교회의 현상과 권고(3장)
(4) 바울의 최후 유언적인 부탁(4장)

1. 에베소에서 목회하는 디모데가 직면했던 어려운 점은 무엇이었습니까? (1:6-8)

　　디모데는 나이어린 목회자였고 육체적으로 병약했기 때문에 더욱 어려움이 많았다.(딤전 4:12, 5:23) 그리고 그는 선천적으로 성격이 소심했고 겁이 많았기 때문에 바울이 투옥된 이후 복음전파를 두려워했다.(1:7, 8, 고전 16:10) 뿐만 아니라 에베소교회에 침투해온 거짓 교사들의 지독하고 악랄한 미혹행위에 두려움을 가졌다.(딤전 1:3-7, 4:6, 6:3-10)

2. 말세가 될 때 일어나는 두드러진 두 가지 현상은 무엇입니까? (3:2)

　　자기를 사랑하고 돈을 사랑한다고 했다. 자기사랑 곧 이기주의로 흐른다는 것이다. 우리 사회는 점점 집단이기주의가 팽배해감을 느낄 수가 있고 또한 돈사랑 곧 황금만능주의가 만연되어감을 절감한다.

3. 어떻게 살고자 할 때 핍박을 받는다고 하였습니까? (3:12)

　　그리스도 예수안에서 경건하게 살고자 하는 자는 핍박을 받는다고 했다. 세상과 적당하게 타협하면 핍박이 있을 수 없다. 그러나 오직 진리대로 말씀대로 살아가려면 가정에서 직장에서 사회생활에서 공격을 받고 핍박을 받는 법이다.

탐 구 문 제

❧ 4. 성경은 어떠한 책입니까? (3:16)

성경은 하나님의 감동으로 기록된 하나님의 말씀이다.(출 20:1, 삼하 23:2, 마 1:22, 고전 2:4-10) 하나님의 감동으로 기록되었기 때문에 오류가 없으며(눅 24:44, 롬 4:23, 요일 4:6) 인간에게 참된 구원의 길을 제시하는 하나님의 특별계시인 것이다.(벧후 1:21)

❧ 5. 성도는 하나님의 말씀을 어떠한 방법으로 전파해야 합니까? (4:2)

바울 사도는 젊은 목회자 디모데에게 전도에 대하여 말하기를 첫째, 때를 얻든지 못 얻든지 항상 힘쓰라고 하였다. 사람들이 복음을 받아들이든지 거부하든지 항상 전도에 힘써야 한다. 그 다음 오래 참음과 가르침으로 경책하라고 하였다. 즉시 받아들이지 않더라도 인내심을 갖고 가르치라고 하였다. 그리고 경책하라고 했는데 여기 경책이란 말은 사람들의 실수와 허물을 깨닫게 한다는 것이다. 그러니까 사람들이 회개할 수 있도록 그들의 죄를 마음속 깊이 사무치게 자각시켜야 한다. 마지막으로 경계하며 권하라고 했다. 여기 경계라는 말은 비난하다는 뜻으로 사람을 경책할 때 부드럽게 하지 말고 호되게 책망하라고 한 것이다. 동시에 권하라고 했다. 여기 권하라는 말은 단순히 권고라는 뜻만 나타내는 것이 아니라 '용기를 북돋우다', '위로하다'라는 의미가 있다. 즉 사랑으로 권하라는 말이다.

탐·구·문·제

6. 바울은 자신의 생애를 어떻게 고백했습니까? (4:7-8)

먼저 선한 싸움을 싸웠다고 했다. 오직 하나님을 위해 일생을 바쳤다는 뜻이다. 다음으로 달려갈 길을 마쳤다고 했다. 하나님께서 바울에게 맡긴 사명을 하나도 남김없이 다 수행했다는 뜻이다.(행 20:21, 고전 9:24, 빌 3:14) 그리고 믿음을 지켰다. 일생동안 주를 믿음 안에서 온전히 지켜왔다는 것이다. 바울은 이러한 사실을 당시 성행했던 스포츠에 비유하고 있다. 선한 싸움을 다 싸우고 달려갈 길을 다 마치되 끝까지 룰(Rule)을 지켰다는 것이다. 그는 마치 마라톤 선수가 끝까지 주파하고 1등을 하여 곧 시상대에 올라가서 상을 바라보는 심령으로 그의 최후를 기다리고 있었다. 참으로 어떤 인생이 이 이상의 더 큰 승리를 노래할 수가 있겠는가!

17. 디도서

1) 서론

디도서는 디모데전·후서와 더불어 목회서신에 속한다. 이 책들은 같은 저자가 같은 시대에 같은 목적에서 기록한 것이다. 더구나 본서는 디모데전서와 흡사하여 그 축소판이라 불리운다. 사도 바울은 사랑하는 두 제자 즉, 에베소교회를 지도하는 디모데와 그레데 섬에서 활동하고 있는 디도에게 당시 교회의 목회상 필요한 사항들을 지시해준 문자 그대로의 목회서신들이다. 바울 사도가 본서를 기록한 연대는 본서 어디에도 나타나 있지 않기에 정확히 알 수 없지만 본서의 문체와 내용이 디모데후서보다는 디모데전서와 유사한 부분이 많은 것으로 보아 디모데후서보다(A.D. 66)는 앞서고, 디모데전서보다는(A.D. 64) 후에 기록되어진 것으로 보인다. 본 서신은 일반적으로 A.D. 64-65년경 디모데전서가 기록된 장소인 마케도니아에서 기록되었을 것으로 추측된다.

2) 그레데 섬

(1) 지중해 상에서 가장 큰 섬(동서 260Km, 남북 60-72Km)으로 지중해 무역의 요지이다.

(2) 기후가 좋고 지리적인 호조건 때문에 고대로부터 문화가 발달한 곳으로, 이른바 크레타문화를 이룩했다.

(3) B.C. 68-66년 로마에 의해 정복되고 유대인이 많이 이주해 왔다.(행 2:11)

(4) 그레데인은 도덕과 품행이 문란하고 거짓됨으로 악명이 높았다. '그레데인들은 항상 거짓말쟁이며 악한 짐승이며 배만 위하는 게 으름장이라'(딛 1:12)

(5) 구약시대 이스라엘을 끊임없이 공격해 왔던 블레셋의 근거지였다.

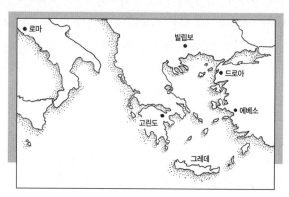

[그레데 섬]

3) 그레데교회

(1) 그레데교회의 설립에 대한 자세한 기록은 없다. 추측하건대 오순절에 예루살렘에 모였던 이방인들 가운데 있었던 그레데인들이 (행 2:11) 고향에 돌아가 교회를 설립하고 신앙 생활을 한 것으로 보인다.

(2) 바울은 로마옥에서 석방된 후 디도와 함께 그레데 섬에서 전도하였고, 행정적으로 조직되어 있지 않고 교리적으로 유대교에 치우친 교회를 바로잡기 위해 디도를 그 섬에 남겼다.(딛 1:5, 10, 14)

(3) 당시 그레데교회의 형편은 장로의 자격으로 '믿는 자녀를 갖는 것' (1:6)을 든점을 보면 신앙을 가진 사람들의 가정이 바로 서 있지 못한 것을 알 수 있다.

(4) 거짓 교사들이 일어나 할례를 받지 않으면 구원받지 못한다고 미혹하고 교회를 어지럽게 하였다.(1:10, 11)

(5) 남녀노소를 불문하고 모두 방종한 생활을 하였다.(2:1-10)

4) 본서의 기록 동기와 목적

당시 그레데교회는 유대교의 잘못된 지도, 거짓 교사의 미혹, 성도들의 방종한 생활로 대혼란이 일어났다. 따라서 교회내의 질서 확립과 바른 신앙관의 정립이 무엇보다도 시급한 상태였다.(1:10-13, 2:1-10) 그래서 사도 바울은 교회를 감독할 장로를 세우기 위해서 디도에게 장로의 자격을 말해준다. 그리고 거짓 교사들에게 취할 자세, 남녀 노소에게 적용된 신앙 윤리, 복음의 내용, 신자의 국가관, 이단에 대한 태도 등에 관하여 자세히 가르치기 위해서 본 서신을 기록하게 된 것이다.

5) 수신자 디도

(1) 디모데와 함께 바울의 믿음의 아들로서 그의 이름은 본서 외에도 고린도후서 · 갈라디아서 · 디모데후서 등에 나타난다.

(2) 헬라 사람으로서 디모데처럼 할례를 받지 않았으나 예루살렘 총회(A.D. 50)때 바울과 바나바와 함께 참석했던 사실을 보면 그 이전부터 신앙생활을 하고 있었음을 알 수 있다.(갈 2:1-5)

(3) 바울의 제 2차 전도여행(행 15:36-18:23) 이후 그와 계속 동행하였으며 고린도교회에 파송되기도 하였고(고후 7:6, 8:6) 그레데교회를 돌보기도 하였다.(1:5)

(4) 이같이 오랫동안 바울과 동역(同役)한 디도는 바울에게 '참아들'(1:4), '동무', '동역자'(고후 8:23)라고 불릴 정도로 많은 사랑과 신임을 받은 신실한 주의 종이었다.

6) 본서의 내용

본서의 내용은 장(章)을 따라 크게 삼분할 수 있다. 1장에는 초두의 문안에 이어 장로의 장립과 이단의 경계 등 교회 행정에 관한 지시를 하고, 2장에서는 교회 각 계층에 대한 교훈이 주어지고, 3장에서 사회 일반에 관한 교훈과 결론적 지시로 끝맺고 있다.

[디모데와 디도의 목회지 형편]

	목 회 지	교 회	시 민
디모데	에베소	안정된 교회	문화도시인
디 도	그레데	개척교회	야만적 비도덕적

🌺 1. 본서에는 선한 생활(좋은 일)을 몇 번이나 언급하고 있습니까? (1:16 ~)

　　본서에는 선한 생활, 선한 일이 무려 6번이나 거듭거듭 강조되고 있다.(1:16, 2:7, 14, 3:1, 8, 14) 밤이 어두우면 별빛이 더욱 영롱한 것처럼 악한 세상에서 성도는 빛과 소금의 생활을 할 것을 강조하고 있다.

🌺 2. 교회에서 노인들이 가져야될 태도는 무엇입니까? (2:2)

　　남자들은 절제하고 경건하며 근신하고 믿음과 사랑과 인내의 온전한 말씀을 보여야 한다고 했다. 고상한 인격과 신앙을 갖추어 젊은 사람들에게 존경을 받을 수 있도록 경건해야 하며 많은 경험을 내세워 권위만 주장하고 남의 의견과 인격을 무시해서는 안된다고 했다. 여자들은 자신의 마음을 제어하여 남을 비방하거나 헐뜯는 말을 하지말라고 했다.
　　경건한 모습을 통하여 젊은 여자들을 가르치라는 교훈이다.

🌺 3. 교회에서 젊은 여자들은 어떻게 행해야 한다고 했습니까? (2:4-5)

　　젊은 여자들은 남편과 자녀를 사랑하며 신중하고 순결하며 집안살림을 잘하고 남편에게 복종하라고 했다.(엡 5:22, 23) 그리고 남편도 아내를 자기 몸같이 아끼고 사랑해야 된다고 했다.(엡 5:28, 골 3:19)

탐 구 문 제

❧ 4. 종이 상전에게 지녀야할 태도는 무엇입니까? (2:9-10)

　　종은 상전에게 모든 일에 순종하여 주인을 기쁘게 하고 주인의 소유를 떼어먹지 말고 선하게 충성하라고 했다. 종은 주인을 섬길 때에 주께 하듯 하고(골 3:22) 눈가림으로 일하지 말라고 했다.(엡 6:6)

❧ 5. 성도들이 국가에 대하여 견지해야될 태도는 무엇입니까? (3:1)

　　정사와 권세잡은 자들에게 복종하라고 했다. 위정자들이 나라를 다스리고 통치하는 권세는 하나님이 주셨기 때문에 (롬 13:1-7) 위정자에게 복종해야 한다. 과거 공산주의자들은 이 말씀을 즐겨 인용하면서 국가권력에 무조건 복종을 강요했다. 물론 권세잡은 자들에게 복종해야 되지만 하나님의 뜻에 어긋나는 일을 명령할 때는 형벌을 받을지라도 거부해야 한다. 성도는 사람보다 하나님께 먼저 순종해야 되기 때문이다.(행 4:19, 벧전 2:13)

❧ 6. 구원서정(구원의 순서)에 관하여 설명해 보세요. (3:4-7)

　　구원의 서정이란 그리스도께서 이루신 객관적인 구속이 성령의 역사로 선택받은 자에게 주관적으로 적용되는 과정을 말한다. 이러한 순서들은 단지 논리적인 구분이므로 어떤 것들은 동시에 일어나기도 한다. 따라서 학자들간에 그 순서를 달리하나, 개혁주의 입장에서 구원의 서정을 9단계로 이해한다.

탐 구 문 제

1) 부르심[召命]:복음은 죄인들에게 구별없이 전파되나(요 6:44, 딤후 1:9) 택함 받는 자는 부름을 받는다(롬 8:30).

2) 거듭남[重生]: 예수를 구주로 영접한 자에게 하나님의 생명, 성품, 능력 등이 주어진다.(요 1:12, 13, 고후 5:17)

3) 회개 : 죄로부터 전인격이 돌아선다.(겔 36:31, 행2:37, 38)

4) 신앙 : 죄에서 돌아선 전인격이 그리스도께로 향한다.(행 3:19)

5) 칭의(稱義) : 죄인이 그리스도를 의지할 때 그는 즉시로 그리고 영원히 의인으로 여겨진다.(롬 8:30, 갈 2:16)

6) 양자(養子) : 죄인이 의롭다고 여겨질 때 그는 하나님의 자녀 가운데 하나가 되고 자신도 그것을 깨닫는다.(요 1:12, 갈 4:6)

7) 성화(聖化) : 신자가 죽을 때까지 거룩을 위해 죄와 대항하여 싸울 수 있도록 하나님께서 힘을 주신다.(롬 6:4, 6, 빌 2:12, 13)

8) 견인 : 성령은 신자가 하나님의 은혜상태에서 떨어지지 않고 궁극적 구원을 이루게 하신다.

9) 영화(榮化) : 마지막 날에 그리스도께서 다시 오실 때 신자들은 몸과 영혼이 완전하게 될 것이다.(히 12:23)
그러므로 성도들은 영화를 이루기까지 세상과 죄에 대해서 거룩한 싸움을 계속해가야 한다.(고전 15:57, 벧후 1:10)

18. 빌레몬서

1) 서론

본서는 에베소서, 빌립보서, 골로새서와 더불어 바울이 옥안에서 기록하였다고 하여 옥중서신에 속한다. 본서의 서두부터 바울 자신이 발신자임을 밝히고 있고(1:1) 후반부에 가서도 자신이 친필로 본 서신을 기록했음을 고백하고 있다.(1:19) 바울의 많은 서신 가운데 본서야말로 순수한 개인적인 서신이다. 내용상으로 볼 때 수신인은 빌레몬이라는 한 개인뿐이나(1:4-22) 본 서신의 서두에는 빌레몬 한 사람이 수신인으로 되어있지 않고, '빌레몬과 및 자매 압비아와 및 우리와 함께 군사된 아킵보와 네 집에 있는 교회에게 편지하노니'(1:2)라고 하여 여러 사람이 서신을 받는 자로 되어있다. 뿐만 아니라 본서신의 끝인사도 복수 '너희'로 되어있다. 따라서 본서신의 수신자는 내용상으로는 한 사람이나 형태상으로는 여러 사람이라 할 수 있다. 당시 빌레몬만이 골로새교회에서 종을 소유한 유일한 사람이 아니었으므로 다른 그리스도인 주인에게도 본 서신을 보내어 그들로 하여금 그와 빌레몬 사이의 서신내용이 주는 교훈을 배우게 한 것이다. 본서는 감옥에서 갇힌 중에 기록했다는 사실을 여러 번 밝히고 있다.(1:1, 9, 10, 23) 그러면 어느 감옥에 갇혔을 때인가에 대해 에베소, 가이사랴 설도 있지만 일반적으로 다른 옥중서신과 마찬가지로 로마옥에서 기록했다고 본다. 바울이 1차로 로마에 투옥되었을 때가 A.D. 61-63년 동안이므로 본서를 비롯하여 옥중서신들의 기록연대는 A.D. 62년경으로 추정한다.

2) 수신자 빌레몬

(1) 골로새에 살고있던 부호로 오네시모의 주인(1:16)

(2) 빌레몬은 아마 바울이 에베소의 두란노 서원에서 복음을 전할 때 (행 19:9, 10) 구원을 받은 것 같고, 바울이 본 서신을 쓸 당시에는 골로새 지방으로 이사를 해 살았던 것 같다. 그리고 빌레몬과 함께 수신인으로 되어있는 압비아는 그의 아내로, 아킵보는 그의 아들이거나 가까운 친족으로 추정된다.

(3) 그는 돈독한 신앙을 가진 자로서 바울에 의해 '동역자'라고 불렸다.(1:1) 이것은 그가 골로새교회를 양육하는 사역자였음을 암시한다.

(4) 또한 그는 바울에 의해 많은 사랑을 받는 자였으며(1:1) 다른 사람들을 많이 사랑한 자였다.(1:4, 7) 그리고 사도 바울은 그로 인하여 많은 기쁨과 위로를 얻었다.(1:7)

(5) 그리고 빌레몬은 바울이 '네 집에 있는 교회'(1:2)라고 한 것으로 보아 자신의 가족과 종들을 훌륭하게 신앙적으로 키워 한 집안에서 교회의 모임이 형성되도록 했거나, 아니면 그의 집을 교회의 집회 장소로 제공하였던 자였다.

3) 오네시모

(1) 본서의 주연 인물로 오네시모(유익 또는 가치)라는 이름은 가장 보편적인 노예이름으로 빌레몬의 노예였다.

(2) 주인 빌레몬의 돈을 훔쳐 멀리 로마까지 도망가서 바울을 통해 회개하고 새사람이 되었다.(1:10)

(3) 새 사람이 된 오네시모는 하나님의 일꾼이 되었다.(1:11, 13) 그는 이제 한 인간의 노예가 아니라 하나님의 종으로 일하게 되었다.(1:12)

(4) 초대교회 전승(傳承)에 의하면 그는 골로새교회의 감독으로 있다가 네로 황제의 대박해 당시 순교하였다고 한다.

4) 본서의 기록 동기와 목적

이미 언급한 대로 주인의 돈을 훔쳐 도망온 오네시모가 회개하고 바울의 조수가 되었지만 오래 조수로 둘 수가 없었다. 당시 도망친 노예는 사형을 받을 수 밖에 없으며 또한 자신이 오네시모를 주인에게 돌려보내지 않고 자기 곁에 있도록 방치한다면 자신뿐 아니라 그리스도 복음을 전파하는 데도 큰 누가 되었을 것이었다. 그래서 사도 바울은 빌레몬의 허가를 얻은 후 오네시모로 하여금 자신을 도와 복음 사역을 하도록 하기 위해 (1:12) 본서를 기록하였던 것이다.

5) 본서의 가치

본서는 순수하게 한 가정의 문제를 다룬 서신이다. 이런 사실로 본서의 정경(正經)으로서의 가치를 비평하는 학자도 있었으나 많은 위대한 학자들은 사사로운 사실 이면에 간직되어 있는 위대한 교훈을 높이 평가하고 있다. 첫째로, 사도 바울의 다른 편지들은 기독교의 심오한 신학 사상을 말해 준다. 그러나 본서에는 바울의 신학자적인 모습이 감추어진 대신, 인간 바울의 한없이 자비로운 사랑의 모습이 나타난다. 우리는 본서를 통해 기독교의 신학과 신앙아래 흐르는 그리스도인의 용서와 사랑의 실천 윤리를 볼 수 있다. 사랑의 실천이 없는 신앙은 거짓이고 헛된 것이다. 둘째로, 우리는 본서를 통해 그리스도와 신자의 아름다운 관계를 찾을 수 있다. 그가 도주한 비천한 노예를 위해 스스로 변상을 약속하면서까지 그를 용서하고 환영해 줄 것을 간청하고 있는 태도에서 우리는 그리스도의 모습을 바라볼 수가 있다. 그것은 잃어버린 한 마리의 양을 찾으시는 선한 목자의 모습이며(눅 15:4, 요 10:11), 당신의 피를 흘려 우리의 죄값을 지불하시면서 절대로 멸망할 인류의 용서와 환영을 성부께 비시는 그리스도의 그림자인 것이다. 실로 "본서는 몇 줄에 지나지 않는 편지이나, 이 짧은 편지는 신약이라는 보고(寶庫)중에서도 가장 순수한 보석처럼 반짝이고 있다."(Sabatier)

6) 본서의 내용

(1) 빌레몬에 대한 바울의 인사 및 감사(1:1-7)
(2) 오네시모를 위한 바울의 간구(1:8-14)
(3) 오네시모에 대한 바울의 천거(1:15-22)
(4) 바울의 끝맺는 인사(1:23-25)

7) 노예제도에 대한 기독교의 태도

본서에 있는 한 가지 문제는 노예제도에 대한 바울의 태도이다. 많은 사람들은 바울이 노예제도 자체를 반대하지 않았다고 비난하며, 심지어는 그리스도교 윤리는 제국주의적(帝國主義的)이며 노예제도를 옹호한다고까지 주장한다. 그러나, 예수님이나 바울은 사회제도의 개혁가는 아니었다. 그리스도교의 목적은 사람의 정신개혁에 있는 것이다. 노예 제도이든 또는 무슨 제도이든 복음의 목적은 사람의 심령을 중생시킴에 있고, 사회의 개선은 중생된 사람들에게 맡기는 것이다.

골로새 3:18-4:1을 통해 바울의 노예제도에 대한 태도를 정리하면 다음과 같다.

(1) 노예들도 '그리스도를 섬기는 일'에 참여한다.
(2) 상전도 '하늘에 계신 주인'을 모신다.
(3) 하나님께서는 상전과 노예를 공평하게 대하신다.
(4) 상전이나 노예가 결국은 다같이 그리스도의 종이다.

　바울은 빌레몬에게 오네시모를 자유롭게 해달라고 부탁하지 않는다. 바울이 강조한 것은 노예제도를 초월한 그리스도인의 형제애이다. 이러한 기독교의 형제애는 자연스럽게 노예제도를 없애버릴 것이다. 기독교 선교 역사를 통해, 우리는 복음이 한 사회에 들어오자 노예제도와 같은 악습들이 사라진 경우들을 얼마든지 찾아 볼 수 있다.

탐 구 문 제

🌱 **1. 신구약 성경가운데 한 장으로 된 책은 무엇입니까? (1:1)**

구약에 오바댜서, 신약에 빌레몬서, 요한2·3서, 유다서 총5권이다.

🌱 **2. 바울이 빌레몬에게 오네시모를 용서하도록 간청한데서 우리가 본받아야 할 점은 무엇입니까? (1:8-10)**

오네시모가 비록 불의하여 도망간 노예였지만 예수 믿고 개과천선했으므로 노(老)사도 바울은 오랜 친구인 빌레몬에게 용서하라고 얼마든지 명령할 수 있지만 간절히 간구한다고 했다. 더욱이 오네시모는 갇힌 중에서 낳은 아들이라고 호소한 점을 볼 때 바울의 겸손에 머리를 숙이지 않을 수 없다.

🌱 **3. 바울이 오네시모를 빌레몬에게 돌려보낸 까닭은 무엇입니까? (1:14)**

오네시모가 골로새에 있는 빌레몬 집에서 로마로 도망쳐 와서 바울에게 전도받고 새사람이 되었는데 바울은 그 주인 빌레몬과는 오랜 친구사이므로 얼마든지 말만 하고 자기 곁에 두고 일을 시킬 수도 있지만 로마에서 그 멀리 골로새로 돌려보낸 것은 주인에게 정당하게 허락을 받고 자의로 주의 일을 하도록 돌려보낸 것이다. 주의 일을 할 때 특별히 자의로 기쁨으로 일할 수 있어야 하며 그 순서와 절차도 바르게 밟아야 됨을 교훈하고 있다.

❦ 4. 바울은 누구를 보아서 오네시모를 용서하라고 권면했나요?
   (1:17)

   자기자신을 보고 그의 종을 용서하라고 했다. 바울이 오
네시모를 얼마나 사랑했는가를 잘 말해주고 있다. 가버나움
의 백부장도 물건 취급을 했던 자기 종을 위해 예수님께 나
와 간구하였다.(마 8:5-13) 성도는 신분과 인종을 떠나서
인간 그 자체를 사랑할 수 있어야 한다.

❦ 5. 오네시모가 어떻게 변했습니까? (1:11)

   전에는 무익했던 사람이 예수를 믿고 회개한 다음에는 유익
한 사람이 되었다고 했다. 더욱이 오네시모란 이름의 뜻이 '유
익하다' 라는 말이다. 그는 그 이름대로 유익한 사람이 되었다.

❦ 6. 바울이 빌레몬에게 마지막으로 부탁한 것은 무엇입니까?
   (1:22)

   바울은 빌레몬에게 자신을 위해 처소를 예비하라고 부탁
했다. 여기 처소란 손님이 묵는 방을 가리킨다. 물론 바울
이 빌레몬에게 갈 뜻을 밝힌 것이 아니라 상징적인 의미로
바울이 빌레몬을 방문할 때에 편안히 거할 수 있는 상태,
다시 말하면 빌레몬이 바울을 편안히 맞이할수 있는 상태를
말하는 것으로 이것을 현재 바울이 빌레몬에게 간구하고 있
는 것처럼 빌레몬이 오네시모를 받아들이는 것을 암시한다.
바울의 깊은 배려를 읽을 수 있다.

19. 히브리서

1) 서론

히브리서는 신약성경 가운데 가장 독특한 책이다. 본서의 명칭으로부터 시작하여 저자, 기록연대, 수신자 및 수신지 모두는 정확히 알 수 없다. 초대교회 교부 오리겐(Origen, A.D. 3C경)은 히브리서의 저자는 하나님만이 알고 계신다고 하였다. 아직도 오리겐의 견해에서 일보도 전진하지 못하고 있다. 본서를 히브리서로 처음 명명한 알렉산드리아 출신의 판테누스(Pantaenus)와 터툴리안(Tertullian)은 본서의 저자를 바울 또는 바나바로 각각 다르게 주장하면서도 본서의 표제만은 '히브리인들에게'로 표기했다. 그러나 이들은 본 서신에 왜 '히브리인들에게'라는 표제가 붙여졌는지에 대해서는 설명하고 있지 않다. 짐작하건대 본 서신에 구약을 많이 인용하여 설명하고 있는 것을 볼 때 구약에 익숙한 흩어진 유대인들에게 보내졌으리라는 이유에서 그런 명칭을 붙인 것 같다. 본서의 저자에 대해서는 바울, 아볼로, 바나바, 누가, 디모데, 아굴라와 브리스길라, 빌립 집사 그리고 로마의 클레멘트(Clement of Rome) 등 많은 주장이 있으나 그 가운데 오랫동안 지지를 받아온 것은 바울설이다. 인간으로 오신 그리스도(2:14-17, 롬 8:3, 갈 4:4), 그리스도의 대속적 죽음(9:15, 롬 3:26, 고전 1:30) 그리고 중보자로서의 그리스도(7:25, 롬 8:34) 등이 바울 서신과 일치하므로 바울이 그 저자라고 주장하는 것이다. 그러나 다른 한편으로 바울의 문체보다 훨씬 유창한 헬라어를 구사하고 있고, 특히 바울 서신에서는 한번도 언급된 적이 없는 그리스도의 대제사장직을 언급하고 있다는 점과, 2:3에 따라 저자가 사도에게서 배우고 영향을 받은 사람이라는 점 등을 들어서 바울 저작을 부인하는 견해도 있다. 그러나 바울 저작권은 중세 긴 역사를 통해 무조건 신봉되어 오다가 종교개혁과 더불어 본서의 바울 저작권은 다시 의심을 받게 되었다. 개혁의 선구자인

에라스무스(Erasmus, 1466-1536)나 가에탄(Cajetan)은 이런 의심을 제기했고 이런 기세를 막기 위해 카톨릭 교회는 트렌트회의(1546)을 열어 제3차 칼타고회의(397)에서 본서를 바울 서신으로 인정했던 것을 재확인하였다. 그러나 카톨릭 진영 내에서도 이 의심은 점차 농후하여 졌다. 루터는 처음에는(1517-18) 바울 저작권을 전제하였으나 그후(1522년경) 이를 의심하게 되고 오히려 아볼로설을 취하게 되었으며 메랑크톤(Melanchthon)은 이를 무명의 저서로 돌렸고, 칼빈(Calvin)은 본서의 사도적 권위는 인정하면서 바울의 기록이라고는 생각할 수 없다고 하였으며, 오히려 누가를 그 저자로 생각하였다. 본서에는 그리스도를 "아비도 없고 어미도 없고 족보도 없고 시작한 날도 없는"(7:3) 멜기세덱에 비하고 있으나, 이 수수께끼의 인물은 바로 저자 자신의 소개가 된 셈이다. 기록연대도 정확히 알 수 없다. A.D. 95년경에 쓰여진 클레멘트1서(저자는 로마의 클레멘트)에서 본 서신을 인용했으므로 기록연대는 그보다 후기가 될 수 없다. 또한 본서에는 예루살렘과 그 파괴에 대한 언급이 전혀 없을 뿐더러, 제사장직을 말할 때 과거시제 대신에 현재시제를 쓰고 있다.(5:1-4, 7:21, 23, 27, 28, 8:3, 13, 9:9, 13 등) 이것은 당시에도 제사 의식이 진행되고 있었음을 간접적으로 시사해 준다. 그러므로 본서는 A.D. 95년 이전뿐만 아니라, 예루살렘 파괴(A.D. 70년) 이전에 기록되었다고 볼 수 있다. 그러므로 저작 연대를 대략 A.D. 64-67년으로 생각하는 것이 전통적인 견해이다.

2) 본서의 수신자 및 수신지

본서의 수신자는 성경의 내외적 증거로 유대인들임이 분명하다. 그 내적 증거로는 선지자들과 이스라엘을 섬기는 천사에 대한 언급, 레위 지파에 의한 제사에 관한 언급 등을 들 수 있다. 특히 복음을 받아들인 후 미혹되어 옛날 상태, 즉 유대교로 돌아갈 위기에 처한 자들이 있다는 기록도(6:4-6, 10:26-29) 본 서신의 수신자들이 유대인들임을 입증하는 충분한 근거가 된다. 또한 외적 증거로는 본 서신의 표제가 이미 초대 교회 초기에서부터 '히브리인들에게' 라는 명칭으로 알려져 있었다는 사실도 수신자들이 누구인지에 대한 정보의 근거가 될 수 있다. 이같이 본 서신은 수신자에 대하여도 침묵하고 있는 것처럼 보이지만 본 서신의 내용 가운데 이미 수신자들이 유대인이라는 사실을 증거하고 있다. 본 서신의 수신지에 대해서 팔레스틴(예루살렘)설, 이탈리아설, 알렉산드리아설 그리고 안디옥설 등 네 가지가 거론되지만 이탈리아설이 가장 유력하다. 그 이유는 첫째로, 본 서신을 최초로 인용했던 사람이 바로 로마의 클레멘트(Clement of Rome, A.D. 95년경)였다는 점이다. 둘째로, 본서 가운데 '이달리야에서 온 자들도 너희에게 문안하느니라' (13:24)는 말은 이탈리아에서 떠나온 자들이 이탈리아에 있는 동족들에게 인사하고 있는 것처럼 보인다는 점이다. 이같은 이유로 많은 학자들은 13:19에서 저자가 돌아가고자 했던 곳이 바로 본 서신을 보내고자 했던 장소인 이탈리아라고 주장한다.

3) 본서의 기록 동기와 목적

본 서신의 수신자인 일단(一團)의 유대인 성도들은 그리스도의 복음을 받아 처음에는 여러 가지 박해와 고난을 잘 참아내었다.(참조, 10:32) 그러나 그 박해와 고난이 계속되어(2:15, 12:4) 그들의 신앙이 흔들리면서 그들 가운데는 차라리 박해를 받지 않기 위해 유대교로 다시 돌아가려는 경향을 띠게 되었는데 이것이 직접적인 동기가 되었다. 저자는 개종한 유대인들이 다시 종의 멍에를 메고자 하여 유대교로 돌아가는 것을 막기 위해 유대인들이 읽고 있는 구약을 인용하면서 그 구약을 성취하신 그리스도를 변증함과 동시에 그리스도의 대속적 죽음을 구약의 제사 제도와 깊이 연관시켜 유대교보다 기독교가 더 우월하다는 사실을 증거하고자 했다.

4) 본서의 특징

(1) 본문은 문체가 아주 훌륭하며(바울서신보다 미려함) 그 형식 역시 독특하다. 논문과 같이 시작하여 설교와 같이 진행되고 서신형식 으로 끝을 맺고 있다.

(2) 그리스도의 대제사장직을 강조하기 위해 레위기의 제사법을 많이 증거했기 때문에 신약의 레위기라 한다.

(3) 믿음으로 아벨은 가인보다 더 낳은 제사를 하나님께 드림으로 (11:4) 등과 같이 구약을 많이 풀이해주므로 구약의 주석이라 칭한다.

5) 본서의 내용

(1) 그리스도의 본성의 우월(1-4장)
　① 그리스도는 선지자들보다 우월하시다.(1:1-4)
　② 그리스도는 천사보다 우월하시다.(1:1-3)
　③ 그리스도는 모세보다 우월하시다.(1:4-2:18)
　④ 그리스도는 믿음의 최고목표이시다.(3:7-4:16)

(2) 그리스도의 제사장직의 우위성(5-10장)
　① 그리스도는 자격에서 우월하시다.(5:1-6:20)
　② 그리스도는 그의 제사장직의 계열에서 우월하시다.(7:1-8:13)
　③ 그리스도는 그의 제사장직의 사역에서 우월하시다.(9:1-10:39)

(3) 그리스도의 능력의 우월성(11-13:19)

① 그리스도를 믿는 신앙의 능력(11:1-40)

② 그리스도를 바라는 소망의 능력(12:1-29)

③ 그리스도에 대한 사랑의 능력(13:1-19)

(4) 축복과 결언(13:20-25)

[참고] 그리스도의 명칭

1. 하나님의 말씀(1:1)
2. 만유의 후사(1:2)
3. 창조주(1:2,10)
4. 하나님의 영광의 본체(1:3)
5. 하나님의 본체의 형상(1:3)
6. 하나님의 아들(1:5)
7. 기름 부음 받은 자(1:9)
8. 영존자(1:11)
9. 인자(2:6)
10. 구원의 주(2:10)

11. 대제사장(2:17)
12. 믿는 도리의 사도(3:1)
13. 집 맡은 아들(3:6)
14. 멜기세덱의 반차를 좇는 제사장(6:20)
15. 새 언약의 중보(9:15)
16. 단번에 드린 제물(9:28)
17. 믿음의 주(12:2)
18. 온전케 하시는 이(12:2)
19. 양의 큰 목자(13:20)
20. 우리의 주(13:20)

탐 구 문 제

🌿 1. 천사에 대하여 설명해 보세요. (1:4)

'천사'라는 말은 히브리어, 헬라어 다같이 '사자(Messenger)'
라는 의미이다. 천사들을 지칭하는 데는 '하나님의 아들들'(욥
1:6, 2:1) '권능있는 자들'(시 29:1, 89:6) '거룩한 자들'(시
89:5, 7, 단 4:13) 그리고 '천군들'(눅 2:13)등 여러 가지로 호
칭하였으며 그들이 하는 일은 주로 하나님의 계획 속에 포함
된 어떤 일에 대한 예고(창 18:9, 삿 13:2-24, 눅 1:13, 20)와
그리고 하나님의 심판에 대한 경고(단 8:19, 마 2:13)를 전하
며 하나님의 백성들을 보호하며 지켜주는 일도 한다.(창
22:9-12, 수 5:14, 왕하 6:17, 단 3:28, 6:22, 10:21, 11:1)
때로는 그 원수들에 대항하여 투쟁까지 한다.(출 12:23, 27,
왕하 19:35)

🌿 2. 천사와 후사(믿는 성도)는 어떤 관계에 있습니까? (1:14)

천사는 하나님이 부리는 영으로써 구원받은 성도들을 섬기
도록 보낸다고 했다. 이를 통해 볼 때 천사들은 하나님께 속한
자녀들의 구원이 완성될 때까지 그들을 도와주며 섬기기 위해
보내어졌지만 우리 속에서 주권적으로 우리 성도를 위해 역사
하시는 성령과는 다름을 알 수 있다.(요 16:7, 8, 롬 8:26)

🌿 3. 대제사장의 직무를 간단히 설명해 보세요. (5:1)

대제사장은 제사장직중 가장 높은 직위이며 초대 대제사
장은 아론이 임명되었으며(출 29:5-9) 이후 대제사장직은

아론의 가문이 세습하였다.(출 29:29, 30) 대제사장의 가장 큰 직무는 오직 대제사장만이 할 수 있는 고유한 직무로서 1년에 한차례(대속죄일에) 소의 피를 가지고 지성소에 들어가서 온 백성의 죄를 속하는 제사를 드렸다.(레 16장) 이렇게 볼 때 예수 그리스도는 실로 우리의 죄를 대속해 주신 대제사장이시다. 그러나 대제사장과는 달리 자신의 몸은 우리를 위한 대속죄물로 삼으신 분이니(막 10:45) 바로 여기에 인간 대제사장과 다른 점이 있다.

4. 하나님이 아벨의 제사를 받고 가인의 제사를 받지 않았던 이유를 어떻게 설명하고 있습니까? (11:4)

히브리서를 구약의 주석이라고 부른다. 구약을 많이 해석해 주기 때문이다. 창세기에 보면 자기가 기른 양의 첫 새끼를 드린 아벨의 제사를 열납하고 농사지어 농산물을 드린 가인의 제사를 열납하지 않았다고 했다.(창 4:4-5) 창세기에는 그 이유를 밝히지 않았는데 히브리서는 그 해설을 해 준다. 믿음으로 아벨은 가인보다 더 나은 제사를 드렸다고 했다. 제물의 종류와 성질 때문이 아니라 믿음으로 드렸기 때문에 열납된 것이다.

5. 히브리서 11장에 나오는 믿음의 영웅들을 말해보세요.

히브리서 11장은 이스라엘 백성의 선조 가운데 기라성같은 믿음의 영웅들을 소개하고 있다.

탐 구 문 제

그 명단은 다음과 같다.

1. 아벨	6. 이삭	11. 여호수아	16. 입다
2. 에녹	7. 야곱	12. 기드온	17. 다윗
3. 노아	8. 요셉	13. 라합	18. 사무엘
4. 아브라함	9. 모세	14. 바락	19. 기타 인물들
5. 사라	10. 모세의 양친	15. 삼손	

6. 여리고성을 어떻게 정복하였습니까? (11:30)

'믿음으로 칠 일 동안 여리고를 두루 다니매 성이 무너졌으며'라고 했다. 난공불락의 요새 여리고성을 백주에, 그것도 무방비 상태로 성을 돈다는 것은 위험천만한 일이 아닐 수 없다. 그러나 하나님은 여리고 성민이 어떤 저항도 할 수 없게 만드셨고 마침내 금성철벽이 하나님의 능력으로 무너진 것이다.

7. 하나님께 꾸지람을 받을 때 우리는 어떻게 해야 합니까? (12:5)

낙심하지 말라 하였다. 부모가 그 자식이 잘못될 때 꾸지람하고 징계하는 것은 그 자식을 사랑하기 때문인 것과 같이 하나님도 하나님의 백성을 사랑하기 때문에 징계하시므로 징계를 달게 받고 낙심치 말아야 한다. '징계가 없으면 사생자요 참 아들이 아니니라' (12:8)

20. 야고보서

1) 공동서신 (共同書信)

'공동서신' 이란 신약의 서신서 중 바울이 저술한 13서신과 히브리서를 제외한 나머지 7권의 서신(약, 벧전·후, 요일·이·삼, 유)을 일컫는 명칭이다. '공동' 이란 말의 뜻은 '보편적인' 혹은 '일반적인' 이라는 의미를 가진 것으로 편지를 받는 대상이 특정인이 아니고 일반적인 대상들에게 보내어졌음을 가리킨다. 그래서 공동서신에 속하는 편지들은, 편지받는 대상의 이름으로 제목이 정해진 바울서신들과는 달리, 편지를 쓴 사람의 이름으로 제목이 붙여졌다. 한편 요한이·삼서만은 특정한 수신자를 언급하고 있어 공동서신의 기준에서 벗어나는 것처럼 보인다. 하지만 학자들은 그 두 서신이 요한일서와 동일한 저자인 사도 요한에 의해 쓰여졌다는 점을 들어 공동서신에 포함시켰다. 또한 두 편지가 바울서신이 아니라는 사실도 그것들이 공동서신 가운데 포함되어지게 된 주요한 이유라고 할 수 있다. 공동서신이 다루고 있는 중심문제들은 믿는 자가 실제적으로 어떤 생활을 해야 하는가 라는 윤리적인 문제와 거짓 교사들의 가르침에 대해 어떻게 대응할 것인가라는 변증론적인 문제들이다. 바울서신서들이 교리와 신학적인 문제에 큰 비중을 두고 있는 것과는 대조적으로 공동서신은 보다 실제적이며 생활 윤리적인 문제에 많은 관심을 기울이고 있다. 대표적인 예가 야고보서로 야고보는 바울이 그토록 강조한 바 있는 믿음도(롬 1:17, 4:12, 10:9, 10) 만일 행함이 수반되지 않는 것이라면 헛것에 불과하다고 지적한다.(약 2:20) 다른 책들도 성도들이 실천해야 할 덕목들, 즉 성실, 순종, 인내(벧전), 교제, 사랑(요일), 성도를 영접함(요삼) 등을 강조하고 있다. 그리고 공동 서신들은 말세가 됨에 따라 많이 등장할 거짓 교사들과 이단 사설(異端邪說)에 대한 신앙적 지침을 제공하는 데에 큰 강조점을 두고 있다. 예컨대 베드로후서는 재림을 부정하는 '거짓 선지자', '거짓 선생', '멸망케 할 이단'(벧후 2:1) 등을 말하면서 재림 대망의 신앙을 권고하고 있으며 요한이 쓴 세 편의 서신들과 유다서는 영지주의적 이단 사상에 대해 기독교의 복음을 변호하고 있다.(참조, 요일 4:1-3, 요이 1:2, 유 1:4)

2) 야고보서의 서론

본서의 명칭은 본서의 저자의 이름을 따라 야고보서라 칭한다.(1:1) A.D. 1세기경에는 야고보(James)라는 이름이 요한(John)이라는 이름만큼이나 흔한 이름이었다. 사실 신약 성경중에도 예수의 형제 야고보(막 6:3), 세베대의 아들 야고보(마 4:21), 알패오의 아들인 작은 야고보(마 10:3, 27:56), 12사도 중 한 명인 유다의 아버지 야고보(눅 6:16) 등과 같은 인물이 소개되어 있다. 문제는 본서신의 저자인 야고보가 이들 중 누구냐는 점이다. 이 문제의 해결을 위해서는 우선 신약 성경 저자들에 대한 일반적인 이해가 선행되어야 한다. 즉 그들은 교회의 인정을 받는 자들로서 교회의 지도자였거나 또는 복음 사역에 활동적인 인물들이었다는 공통점을 갖고 있다. 이러한 측면에서 볼 때 사도 유다의 아버지 야고보는 사도 유다와 관계해서 언급되었을 뿐이고, 알패오의 아들 야고보 역시 사도의 명단에서 언급된 것을 제외하고는 거의 나타나지 않으므로 본서의 저자가 아니라고 보아야 한다. 많은 학자들은 본서신의 저자를 예수의 형제 야고보로 지목했다. 왜냐하면 그는 신약성경에서 계속적으로 언급되어 왔으며(마 13:55, 요 7:5, 행 1:14, 고전 15:7) 또한 예루살렘 총회(행 15장)의 의장격으로 지도자적 위치에서 활동했기 때문이다. 예수의 아우 야고보가 본 서신을 기록한 인물로 보기에 가장 합당하다. 기록연대에 대해서는 견해가 분분하다. 신약성경 가운데 가장 먼저 A.D. 45-49년에 기록하였다고 보는 견해가 있다. 그 논지는 본서 안에 이방인 신자들에 대한 언급이 전혀 없기 때문에, A.D. 49년에 열렸던 예루살렘 총회

이전에 본서가 쓰여졌다고 주장한다. 그러나 더 많은 지지를 받는 견해는 60년경에 쓰여졌다는 주장이다. 바울은 로마서를 통하여 '이신칭의' 교리를 초대교회 신자들에게 가르쳤는데 이 교리를 잘못 이해한 신자들은 생활 속에서 믿음을 제대로 적용시키지 못하고 잘못된 길로 빠지는 일이 많았다. 이에 야고보는 믿음의 생활적인 측면을 가르쳐야 할 필요를 느끼고 본서를 썼다는 견해이다. 따라서 야고보서는 로마서가 기록된 이후인 A.D. 60년경에 쓰여졌다는 것이다. 기록 장소에 대해서는 로마, 안디옥, 알렉산드리아, 예루살렘 등 여러 장소가 제시되어 왔다. 그런데 야고보가 부활하신 예수를 만난 후(고전 15:7) 예루살렘 밖으로 나갔다는 것은 성경적 근거가 전혀 없다. 또한 저자 야고보는 A.D. 60년대 자신의 순교할 때까지 예루살렘 회중의 지도자적 위치에 있었다.(갈 1:19, 2:9-12) 따라서 본 서신은 야고보가 예루살렘에서 기록한 것으로 볼 수 있다.

3) 수신자

본서에 수신자에 대한 언급이 두 곳에 나와있다. 첫째, 1:1에서 '흩어져 있는 열 두 지파에게 문안하노라'고 하였다. 여기서 열 두 지파란 다름아닌 이스라엘의 열 두지파를 가리키는 것임에 의심할 여지가 없다.(참조, 창 49:28, 행 26:7) 둘째, 야고보는 2:1에서 '내 형제들아 영광의 주 우리 주 예수 그리스도를 믿는 믿음을 너희가 받았으니'라고 이야기하였다. 따라서 이 점은 본서의 수신자가 예수 그리스도를 메시야로 믿는 유대인 그리스도인들임을 증거해 주고 있다. 그렇다면 '흩어져 있는' 이 말이 뜻하는 것이 무엇인가? 일반적으로 스데반의 순교 이후 계속된 박해로(행 7:54-8:3) 유대와 사마리아 멀리로는 베니게와 구브로, 수리아 안디옥에까지 흩어졌던(행 11:19) 그리스도인들을 말한다. 그렇게 볼 때 예루살렘 교회의 지도자였던 야고보(참조, 행 15장)가 한때 예루살렘교회의 성도들이었던 흩어진 유대인 그리스도인들에게 신앙적 권면을 하기 위하여 본

서신을 기록하였을 가능성은 충분히 있다. 따라서 본 서신의 수신자는 기독교에 대한 박해를 피해 예루살렘을 떠나 원근 각처에 흩어져 있던 유대인 그리스도인들인 것으로 단정지을 수 있다.

4) 본서를 기록 동기와 목적

본서를 기록하게 된 동기는 본서가 말해주고 있다. 기독교 박해로 사방에 흩어져 있던 그리스도인들이 계속된 박해로 어려운 시험에 처해 있었다.(1:2-18, 5:7-18) 그래서 그들을 위로, 격려하고 인내하도록 교훈하기 위해서 본서를 기록하게 되었다. 뿐만 아니라 더 중대한 문제는 당시 신자들은 믿음으로 구원받는다는 교리를 강조한 나머지 실천생활을 등한시하여 신앙도 사랑도 입에만 머물게 되었다. 교회에서는 부자들이 가난한 자들을 업신여기어 형제들끼리 비방하며 심지어 하나님께 대해서도 원망하게 되었다. 이러한 신앙과 행위가 유리된 폐단은 원래 율법을 자랑하면서도 율법을 범하는 유대인들에게(롬 2:23) 더욱 심했다. 이런 사정하에 유대인 교회의 지도자인 야고보는 붓을 들어 행함이 없는 믿음은 죽은 것이라는 격렬한 어조로 신앙과 행위가 유리되는 경향을 경계하고, 건전한 그리스도교 윤리를 확립함으로 아직도 출발 도상에 있는 교회에 이바지하려 했던 것이 주된 목적이었다.

5) 행위를 강조하는 야고보의 사상과 믿음을 강조하는 바울의 사상과의 조화문제

야고보는 '행함이 없는 믿음은 그 자체가 죽은 것'(2:17)이라 하였고 바울은 '그러므로 사람이 의롭다 하심을 얻는 것은 율법의 행위에 있지 않고 믿음으로 되는 줄 우리가 인정하노라'(롬 3:28) 했다. 얼른 보면 서로 모순되는 것으로 보인다. 그러나 이러한 양자(兩者)의 사상은 결코 서로 모순되지 않는다. 야고보가 말하는 '행함'이란 어디까지나 바울이 강조하고 있는 '믿음'을 입증하는 '신앙의 열매'를 말하는 것이지 단순한 도덕적 행위만을 말하는 것이 아니다.(2:14) 다시 말하면 야고보가 말하는 '행함'이란 세례 요한이 말한 회개에 합당한 열매(마 3:8, 눅 3:8)나 바울이 말한 성령의 열매(갈 5:22, 23)로서의 '행함'을 의미한 것이기 때문이다. 사실 꽃을 피우고 열매를 맺지 못하는 나무는 죽은 것과 다름없듯이 신앙에 합당한 열매를 맺지 못하는 믿음은 죽은 믿음과 다름없다. 그러니까 야고보는 신앙의 외적 측면을, 바울은 신앙의 본질적인 측면을 강조한 것일 뿐 결국 양자(兩者)의 사상은 서로 모순되지 않는다.

6) 본서의 내용

(1) 기본적 교훈(1-2장)
① 인사(1:1)
② 시험에 관한 교훈(1:2-18)
③ 믿음과 행함(1:19-2:26)
　㉠ 도의 실천자가 될 것(1:19-27)
　㉡ 공정한 실천자가 될 것(2:1-13)
　㉢ 믿음과 행함(2:14-26)

(2) 실제적 교훈(3-4장)
① 개인적 교훈(3장)
　㉠ 말을 삼갈 것(1-12)
　㉡ 참된 지혜를 구할 것(13-18)
② 교회적 교훈(4장)
　㉠ 정욕을 제어할 것(1-10)
　㉡ 서로 비방치 말 것(11,12)

ⓒ 주의 뜻을 따를 것(13-17)

(3) 결론적 권면(5장)

　① 부자에 대한 경고(1-6)

　② 재림까지 참을 것(7-11)

　③ 맹세하지 말 것(12)

　④ 기도할 것(13-18)

　⑤ 미혹된 자를 구할 것(19,20)

7) 야고보 소개

(1) 예수님의 동생(마 13:55)

(2) 예수님 생전에 불신(요 7:5)

(3) 부활을 목격하고 믿음(고전 15:7)

(4) 예루살렘교회 중심인물(행 1:14, 15:13)

(5) 대제사장 아나누스에 의하여 62년경 순교

　　(유대 역사가 : 요세푸스)

탐 구 문 제

🌿 **1. 본서의 저자 예수의 젖동생 야고보는 자신을 어떻게 소개하고 있습니까? (1:1)**

'하나님과 주 예수 그리스도의 종'이라고 했다. 여기 '종'이란 주인을 섬기며 그에게 복종하는 것 외에는 아무런 자유와 소망이 없는 노예를 의미한다. 하나님과 주 예수 그리스도를 동격으로 호칭한 야고보는 예수가 비록 자기 형이지만 육신적인 관계가 아무런 의미가 없는 것을 절감하고 오직 하나님께 온전히 순종하기를 원했던 것이다.

🌿 **2. 지혜가 부족할 때 어떻게 하라고 했습니까? (1:5)**

'모든 사람에게 후히 주시고 꾸짖지 아니하시는 하나님께 구하라'고 했다. 하나님의 지혜는 무궁무진하시기에 인간적으로 해결할 수 없는 것도 하나님께 지혜를 받으면 해결이 가능하다. 솔로몬은 하나님께 지혜를 구해서 그토록 놀라운 역사를 이룩했다.

🌿 **3. 시험을 만나거든 어떻게 하라고 했습니까? (1:2)**

'온전히 기쁘게 여기라'라고 했다. 이 기쁨은 시험이 무엇을 의미하고 무엇을 성취하는가를 깨닫기 때문에 생기는 믿음이라 할 수 있다. 즉 시험이란 하나님의 징계가 아니라 하나님의 사랑이라는 사실을 믿고 연단 끝에 상급을 주신 것을 확신하는 기쁨이다. 세상의 시험도 자격있는 사람에게만 행해지고 시험에 합격하면 반드시 상급이 있다.

탐 구 문 제

🌿 4. 가난한 자에 대한 천대는 어떤 점에서 악합니까? (2:4-5)

하나님의 형상대로 지음받은 인간을 업신여기는 일은 우선 창조주 하나님을 무시하는 죄가 되기 때문이다.(창 1:27, 28) 더욱이 성도를 차별하는 행위는 그리스도안에서 한 형제된 자들을 업신여기는 것이기 때문에 더욱 악하다. 뿐만 아니라 '네 이웃을 네 몸과 같이 사랑하라'(마 22:39) 하신 예수의 명령을 거역하는 행위이기 때문이다.

🌿 5. 긍휼을 행치 않는 자에게는 어떤 심판이 임합니까? (2:13)

'긍휼을 행하지 아니하는 자에게는 긍휼없는 심판이 있으리라' 하였다. 부자와 나사로의 비유(눅 16:19-25)에 나오는 부자는 지옥불에 떨어져 타들어가는 입술을 적시기 위해 물 한방울 떨어뜨려 주기를 원했지만 거절당한 것은 그가 평소 어떤 사람에게도 긍휼을 베풀지 않았기 때문에 그토록 가혹한 긍휼없는 심판을 받게 된 것이다.

🌿 6. 야고보는 혀의 중요성을 무엇에 비유했습니까? (3:3-6)

첫째, 말의 행방을 어거하는 재갈에 비유했고, 둘째 배의 방향을 좌우하는 키에 비유했고, 셋째 많은 나무를 태우는 작은 불씨에 비유했다. 이처럼 혀는 인생의 생사화복의 방향을 좌우한다. 서양속담에 '불행은 날아와서 말로 걸어간다'고 했다.

🌿 7. 혀는 무엇하기가 힘들다고 했습니까? (3:8)

여러 종류의 짐승이며 새는 능히 길들일 수 있지만 사람의 혀는 아무도 길들일 수 없다고 했다. 혀는 너무나 쉽게 움직이기 때문에 제어할 수가 없다. 그래서 다윗도 '여호와여 내 입에 파숫군을 세우시고 내 입의 문을 지키소서'(시 141:3)라고 호소했다.

🌿 8. 야고보는 인생을 무엇에 비유했습니까? (4:14)

'너희 생명이 무엇이뇨 너희는 잠깐 보이다가 없어지는 안개니라' 했다. 안개는 이른 아침에 대지위에 짙게 깔렸다가 태양이 떠오르면 흔적도 없이 사라진다. 이와 같이 인생도 안개처럼 짧고 순간적으로 사라지는 것이다.(대상 29:15, 시 102:11)

🌿 9. '이른 비'와 '늦은 비'에 대해 설명해 보세요 (5:7)

팔레스틴에는 일반적으로 1년에 비가 두 차례 내린다. 이른 비는 10월에서 11월까지 내리는 비로서 이때 씨를 뿌리고, 그리고 늦은 비는 결실기인 4월에서 5월 사이에 내리는 비다. 이때 내리는 비로 곡식(밀, 보리)이 결실을 하게된다. 그러므로 이른 비, 늦은 비를 농사짓는 이스라엘 백성들에게는 절대적으로 필요했다. 구약성경에는 이 비가 인간을 향하신 하나님의 은총과 선하심의 징표로 자주 사용되었다.(신 11:14, 시 84:6, 렘 5:24)

21. 베드로전서

1) 서론

본 서신은 서두에 언급되어 있는 저자의 이름(1:1)과 베드로후서가 그의 두 번째 편지(벧후 3:1)임에 근거하여 '베드로전서'로 불린다. 본 서신의 저자는 베드로라고 하는데 별 이의가 없으나 일부 학자들은 본서가 신약성경 가운데서도 헬라어 문체가 너무나 아름다워서 아람어를 사용했던 갈릴리 어부 출신의 작품이라고 보기에는 너무 세련되었다고 보아 저자는 베드로가 아니라고 주장한다. 그러나 베드로가 주님을 따라 제자가 된 후 본서가 기록되었을 때까지의 긴 세월과 본서가 실루아노의 대필로 인해 기록되었다는 사실(5:12)을 참조하여 볼 때 별 문제가 되지 않는다. 무엇보다도 서두에 저자가 자기의 이름을 베드로로 밝히고 있기 때문에 베드로설은 부인할 수가 없다.

본서를 기록한 장소는 본서에 바벨론이라고 밝히고 있다.(5:13) 그런데 이 바벨론이 과연 어느 곳이냐에 대해서는 논란이 많다.

3가지 견해가 있다.

(1) 앗수르의 바벨론설 : 바벨론을 문자 그대로 해석하는 견해 로서, 이는 주로 종교 개혁자들(칼빈, 에라스무스)의 주장이다.

(2) 애굽의 바벨론설 : 애굽의 수도 카이로 부근에 바벨론이란 도시가 있었다고 한다.

(3) 로마설 : 이는 바벨론이 로마의 상징적인 이름이라고 하는 견해 이다.

종교개혁이 있기 전까지는 이 세 가지 견해 중에서 '로마설'이 지배적이었다. 그후 종교 개혁 시대에 와서 '앗수르의 바벨론설'이 크게 대두되었다. 그러나 근대에 와서는 많은 권위있는 학자들이 다시 '로마설'을 지지하고 있다. 뿐만 아니라 더 유력한 증거는 성경의 묵시 문학에서 보면 실제명(實際名)이 아닌 상징적인 이름을 흔히 사용하고 있다. 예를 들면 요한계시록에도 '바벨론'은 로마를 상징하고 있다.(계 18:10) 이와 같은 관점으로 볼 때 본 서신의 기록장소는 로마임이 더욱 확실해 진다. 기록 연대는 베드로가 로마에 도착한 시기가 A.D. 63년을 감안할 때 네로의 박해가 시작되기 직전이나 직후인 A.D. 64년경에 기록했다는 것이 일반적인 견해이다.

2) 본서의 수신자

본서의 수신자는 본서가 잘 말해주고 있다. '본도, 갈라디아, 갑바도기아, 아시아, 비두니아에 흩어진 나그네'라고 말하였다.(1:1) 이 다섯 지방은 소아시아로 불리는데 '흩어진 나그네'는 결국 소아시아 지방에 흩어져서 살고있는 신자들을 지칭한다. 그러나 좀더 엄밀히 수신자들을 파악해 보면 유대인이냐 이방인이냐 하는 문제가 제기된다. 당시 바벨론 지방에서 소아시아로 이동해온 유대인들이 많았던 사실을 감안하면 이 지방에 유대인 신자가 많았다는 것은 의심할 여지가 없다. 또한 본문 가운데 수신자에는 이방인도 포함되어 있음을 밝히 증거하고 있으므로(1:14, 18, 2:9, 10, 4:3) 본 서신의 수신자들은 소아시아에 흩어져 있는 여러 교회들의 신자 전체를 가리키는 것이다.

3) 본서의 기록 동기와 목적

본서를 기록하게 된 목적은 한마디로 박해받고 있던 신자들을 위로하며 격려하기 위함이었다. 초대교회 유대인의 박해는 로마제국의 대박해의 서곡에 지나지 않았다. 당시 로마제국은 종교에 대해 아주 관대하였다. 그러나 기독교가 점점 전파되어 로마에까지 미치고 신도의 수가 늘어나자 기독교 신앙과 로마황제 숭배사상과의 충돌이 생기기 시작하였다. 이로 인하여 네로 황제때부터 무서운 박해가 조직적으로 가해졌다. 본서에도 보면 신자들은 이유없이 악평을 받았고(2:12, 15) 더 나아가서는 그들의 생명까지 위협받게 되었다.(3:14, 4:19) 본서는 이런 조직적인 박해와 고통하는 그리스도인들을 위로, 격려하기 위해서 기록되었다. 저자는 현세는 단지 나그네에 지나지 않으므로(1:1) 믿음으로(1:5) 내세를 바라볼 것을 강조했다. 뿐만 아니라 내적 생활의 정결도 강조했다. 그리스도인들의 가정 도덕(3:1-7), 교회도덕(5:1-6), 위정자에 대한 태도(2:13) 등까지 구체적으로 교훈하고 있다.

4) 본서의 내용

(1) 서론(1:1-12)
① 인사(1, 2)
② 찬송(1:3-12)

(2) 개인적 생활을 위한 권면(1:13-2:10)
① 성결한 생활에 힘쓸 것(1:13-25)
② 하나님의 백성으로 성장할 것(2:1-10)

(3) 사회적 생활을 위한 권면(2:11-3:7)
① 국가에 대하여(2:11-17)
② 종에 대하여(2:18-25)
③ 부부에 대하여(3:1-7)

(4) 박해에 대한 격려(3:8-4:19)

   ① 의를 위해 고난을 받을 것(3:8-22)

   ② 그리스도의 본을 따를 것(4:1-6)

   ③ 종말에 대한 태도(4:7-11)

   ④ 고난의 축복(4:12-19)

(5) 결론적 권면(5장)

   ① 장로와 젊은 자들에게(1-7)

   ② 근신하며 깰 것(8-11)

   ③ 문안과 축복(12-14)

5) 베드로의 약전

(1) 벳새다 출신(요 1:44) – 가버나움으로 이사(마 8:14)

(2) 갈릴리 바다 어부(마 4:18)

(3) 본명 : 시몬(요 1:41), 개명 : 베드로(마 16:13-18)

(4) 부친 : 요나(마 16:17) 또는 요한(요 1:42)

(5) 동생 안드레를 통하여 예수를 만남(요 1:40-42)

(6) 갈릴리 바다에서 예수님의 부름 받음(마 4:19)

(7) 12사도에 뽑히게 됨(마 10:2)

(8) 신앙고백으로 예수님의 인정을 받고 수제자의 위에 오름
   (마 16:13-17)

(9) 예수님이 심문 받을 때 3번 예수의 제자임을 부인
   (마 26:69-75)

(10) 갈릴리 바다에서 부활하신 예수님을 만나고 "내 양을 먹이라"는
   사명 받음(요 21:15-17)

(11) 오순절 성령 강림후 교회를 창립하고 지도(행 2:14-41, 3:1-10)

(12) 사마리아, 욥바, 가이사랴, 안디옥을 순행하며 복음전파
　　　(행 9:32-10:48)

(13) A.D. 68년경 네로(Nero. 54-68) 황제의 박해 때 순교

탐 구 문 제

🌿 1. '산 소망'은 어떤 소망을 말합니까? (1:3)

　　'산 소망'이란 죽은 소망에 비교한 말인데 예수 그리스도
의 부활을 통해 우리들에게 주어진 구원에 대한 소망을 말
한다. 이러한 소망은 예수 그리스도가 죽음을 극복하고 다
시 살아나셨다는 사실에 근거하여 '죽음'의 반대 의미로서
'산 소망'이라 했다.

🌿 2. 성도는 어떤 젖을 먹고 자라갑니까? (2:2)

　　순전하고 신령한 젖을 먹고 자라간다고 했다. 여기 신령한
젖이란 하나님의 거룩한 말씀을 뜻하고 순전하다는 것은 불
순물 없이 100% 순수하다는 뜻이다. 다시 말하면 성도는
온전한 하나님의 말씀인 성경말씀을 통해서 성숙하게 된다.

🌿 3. 성도는 어떤 존재입니까? (2:9)

　　택하신 족속, 왕같은 제사장, 거룩한 나라, 그의 소유된 백
성이라고 하셨다. 택하신 족속이란 하나님의 택하심을 받은
하나님의 백성임을 말하고(사 43:20), 왕같은 제사장이란 단
순한 제사장이 아니라 예수님과 같이 왕도 되고 제사장도 되
는 거룩한 신분이라는 뜻이다. 그리고 거룩한 나라라는 것은
구약시대 이스라엘이 하나님을 섬기는 나라로 성별되었다는
사실에 근거한 말로 선택받은 모든 성도를 뜻한다. 그 다음
그의 소유된 백성이란 성도를 하나님의 소유로서 그 어떤 세
력도 빼앗지 못하는 하나님의 전유물이라는 뜻이다.

🌸 4. 아내에 대한 남편의 의무는 무엇입니까? (3:7)

먼저 남편은 '지식을 따라 아내와 동거하라'고 했다. 남자
와 여자는 모든 면에 차이가 많다. 이런 차이점에 대한 지식
을 갖고 동거하라고 했다. 다음으로 여자는 '더 연약한 그릇'
이므로 영육간에 보호를 잘해야 된다고 하였고 마지막으로
여자는 '생명의 은혜를 유업으로 함께 받은 자'라 했다. 영원
한 동반자이므로 더욱 귀하게 여겨야만 된다는 것이다.

🌸 5. '영으로 옥에 있는 영들에게 전파하시니라'라는 구절은 어떻
게 해석할 수 있습니까? (3:19, 20)

본 절은 가장 논란이 심한 신학적 난제로서 여러 가지 학
설이 대립하고 있다. 특히 본절은 천주교에서 주장하는 연
옥설의 근거가 되고 있으며 신학자들간에 완전한 해결을 보
지 못하고 영원한 숙제로 남아있다.

대체로 3가지 학설이 있다.
1) 렌델 해리스(Rendel Harris), 모팰(Moffatt), 굿스피
   드(Good speed) 등의 학자들은 에녹의 영이 음부에
   갇혀 있는 범죄한 천사(창 6:1-2, 벧후 2:4, 5, 유 1:6)
   들의 영에게 설교했다(위경 에녹서 6:4이하, 12:1)고 주
   장하고 있다.
2) 빅(Bigg), 헌터(Hunter) 등은 그리스도께서 죽으신 후
   부활하기까지의 기간동안 그의 영이 노아의 홍수 때에

탐 구 문 제

멸망하여(창 7:21-23) 음부에 갇혀있는 영들을 구원하기 위해 말씀을 전한 것이라고 주장하고 있다.

3) 제롬(Jerome), 어거스틴(Augustine), 아퀴나스(Aquinas) 등은 예수 그리스도께서 성육신 전에 성령으로 노아를 통해 그 당시의 패역한 사람들(창 6:12)을 전도하였으나 노아의 가족 8명 외에(3:20, 벧후2:5) 나머지 사람들은 멸망했다고 한다. 여기서 '옥'이란 단순히 타락한 이 세상을 일컫는다. 이상 세 학설 중에서 전통적으로 제롬, 어거스틴 등의 학설이 가장 권위있는 해석으로 인정되고 있는데 이를 뒷받침해 줄 수 있는 근거는 베드로가 자신의 서신을 통해 말하고 있는 여러 가지 사실(3:19, 20, 1:10, 20, 벧후 2:5)에서 찾아볼 수 있으므로 이 해석이 가장 타당하다고 볼 수 있다.

6. 베드로가 말하는 장로의 임무는 무엇입니까? (5:2-4)

베드로는 자신도 장로임을 밝히면서 장로의 임무를 크게 세 가지로 규정했다.

1) 양무리를 치되 억지로 하지 말고 하나님의 뜻을 따라 자진해서 해야된다.(요 21:16)
2) 양을 칠 때 부정한 이익을 탐하지 말고 오직 기쁨으로 양을 먹일 수 있어야 한다.(딛 1:7)

탐·구·문·제

3) 자기에게 맡겨진 양떼를 지배하려 들지 말고 오히려 겸손한 자세로 모범이 되어야 한다(빌 3:17, 살후 3:9)고 했다. 이런 자세로 양을 먹인다면 주의 재림때 시들지 아니하는 영광의 면류관(5:4)을 얻게 된다고 했다.(고전 9:25, 약 1:12)

7. 베드로는 젊은이들에게는 어떻게 하라고 했습니까? (5:5)

젊은이들은 장로들에게 순종해야 한다고 했다. 장로는 교회의 행정적 지휘권을 가지고 있을뿐더러 영적인 지도자이기 때문에 그 앞에 순복하라고 한 것이다.(히 13:7, 17, 약 5:14)

22. 베드로후서

1) 서론

본 서신의 명칭은 3:1에서 나타나 있는 바와 같이 베드로의 '둘째 편지'임을 근거하여 '베드로후서' 라 불린다. 본 서신의 발신자는 본 서신 1:1을 통해 자신이 '예수 그리스도의 종과 사도인 시몬 베드로' 라고 밝히고 있다. 이처럼 발신자가 서두(書頭)에서부터 자신을 밝히고 있음에도 불구하고 본 서신의 저작설에 대해서는 많은 논란이 있다.

그러나 베드로가 본서의 저자임을 증명하는 몇 가지 뚜렷한 근거는 다음과 같다.

(1) 저자가 자신을 직접 '시몬 베드로' 라고 밝히고 있다.(1:1)
(2) 저자는 자신이 변화산에서 예수님의 변화하심을 목격한 증인이라고 밝혔다.(1:16-18)
(3) 저자는 자신이 예수님에게서 직접 그의 죽음에 관한 예언을 들었다고 말한다.(1:14)
(4) 저자는 바울을 잘 알고 있는 사람이라는 것을 알 수 있다.(3:15)
(5) 저자는 본서가 베드로전서의 후편임을 밝혔다.(3:1)

이와 같은 사실들은 본서의 저자가 베드로임을 밝혀준다. 본서를 기록한 장소는 베드로전서와 마찬가지로 로마임이 확실하다. 그리고 본서를 기록한 연대는 베드로전서가 쓰여진 A.D. 64년경부터 그가 순교했던 A.D. 68년경 사이로 볼 수 있다. 또한 본 서신은 네로 황제의 집권 말기(A.D. 65-68년경)에 박해받고 있던 성도들을 격려하기 위해 보내진 것이므로 기록 연대를 A.D. 65년 직후로 추정할 수 있다. 이러한 사실을 근거로 하여 본 서신의 기록 연대는 A.D. 66-67년경으로 본다.

2) 수신자

본 서신의 수신자는 1:1에 '보배로운 믿음을 우리와 함께 받은 자들' 이라고 나와 있으나 이 구절을 가지고는 구체적인 대상을 파악하기 힘들다. 그러나 3:1에서 '둘째 편지'라고 언급하고 있음을 볼 때 베드로전서와 마찬가지로 수신자는 소아시아에 흩어져 사는(벧전 1:1) 성도들임을 알 수 있다.

3) 본서의 기록 동기와 목적

본 서신도 베드로전서의 기록 목적과 같이 고난받고 있는 성도들을 격려하고 권면하기 위해서 기록되었다. 그런데 베드로전서에서는 외부로부터 오는 박해를 다루고 있는 반면, 본 서신은 내부에서 일어나고 있는 환난, 즉 배교(背敎)와 거짓된 가르침에 대해 언급하고 있다. 따라서 베드로는 전서를 보낸 후 교회 내에 부도덕적인 향락주의와(2장) 재림을 부인하는 이단사설을(3장) 가르치는 '거짓 교사'(2:1-3)가 있는 것을 알고 급히 다시 붓을 들어 이것을 경계하고 정통신앙을 고수할 것을 권하기 위해 '둘째 편지'를 보낸 것이다.

4) 본서의 내용

베드로의 유언서(1:14)라고 불리는 본서는 크게 세 부분으로 나누어져 있다.

(1) 서론(1장)
① 인사(1-2)
② 성결한 생활에 전진할 것(3-11)
③ 사도의 교훈을 기억할 것(12-21)

(2) 거짓 교사에 대한 경고(2:1-3:13)

① 부도덕 생활에 대하여(2장)

　㉠ 거짓 교사에 대한 것(1-2)

　㉡ 저들의 심판의 전례(3-9)

　㉢ 저들의 죄상(10-19)

　㉣ 결론(20-22)

② 그릇된 종말관에 대하여(3:1-13)

(3) 결론적 권면(3:14-18)

[참고]　거짓선지자와 거짓선생

구분	거짓선지자	거짓선생
언급된 성경 귀절	신 13:5, 18:22,　사 9:15, 렘 2:8,　5:31, 6:13,　14:14,　23:16,　겔 8:9,　13장, 호 9:7,　암 7:16, 미 3:5,　습 3:4, 슥 13:3	2:1-3, 2:10-22, 3:16 요이 1:9-11
정의	· 거짓 신을 대표하는 자(왕상 18:19) · 여호와의 이름으로 거짓된 예언을 말하는 자들(렘 23:9-32, 28, 29:15-32)	· 이단을 끌어들이는 자(2:1) · 성경을 왜곡되이 해석하는자(3:16) · 그리스도의 교훈 안에 거하지 아니하는 자 (요이 1:9)
활동시기	구 약 시 대	신약시대
행동 특징	· 거짓평화를 외침(렘 6:13, 겔 13:10, 16) · 우상숭배(겔 8장) · 거짓말을 하고 거짓 환상을 봄 (겔 13:6-8) · 죄를 감춤(겔 13:11)	· 그들이 가진 지식으로 진리를 부인함(2:2) · 무례와 방종(2:10-22) · 그리스도의 재림을 부인함(3:4) · 계명을 지키지 아니함 (요일 2:4)
받을 형벌	· 공회에 들어가지 못함(겔 13:9) · 호적에 기록되지 못함(겔 13:9) · 이스라엘 땅에 들어가지 못함 (겔 13:9)	· 멸망케 됨 (2:1, 3, 19-22)

탐 구 문 제

🌿 1. 베드로후서에는 왜 '생각하라', '잊지 말라' 라는 말이 자주
나옵니까? (1:12,3:8)

　　베드로후서는 베드로의 유언적인 교훈이다. 따라서 자기
의 교훈을 깊이 생각하도록 잊지 않도록 거듭거듭 강조하고
있다. 생각하라는 말은 3번 반복되어 나오고(1:12, 15, 3:1)
그리고 잊지 말라는 말은 두 번 반복된다.(1:9, 3:8)

🌿 2. 베드로는 성도들이 갖추어야 될 덕목으로 어떤 것을 말하고
있습니까? (1:5-7)

　　바울은 성령의 9가지 열매(갈 5:22, 23)를 말하였는데
베드로는 8가지 덕목을 들었다. 믿음, 덕, 지식, 절제, 인
내, 경건, 형제우애, 사랑을 들었다. 특이한 것은 '믿음'에
서 시작하여 '사랑'으로 끝나고 있다는 점이다. 이것은 위
에서 열거한 모든 덕목이 예수 그리스도를 믿음으로 점진적
으로 얻을 수 있는 것을 의미한다.

🌿 3. 변화산에서 신비한 광경을 목격한 베드로는 자기가 보고들은
것 보다 무엇이 더 확실한 것이라고 증거하였습니까? (1:19)

　　베드로는 요한과 야고보와 더불어 변화산에서 변모하신
예수님을 바라보았고 하늘에서 '이는 내 사랑하는 아들이요
내 기뻐하는 자니 너희는 저의 말을 들으라'(마 17:5)는 하
나님의 음성을 들었다. 그러나 베드로는 그런 놀라운 광경과
음성을 들었지만 그것보다 하나님의 말씀인 성경의 예언이

탐 구 문 제

더 확실하다고 증거했다. 꿈도 환상도 중요하지만 보다 더
중요한 것은 성경말씀이다.

4. 베드로는 주의 날이 어떤 형태로 임한다고 하였습니까?
(3:10)

주의 날은 도적같이 예고없이 임하며 하늘이 큰 소리로 떠
나가고 체질이 뜨거운 불에 풀어진다고 했다. 큰 소리로 떠
나간다는 것은 공중에 화살이 날아가는 소리나 거센 물이 흐
르는 소리 같은 것을 의미하는 것으로 최후의 심판이 대단히
무서운 것을 강조하고 체질 곧 해, 달, 별, 흙, 돌, 공기, 불,
물 등이 풀어진다고 했다. 최후의 심판은 지구상의 모든 것
들이 파괴되고 사라지는 우주의 최대 재앙임을 말해주고 있
다.(사 13:9, 습 1:14, 15, 욜 2:1, 2, 31)

23. 요한일서

1) 요한문서

요한일·이·삼 서신은 공동서신으로 분류되어 있으나, 사상적으로는 오히려 요한복음과 요한계시록과 더불어 요한문서라는 한 부분을 형성하고 있다. 이 요한문서야말로 바울서신과 더불어 신약의 사상적 쌍벽을 이루고 있는 것이다. 바울서신이 그리스도교 진리의 기반적 골격을 형성한 것이라면 요한문서는 거기에다 살을 붙이고, 미화한 것이라 하겠다. 실로 요한의 다섯 책은 우리에게 그리스도교 진리의 깊고 오묘한 것을 보여준다.

요한복음서는 그리스도의 생애를 그 독특한 영적 관점에서 풀어주고, 요한계시록은 말세론을 신비로운 사진으로 전시해 주고, 요한일·이·삼 서신들은 이 둘 사이에서 교회에 주어진 경계요 권면인 것이다. 그리고 그의 다섯 문서는 공통적으로 단순한 표현으로 깊은 것을 말하고 있다.

2) 요한일서의 서론

신약의 다른 편지들과는 달리 이 편지에는 기록자가 누구인지 구체적으로 밝혀져 있지 않다. 그러나 초대교회 대부분의 교부(이레니우스, 알렉산드리아의 클레멘트, 터툴리안, 오리겐 등)들은 요한복음과 요한계시록을 기록한 사도 요한을 그 저자로 보고 있다.

이것은 요한일서 자체의 내적 증거에 의해서도 뒷받침되는데, 구체적인 증거들은 다음과 같다.

   (1) 저자가 그리스도께서 행하신 일에 대해 목격한 사실을 언급한 것 (1:1-4)은, 그가 그리스도의 활동 초기부터 그를 따라다녔던 제자

였음을 말해준다.

(2) 편지 전체에 흐르는 권위있는 말투는 사도의 직책에 있는 사람만 이 사용할 수 있는 것이다.(예, 명령 - 2:15, 24, 4:1, 5:21/ 확고 한 주장 - 2:6, 3:14, 4:12 / 잘못의 지적 - 1:6, 8, 2:4, 22)

(3) 요한복음과 요한 일서의 표현방식이 매우 유사한데, 이것은 이 둘 의 저자가 같은 인물임을 말해준다.(예, 빛과 어두움, 생명과 죽음, 진리와 거짓, 사랑과 미움의 예리한 대조)

(4) 많은 구절들에서 발견되는 유사성은 요한복음과 요한일서 사이의 밀접한 관계를 보여준다.(예, 요일 1:1, 4, 6-7과 요 1:1, 16:24, 3:19-21, 요일 3:8, 14과 요 8:44, 5:24 등)

기록장소는 요한이 말년을 보낸 에베소 라고 보는데 큰 이의가 없다. 그러나 기록연대는 학자에 따라 큰 차이가 있으나 일반적으로 요한복음을 기록한 이후 90-95으로 추정한다.

3) 수신자

요한일서는 송신자 - 수신자 - 문안으로 이어지는 당시 편지의 형식을 따르지 아니하는 논문식의 글이므로 수신자도 확정하기 어렵다. 그러나 본문 중에는 "나의 자녀들아," "아이들아", "형제들아" 등의 호격이 있는 것으로 보아 이것이 어떤 대상에게 보낸 서신인 것만은 분명하다. 본서의 수신자에 대해서는 팔레스틴에 있는 유대인신자(Benson), 고린도교회 (Lightfoot) 등으로 추측하고 있으나 신빙성이 약하다. 가장 자연스러운 것은 사도 요한이 말년에 (A.D. 70-100년경) 에베소를 중심한 소아시아

지역의 여러 교회에서 활동했던 사실로 미루어 보아, 이 지역에 흩어져 있는 그리스도인들에게 회람서신(回覽書信)으로 보냈을 가능성이 많다.

4) 기록 동기와 목적

당시 사도 요한이 거주했던 소아시아 일대에는 밖으로 무서운 핍박들이 있었고 안으로는 이단 그노시스주의가 발생하여 성도들을 유혹하였다. 그들은 육체를 경시하며(1:8,10, 2:6, 3:8-10) 그리스도의 육체를 하나의 환상으로 보았다. 여기서 사도 요한은 이단을 경계하고 그리스도의 선재설(先在說)과 신인양성론(神人兩性論)을 확립시켜 정통적 그리스도론을 밝히려는 데 그 목적을 두었다.

> [참고] 그노시스주의
>
> 초대 기독교회가 직면했던 이단들 중에서 가장 위험했던 사상은 그노시스주의였다. 그노시스주의의 중심 사상은 영혼은 절대적으로 선하고, 육체는 절대적으로 악하다고 본다. 이것은 비성경적인 이원론이며, 이로부터 다음과 같은 중요한 오류들이 발생하였다.
>
> (1) 인간의 육체는 물질이기 때문에 악하다. 따라서 순수한 영이시며 선하신 하나님과 상반된다.
> (2) 구원은 육체의 속박으로부터 벗어나는 것을 말한다. 그런데 이것은 그리스도를 믿음으로 얻는 것이 아니라, 특별한 지식(헬라어로 '그노시스'이며, 여기서 '그노시스주의' Gnosticism라는 말이 나왔음)을 통해 얻을 수 있다.
> (3) 두 가지 방법으로 그리스도의 참된 인성(人性)을 부인한다.
> ① 그리스도는 육체를 가지고 있는 것처럼 보였을 뿐이다.(도케티즘[暇騠罹兇]:헬라어로 ' … 처럼 보이다'라는

뜻의 '도케오'에서 유래됨)

② 하늘의 그리스도는 인간 예수가 세례를 받을 때 그와 결합하였다가, 십자가에서 죽을 때 다시 떠나갔다.(케린투스가 대표적인 인물이었으므로 '케린투스주의'라고도 함)

(4) 육체는 악한 것이기에 가혹하게 다루어야 한다.

(5) 영혼·육체의 이원론은 도덕적 타락을 야기시켰다. 왜냐하면 육체는 악하므로 육체를 통해서 하나님의 계명을 어기더라도 아무 상관이 없다고 생각했기 때문이다. 그런데 신약에서 취급한 그노시스주의는 초기 형태의 것으로 이 이단 사상이 완전한 체계를 갖춘 것은 2세기와 3세기 무렵이었다.

5) 본서의 특징과 내용

본서는 보통 "사랑의 편지"또는 "진리의 편지"라 불린다. 이런 두 별명이 잘 조화된 것이 본서의 특징일지도 모른다. 사랑의 사도 요한의 다른 저작들처럼 본서는 사랑의 말과 사상이 풍부하다. 그리 길지 않은 이 서신에 "사랑하는 자들이여"라는 애칭이 6회, "사랑"이란 명사가 18회 그 동사형은 무려 29회나 나타나는 것이다. 하나님이 성도를 대하는 사랑을 강조하고 그 사랑을 받아 형제를 사랑할 것을 서신 전편을 통하여 권하고 있다. 동시에 본서는 그노시스주의 등의 이단에 대한 경계를 목적으로 하므로 경고조의 훈계가 반복되어 있다. 이와 같이 진리에 대한 사랑과 비진리에 대한 미움이 같이 흐르는 것이 본서라 하겠다.

내용을 분해하면 다음과 같다.

(1) 서론(1:1-4)
(2) 성도의 교제(1:5-2:17)

① 하나님과의 교제(1:5-10)

② 그리스도와의 교제(2:1-6)

③ 형제와의 교제(2:7-11)

④ 결론 : 세상을 멀리할 것(2:12-17)

(3) 이단에 대한 경계(2:18-3:12)

① 적그리스도에 대한 경계(2:18-29)

② 범죄에 대한 경계(3:1-12)

(4) 사랑을 위한 권면(3:13-4:21)

① 사랑의 본질(3:13-24)

② 영의 분별(4:1-6)

③ 사랑의 권면(4:7-21)

(5) 결론적 권면 (5장)

① 승리의 믿음(5:1-12)

② 형제를 위해 기도할 것(5:13-17)

③ 우상을 버릴 것(5:18-21)

6) 사도 요한

(1) 세베대의 아들로서 야고보와 형제이며 부유한 가정에서 성장하였
   다.(막 1:20)

(2) 어머니는 살로메로서 성모 마리아와 자매로 추정된다.

(3) 베드로, 야고보와 함께 변화산의 신비한 체험을 했다.(마 17:1)

(4) 최후의 만찬때 주의 품에 의지하였다.(요 13:23)

(5) 예수님이 심문받을 때 제사장의 집안까지 따라갔다.(요 18:15)

(6) 갈보리 언덕까지 따라 갔다가 성모 마리아를 의탁받았다.
   (요 19:26-27)

(7) 오순절이후 베드로와 더불어 초대교회의 핵심적인 지도자였다.
(행 3:1, 3, 4:19)

(8) 예루살렘 총회때 참석하였다.(행 15:6)

(9) 에베소에서 교회를 지도하다가 트라얀황제 때(A.D. 98-117) 천수
를 누렸다.

(10) 바울은 그를 교회의 기둥이라 불렀다.(갈 2:9)

탐 구 문 제

🌿 1. 요한 1서 1-2절 말씀은 누구를 증거한 것이며 또한 무엇을 반박한 말씀입니까?

　　예수 그리스도를 증거하며 또한 예수님의 육신을 부인하는 영지주의자들을 반박한 말씀이다. 눈으로 본 바요 만진 바라 힘있게 증거하고 있다.

🌿 2. 요한은 왜 사랑의 계명을 옛 계명이라고 하였습니까? (2:7)

　　이 계명은 이미 요한복음에서 새 계명이라고 소개되었기 때문에(요 13:34) 여기서는 옛 계명이라고 하였다.

　　한편 이 사랑의 계명은 이미 구약의 율법시대부터 나타나고 있다. 즉 빚을 탕감해 주는 면제의 규례(신 15:1-11), 종을 해방시켜 주는 규례(신 15:12-18), 고아나 과부, 나그네를 보호하기 위한 규례(신 24:19-22)에서 잘 보여주고 있다. 결국 이 사랑의 계명이 그리스도에게 와서 비로소 완성된 것이다.

🌿 3. 왜 영들을 시험해야 합니까? (4:1)

　　세상에는 거짓 선지자가 많이 있기 때문이다. 거짓 선지자도 참 선지자와 똑같이 양의 옷을 입었기 때문에 외형적으로 구분할 수 없다(마 7:15). 오늘날도 방언, 병고침, 예언과 같은 영적 운동 중에는 거짓영의 역사도 많다. 그러므로 그들의 열매 즉 그들의 윤리적인 행위로써 판단해야 한다.(3:10, 마 7:16)

24. 요한이서

1) 서론

요한 일서의 순수성에 비해 요한 이·삼서는 유세비우스의 소위 '7의 서'에 속하는 것으로 많은 물의를 일으킨 책들이다. 이 두 서신의 저자는 '장로'로 자칭하므로 자연히 사도 요한 이외의 장로 요한설이 일찍부터 있었고(Papias, Origen, Eusebius) 현대의 비교적 온건한 학자들 중에서도 이 양서의 요한 저작권을 반대하는 사람이 많다. 그러나 지지설은 초대부터 더욱 강하였다. 일찍이 이레니우스가 요한이서를 적극 지지하였고, 그 이후로 오리겐, 어거스틴, 제롬 등이 적극적으로 지지하여 정경으로 편입된 것이다. 더욱이 세 서신에는 공통적인 사상과 구절이 얼마든지 있다. 그 중에서 현저한 것으로 진리(Ⅰ에 9회, Ⅱ에 3회, Ⅲ에 7회). 계명(Ⅰ에 16회, Ⅱ에 6회), 아버지와 아들을 가짐(Ⅰ2:23, Ⅱ9), 우리의 기쁨을 채움(Ⅰ1:4, Ⅱ12), 하나님께로 남(Ⅰ4:4, 6, 7, Ⅲ11), 얼굴을 대하여 말하기를 원함(Ⅱ12, Ⅲ14), 적 그리스도(Ⅰ에 3회, Ⅱ7) 등을 들 수 있다. 이런 공통점들은 결국 이 두 서신이 요한일서와 동일한 손으로 기록된 것을 말하고 있는 것이다. 저자가 자칭한 '장로'는 엄격한 직명이라기보다 '연장자'의 뜻으로 봄이 타당할 것이다. 베드로 역시 자신을 장로로 부른 것으로 보아(벧전 5:1) 이를 사도요한의 자칭호라고 해도 하등의 무리가 없을 것이다. 기록장소는 에베소라고 보는데 별 이의가 없으며 기록 연대는 내용과 상황을 보아서 요한일서와 거의 같은 시기에 쓰여졌거나 조금 늦게 쓰여진 것으로 본다.

❖ 장로(長老)의 명칭
(1) 산헤드린 공회의 직분(마 16:21, 행 6:12)
(2) 초대 기독교의 감독자(행 11:30)

(3) 연령과 신분이 높은 자(눅 22:66, 마 21:23)

2) 수신자

요한이서의 수신인은 '택하심을 입은 부녀와 그 자녀'(1절)라고 되어있다. 이들이 구체적으로 누구를 말하는 것인가에 대해서는 해석이 다양하다. 여기서의 '부인'을 성모 마리아 혹은 나사로의 누이 마르다 등으로 주장하는 견해도 있으나, 일반적으로는 이를 상징적으로 보아 '교회와 그 회원'을 가리키는 것으로 받아들이고 있다.

3) 기록 동기와 목적

초대교회(1-2세기)에는 순회 전도자들과 교사들이 있었는데, 이들은 이곳 저곳을 여행하면서 복음을 전하였다. 그리스도인들은 보통 이들을 집으로 맞아들여 가르침을 받았으며, 이들이 떠날 때는 여행을 위한 여비를 마련해 주었다. 그런데 그노시스주의 이단교사들도 이와 같은 방법으로 그들의 사상을 전하였다. 따라서 본서는 그리스도인들이 잘 모르는 가운데 이단사상의 전파에 협조하는 일이 없도록, 이단 전도자들을 잘 분별하라고 권면하기 위해 기록되었다.

4) 본서의 내용

(1) 인사(1-3)
(2) 사랑의 계명(4-6)
(3) 미혹하는 자에 대한 경계(7-11)
(4) 결론(12-13)

🌿 1. 적그리스도는 무엇을 부인한다고 했습니까? (7)

　　여기 미혹하는 자 적그리스도는 당시 교회를 크게 어지럽게 하였던 영지주의 이단을 말하며 영지주의자들은 예수님이 완전한 사람임을 부인하였다.

🌿 2. 적 그리스도는 그리스도의 교훈을 어떻게 하는 자라 했습니까? (9)

　　적 그리스도는 '지나쳐 그리스도 교훈안에 거하지 아니하는 자'라 했다. 여기 '지나쳐'라는 말은 '앞서가다', '한계를 넘다'라는 뜻으로 그리스도의 교훈을 넘어서 스스로 만든 교리로 신봉하고 하나님의 말씀을 무시하고 부인하는 행위를 가리킨다.

🌿 3. 요한이서가 불과 13절밖에 안되게 짧은 이유는 무엇입니까? (12)

　　사도 요한이 스스로 밝히고 있다. '내가 너희에게 쓸 것이 많으나 … 너희에게 가서 면대하여 말하려 하니'했다. 대면해서 말하려고 글을 짧게 썼다.

25. 요한삼서

1) 서론

본 서신의 발신자는 요한이서와 동일 저자인 장로 요한으로 곧 사도 요한을 말한다.

본 서신의 수신자는 본서에 기록된 대로 가이오(1:1)이다. 그러나 가이오라는 이름은 요한 당시에 흔한 이름으로서(참고, 행 19:29, 20:4, 롬 16:23, 고전 1:14) 이 사람이 구체적으로 누구인지는 확실하지는 않다. 그가 순례자를 선택한 것은 바울이 세례준 고린도의 가이오(고전 1:14, 롬 16:23)를 연상케 하나 이 때 그가 에베소 지방으로 이거해 왔다고도 보기 어렵고 또한 본서는 고린도에 보내졌다고 하기도 더욱 어렵기에 결국 이 인물은 미지의 인물로 둘 수 밖에 없다. 다만 그가 요한으로부터 사랑을 받았던 자였고(1:1) 진리안에 거하면서(1:3) 사랑을 실천한 자(1:6)임을 알 수 있을 따름이다.

기록장소는 역시 에베소이며 기록연대는 요한이서와 비슷한 시기로 본다.

2) 본서의 기록 동기와 목적

초대교회 당시에 감독이 없던 지방 교회에서는 순회 전도자들로부터 주의 교훈을 배웠다. 이 때에 아시아의 한 지방 교회에서 디오드레베가 요한이 보낸 순회 전도자를 배척하고 심지어 요한이 보낸 전도자들을 대접했던 교인들마저 쫓아내었다. 이로 인하여 교회 내부의 질서가 파괴되고 교회가 혼란에 빠지자, 요한은 가이오에게 이같은 자를 본받지 말고 선을 행하는 데메드리오와 같이 진리 가운데 거할 것을 말하면서 교회의 내적(內的)인 혼란과 무질서를 막기 위하여 본 서신을 기록하였다.

3) 본서의 내용

(1) 인사(1-4절)

(2) 권면과 징계(5-12절)
　　① 전도자를 후대할 것(5-8절)
　　② 디오드레베를 책망함(9, 10절)
　　③ 데메드리오의 추천(11, 12절)

(3) 결론(13, 14, 15절)

4) 요한일·이·삼서 비교

구분	형　　　　　식
요한일서	요한일서는 명목상 서신으로 불리기는 하지만 사실 서신의 형식인 발신인이나 수신인도 기록되어 있지 않으며, 또 그 내용을 보더라도 서신문이라기 보다는 논문의 형식에 더 가까운 것을 알 수 있다.
요한이서	요한이서는 일서와는 달리 발신인과 수신인이 기록되어 서신의 형식을 갖추고 있기는 하나, 수신인은 개인이 아닌 일정한 교회와 성도들로서, 다루는 내용은 일서를 요약해 놓은 것 같은 느낌을 준다.
요한삼서	요한삼서는 가이오라는 개인에게 보내어진 순수한 서신으로서 몇 사람의 특정한 인물이 나타나고 있는 것을 볼 때 형식이나 내용면에서 가장 완전한 서신의 형태를 취하고 있는 것을 알 수 있다.

탐 구 문 제

🌿 1. 요한은 가이오에게 네 영혼이 잘 됨같이 무엇이 잘되기를 바란다고 하였습니까? (2)

　　'범사에 잘되고 강건하기'를 간구했다. 사람이 이 세상에 살아가는데 있어서 영적인 문제도 중요하지만 육신도 건강하고 번영하는 것도 필요로 한다.

🌿 2. 가이오의 선한 행실은 무엇이었습니까? (5)

　　나그네를 영접했고 그들을 하나님 뜻에 합당하게 전송해 주었다. 여기 나그네는 주의 교훈을 가르치는 순회 전도자로서 무보수로 사역했던 주의 종들을 가리킨다.

🌿 3. 디오드레베의 악한 행실은 무엇이었습니까? (9, 10)

　　디오드레베는 으뜸 되기를 좋아하였고 요한과 동료 전도자를 접대하지 않았을 뿐더러 악한 말로 평론하였다. 교회 내에서 으뜸 되기를 좋아하는 자들은 언제나 교회를 어지럽히고 혼란스럽게 만든다.

26. 유다서

1) 서론

본서의 저자는 야고보의 형제인 유다라고 하였다.(1:1) '야고보의 형제'라는 소개는 특이한 표현이다. 당시 팔레스타인에서는 아무개의 아들로 소개하는 경우는 많았지만, 아무개의 형제라고 자신을 소개하는 경우는 드물었다. 유다는 자신보다 야고보가 신자들 사이에서 더 잘 알려졌기 때문에 야고보의 이름 아래 자신을 나타내었던 것 같다. 야고보는 일체의 수식어가 없는 것을 볼 때 예루살렘교회의 지도자요 주의 동생이었던 야고보가 틀림없다.(행 15:12-21) 그렇게 본다면 저자는 주의 동생 유다임이 확실해 진다. 유다는 A.D. 70-80년 사이에 순교했다. 그러므로 본 서신은 A.D. 81년 이전에 기록된 것으로 본다. A.D. 70년의 예루살렘 함락을 언급하지 않았기 때문에 예루살렘 함락 직전에 기록한 것으로 본다.

기록 장소는 유다가 야고보와 함께 예루살렘교회의 지도적인 인물이었음을 감안할 때 예루살렘인 것으로 믿어진다.

2) 본서의 수신자

본문의 수신자는 '부르심을 입은 자'(1절)라는 보편적 성도의 이름인데, 그들이 누구인지 규정하기 어렵다. 수신지를 팔레스틴으로 보는 견해가 고대로 가장 많았으나 수리아, 소아시아, 애굽 등을 주장하는 자도 있어 어느 곳이라 단정하기 어렵다. 다만 본서의 내용을 보면 당면한 영지주의 및 도덕폐기론을 비판하고 있기에 이 문제가 크게 대두되었던 소아시아나 수리아지방으로 추정할 수 있다.

3) 본서의 기록 동기와 목적

본서를 기록한 동기는 본서가 분명하게 밝히고 있다. 그것은 당시 소아시아 일대에 영지주의가 만연하는 것을 보고 이단사상을 경고하고 성도들에게 바른 신앙을 깨우쳐 주기 위해서였다.(3)

　당시 만연했던 이단들은 도덕적으로 구원받는 영에게는 아무런 제재가 필요없다 하여 방종에 빠졌다. 그리하여 유다는 한편으로는 이단자에 대해 극렬히 반발하고(5-16) 다른 한편으로 신자들에 대해서는 이런 이단에 동요됨이 없이 정통 신앙을 고수할 것을 권하고 있다.(17-23)

4) 본서의 내용

　(1) 서론(1-4절)
　　① 인사(1, 2절)
　　② 집필의 동기(3. 4절)
　(2) 이단에 대한 규탄(5-16절)
　　① 심판의 전제(5-7절)
　　② 이단자의 죄상(8-13절)
　　③ 심판의 확증(14-16절)
　(3) 신자에 대한 권면(17-23절)
　(4) 송영(24, 25절)

5) 저자인 유다

　(1) 주님의 가장 어린 동생(마 13:55)
　(2) 주님 생존시 믿지 않았다.(요 7:3-8)
　(3) 부활후 사도들과 함께 다락방에서 기도(행 1:14)
　(4) 초대교회 사도처럼 존경받았다.(고전 9:5)

🌿 1. '자기 지위를 지키지 아니하고 자기 처소를 떠난 천사'들이란 어떤 존재를 말합니까? (6)

　　여기 나오는 천사는 베드로후서에 나오는 '범죄한 천사'(벧후 2:4)와 이사야서에 나오는 '범죄한 천사, 타락한 천사'(사 14:12-15)와 동일한 존재로써 사단 마귀를 가리킨다. 천사의 범죄에 대해서는 성경에는 언급이 없고 위경 에녹서에 보면 타락한 천사는 첫째, 교만하여 하나님의 뜻을 거부하고 반역했고, 둘째는 천사들이 인간 여자들의 미모에 끌려 영계를 떠나 세상에 내려와 부정한 관계를 맺었다고 했다. 그래서 하나님으로부터 결박되어 어두운 세계로 던져졌다고 한다.

🌿 2. 모세의 시체 때문에 천사장 '미가엘'은 누구와 다투었습니까? (9)

　　9절 말씀은 마귀와 다투었다고 했다. 유다가 외경 『모세의 승천기』에서 인용한 것으로 보인다. 모세의 승천기가 말하는 내용은 이러하다. 모세가 죽어 그 영은 하늘에 오르고 하나님은 그 시체의 처리를 미가엘에게 명하였다.(신 34:5-6) 미가엘이 무덤을 파고 있을 때 마귀가 나타나 자기는 물질계를 맡아 있으므로 그 시체를 내어달라고 항의하였다. 미가엘은 '주께서 너를 꾸짖으시리라'(슥 3:2) '하나님의 영이 세상과 모든 인류를 창조하셨느니라' 하며 거부하였다. 그러자 마귀는 모세가 살인한 것을 들고 나아왔다.(거기에 대한 직접적인 회답은 없다.) 이때 마귀가 모세의 시체를 요구한 것은 단순히 그를

탐 구 문 제

능욕 하려고 한 것인지, 그 시체로써 구리뱀(민 21:9, 왕하 18:4)처럼 우상을 만들려 하였는지는 알 수 없다.

🌿 3. 유다는 이단의 정체를 은유적으로 어떻게 규정했습니까? (12, 13)

유다는 이단의 정체를 그 특성상 6가지로 규정했다.

(1) '애찬(愛餐)의 암초'이다. 보이지 않는 암초가 큰 배를 파선시키듯 애찬이 형제애(兄弟愛)를 파괴시킨다는 뜻이다. 본래 애찬은 가난한 자들을 초대해 그리스도의 사랑을 나누며 먹으려는 선한 동기로 시작되었다. 그러나 후에는 부자들의 자기 선전용으로 악용되었고, 이단들이 끼어들어 애찬은 폐습이 되어 버렸다.

(2) '자기 몸만 기르는 목자'이다. 이단의 교사들은 하나님의 양들인 성도들을 자기들의 배를 채우기 위해 이용한 악한 목자들이다.(참조, 요 10:10, 12)

(3) '바람에 불려가는 물 없는 구름'이다. 비를 내리지 않는 구름은 농부들에게 실망만 안겨 줄 뿐이다. 이단의 교사들은 결국 성도들에게 아무런 유익도 끼쳐 줄 수 없는 존재들이다.

(4) '뿌리까지 뽑힌 열매없는 가을 나무'이다. 여기서 '나무의 뿌리가 뽑힌다'는 표현은 악인에 대한 하나님의 심판을 말한다.(시 52:5, 잠 2:22) 이단자들은 하나님의 심판을 결코 모면하지 못한다.

탐 구 문 제

(5) '수치(羞恥)의 거품을 뿜는 바다의 거친 물결'이다.
썰물 때가 되면 해안에는 종종 더러운 쓰레기와 잡초
가 쌓인다. 이단자들은 겉으로는 성도인 것처럼 보이
나 얼마 못 가 자신들의 추함을 폭로하게 된다.

(6) '캄캄한 암흑에 돌아갈 유리하는 별들'이다. 처음에는
찬란한 빛을 발하나 끝내 어두움 속에 자취를 감추는
별들은 사단과 그에 속한 악한 천사들을 가리킨다.(참
조, 사 14:12-15) 이단자들은 사단과 그의 부하들처럼
자신들을 '광명의 천사'로 혹은 '의(義)의 일군'으로
가장한다.(참조, 고후 11:14, 15) 그러나 이들의 기만
은 곧 드러나 결국 악한 천사들의 말로를 걷게 된다.

27. 요한계시록

1) 서론

본서의 명칭은 1:1에 언급된 '계시' 란 낱말에서 유래되었는데 계시란 '가리어진 것을 드러내는 것', '감추어진 것을 밝힘' 등의 의미를 갖는다. 본서를 계시록(The Revelation) 혹은 묵시록(The Apocalypse)이라고 도 부른다.

본서에서 저자는 요한이라고 밝혔다.(1:4) 또한 그는 자신을 예수 그리스도의 종된 자요(1:1) 예수의 환난에 참여한 자(1:9)라고 밝히고 있다. 따라서 본서의 저자는 사도 요한임에 틀림없다. 뿐만 아니라 초대교회의 전승과 여러 자료들도 위의 요한은 세베대의 아들인 사도 요한임을 증거하고 있다. 순교자 저스틴, 리용의 감독 이레니우스, 카르타고의 터툴리안은 다같이 계시록은 사도 요한의 저작이라고 말하였으며, 이후 오리겐, 히포리투스, 클레멘트 등도 역시 사도 요한이 계시록을 기록하였다고 인정했다. 사도 요한은 로마황제 도미티안(A.D. 81-96) 때 밧모섬으로 유배되어 갔다가 계시를 받고 본 바를 기록하여 교회들에게 보내라는 예수의 분부에 따라 본서를 기록하였다. 기록연대는 95-96년으로 추정하며, 장소는 계시를 받은 밧모섬인지 유배에서 풀려난 뒤 정착한 에베소인지 정확히 알 수는 없다.

밧모섬은 밀레도에서 남서쪽으로 약 56Km 지점에 위치한 지중해상의 한 섬이다. 이 섬은 전체 길이가 약 16Km, 폭이 약 10Km, 면적이 약 40 km^2로서 우리나라의 고금도(40.1km^2)에 해당하는 크기이다. 이 섬은 건조한 불모지였기에 로마 제국하에서는 유배지로 사용되었다. 사도 요한은 한때 도미티안(Domitian, 81-96)황제에 의해 이곳으로 유배되었는데 요한은 이곳에서 하나님의 계시를 받았었다.(9-11절)

[밧모섬]

2) 본서의 수신자

수신자는 본서에 밝히 증거한 대로 소아시아의 일곱 교회(에베소, 서머나, 버가모, 두아디라, 사데, 빌라델비아, 라오디게아)의 사자들에게 보내진 것이다.(참조, 1:11) 그 일곱 교회가 위치했던 각 도시들은 소아시아 지방의 문물의 중심지였으며 각 도시마다 길목이 연결되어 있었다. 일곱 교회의 중요사항은 아래와 같다.

에베소 : 웅장한 아데미 신전이 위치한 곳

서머나 : 소아시아의 중요 항구

버가모 : 거대한 제우스 신전과 지방 행정 관청의 소재지

두아디라 : 농업과 면직 공업의 중심지

사데 : 쇠퇴해 가는 도시로서 가장 고도(古都)이며 루디아(Lydia)
지방의 수도

빌라델비아 : 중앙의 비옥한 고원 평야로 가는 길목

라오디게아 : 번창한 은행 중심지였으며 또한 양털과 안약의 생산지

소아시아에는 위의 일곱 교회 외에도 밀레도, 드로아, 골로새 등 여러 교회가 있었는데 이 중에 특별히 일곱 교회에 국한시켜 편지한 것은 완전을 의미하는 7 이라는 숫자에 주안점을 두었기 때문이다. 즉 성령께서는 단순히 요한 당시에 존재했던 소아시아의 일곱 교회에게만 당신의 뜻을 전달하고자 하신 것이 아니라 모든 장소와 모든 시간 속에 존재하는 교회들을 향해서 편지하고자 하셨던 것이다. 소아시아 일곱 교회의 위치는 아래와 같다.

[소아시아 7교회]

3) 본서의 시대적 배경

본서가 기록될 당시(A.D. 81-96) 유럽과 아시아는 지상 최대의 제국이었던 로마에 의해 통치되고 있었다. 로마는 자신들이 정복한 정복지에 대해 처음에는 유화 정책을 실시하여 대부분의 문화와 종교를 인정, 흡수하는 관용을 베풀었다. 그러나 A.D. 64년 로마의 대화재 사건이 발생할 당시에 네로는 화재의 원인을 로마정부에 비협조적이던 기독교도들에게 돌린 후 기독교와 연루된 사람이면 누구나 할 것 없이 투옥시키는가 하면 그 대부분을 콜로세움(원형 극장)이나 십자가형을 통해서 무참히 학살했다. 뿐만 아니라 로마 통치자들은 자신을 신격화했다. 칼리굴라(A.D.

37-41)는 황제 숭배를 지시하고 자신의 흉상을 예루살렘 성전안에 안치하려고까지 하였으나 정적에게 살해당한 뒤부터 한동안 이런 시도는 중단되었다가 도미티안 황제 때 제기되었다. 도미티안은 자신을 신(神)의 위치에 올려놓은 뒤 로마의 지배 아래 있는 모든 사람들로부터 숭배받기를 원하였다. 아울러 그는 자신 이외의 신을 섬기는 어떤 집단과 개인도 용납하지 않았으며 이에 불복하는 자들에게는 가차없이 처벌하였다. 이러한 상황 아래서 신앙생활 했던 초대교회 교인들은 가장 혹독한 신앙의 시련을 맞이하게 된 것이다.

[초대 교회를 전후한 로마 황제들의 연대표]

순서	황제명	통치기간	비 고
1	아우구스투스 (Augustus)	B.C. 27 -A.D. 14	로마 제국의 창시자 · 예수 당시의 지중해 세계를 재패함
2	티베리우스 (Tiberius)	14-37	아우구스투스의 딸 줄리아와 결혼한 그는 아우구스투스의 후계자로서 로마의 황제가 되었다. 그의 통치 기간 동안 예수께서 활동하심 (눅 3:1)
3	칼리굴라 (Caligula)	37-41	24세에 황제의 자리에 오름. 예루살렘 성전에 자신의 신상을 세우려 했으나 취소함. 황제 숭배 강요
4	클라우디우스 (Claudius)	41-54	유대인들에게 융화정책을 실시하고 성전의식을 허용함.
5	네로(Nero)	54-68	음탕한 여인을 얻기 위해 자신의 정숙한 아내와 어머니마저 살해했던 그는 음란과 쾌락을 일삼으며 로마의 권위와 국운을 어지럽게 했다. 64년 발생했던 로마 대화재를 기독교인의 소행으로 몰아 대학살을 자행했다.

혼란기	칼바(Galba), 오토(Otho), 비텔리우스 (Vitellius)	68-69	네로의 실책 후 로마는 1년간 무정부 상태에 놓였다. 이때 스페인 총독 갈바, 네로의 친구 오토, 스페인의 장군 비텔리우스가 정권을 잡았으나 로마는 인정하지 않았다.
6	베스파시안 (Vespasian)	69-79	정국의 안정과, 황제 숭배를 거부하는 등 로마 제국의 재건에 힘씀
7	디도(Titus)	79-81	66년에 일어난 유대 반란을 평정하고(이 과정에서 70년 예루살렘 성전을 완전 훼파함) 부친 베스파시안의 뒤를 이은 그는 로마의 평화와 안정에 크게 기여함
8	도미티안 (Domitian)	81-96	베시파시안의 아들로 맏형 디도의 뒤를 이어 황제가 됨. 자신을 '주인', '하나님'으로 부르게 하여 자기 신성화를 꾀했으며, 공포 정치를 통해 자신을 거역하는 무리, 특히 그리스도인들을 유배 또는 학살했다. 이때 사도 요한은 밧모 섬에 유배되었다.
9	네르바 (Nerva)	96-97	도미티안의 학정으로 한때 혼란했던 로마의 안정을 찾기 위해 그 최선을 다했다. 특히 부당하게 추방된 자들을 사면 복권시키고(이때 사도 요한도 풀려남) 경제 법률 등을 재정비하였다.

4) 본서의 기록목적

본서는 황제 숭배와 무서운 박해로 교회 존립마저 위협받는 소아시아 일곱 교회를 향해 위로 및 격려하기 위하여 기록하였다. 어떤 이는 박해가 두려워 배교를 하는가 하면, 어떤 이는 이교도와 타협함으로 타락했다. 그러므로 저자는 모든 성도들이 끝까지 순수한 믿음을 지키며 인내할 것을 권장하면서 현세종국과 심판 그리고 신천신지의 영광스러운 소망을 보여주고 있다.

5) 본서의 해석방법

성경 해석 자체는 하나의 독립된 신학이다. 그렇기에 성경 본문을 이해하는 시각은 다양할 수 있다. 특히 언어의 상징성과 그 내용상 모호함 때문에 본서를 해석하는 방법은 여러 가지일 수 밖에 없다. 여러 방법 중 가장 두드러진 것들만 몇 가지 정리한다.

(1) 과거 해석법(The Preterist Method)이다.

이는 본서가 A.D. 1세기경 아시아 교회들의 역사적 상태를 서술한 것으로서 본서에 게재된 사건과 상징들이 모두 과거에 성취된 것으로 보는 견해이다.

(2) 전역사 해석법(The Continuous Historical Method)이다.

이는 본서의 예언을 요한의 때로부터 종말에 이르기까지 계속 전개될 교회사의 파노라마로 이해하는 견해이다. 일면 일리는 있으나 상징을 역사에 맞추는 것은 어렵다.

(3) 미래 해석법(The Futurist Method)이다.

이 방법에 의하면 4장에서 22장 사이의 내용은 현재에 적용될 수 없고 다만 최후에 되어질 것을 예언한 것으로 받아들인다. 특히 인과 나팔과 대접 등은 그리스도께서 재림하시기 직전에 땅에 거하는 모든 악인에게 내릴 최후 환난에 대한 구체적 표현이며, 하나님의 도성에 관한 환상은 영원한 의인의 나라를 의미한다고 주장한다.

(4) 이상주의 해석법(The Idealist Method)이다.

이는 본서에 제시된 사건이 비실재적이며, 그렇기에 본서의 문자적인 해석을 반대하는 견해이다. 이 견해는 본서가 구체적인 사건에

집착하지 않고 오히려 이 세상은 선·악이 맞붙어 싸우는 전쟁터로 세상 종말까지 그 싸움은 계속되지만 종국에 가서는 선이 승리한다는 원리를 제시한 책으로 보는 것이다. 그러나 역사적인 사건에는 부적합하다는 난점이 있다.

우리는 앞의 네 가지 해석법을 모두 고려하여 해석해야 한다.

특히, 우리는 본서를 해석하면서 본서가 계시록(Revelation) 또는 묵시록(Apocalypse)이라는 사실을 잊어서는 안된다. 일부 기록들은 쉽게 이해할 수 있고 어떤 상징들은 설명이 가능하나(1:20, 17:1, 15) 대부분의 기록은 구체적으로 무엇을 의미하는지 알 수 없다. 그러므로 본서의 일부 예언을 우리 주변의 구체적 상황과 절대 동일시하는 것은 언제나 위험하다. 우리는 성경이 밝히 계시하는 것을 온전히 이해하도록 노력해야 하지만 이 땅에서 우리의 영육이 어두워진 것을 잊지 말아야 한다. 하나님의 영감으로 쓰여진 본서의 예언이 이루어질 것은 확실하지만 그 묵시의 정확한 내용과 시간은 하나님만이 아시기 때문에 인간의 지혜로 그것을 단정한다는 것은 분명히 비성경적이다.

6) 본서의 내용

(1) 머리말(1:1-8)
(2) 과거의 일(1:9-20)]
(3) 현재의 일 - 7교회에게(2:1-3:22)
(4) 미래의 일(4:1-22:5)
  ① 환난의 시기(4:1-19:21)
    ㉠ 일곱 인의 재앙
    ㉡ 일곱 나팔의 재앙

ⓒ 일곱 대접의 재앙

② 천년 왕국(20:1-15)

③ 마지막에 있을 일들(21:1-22:5)

(5) 끝맺는 말(22:6-21)

[7교회 보낸 편지 내용]

교회	형편	칭찬	책망	약속, 경고
에베소	정통적인 교회	신앙의 열심이 있었다.	참사랑을 잃어버렸다.	촛대를 옮기리라(2:5)
서머나	가난하나 부유한 교회	신령한 은혜에 부유했다.		죽도록 충성하라.... 생명의 면류관 주리라(2:10)
버가모	나쁜 환경에서도 굳건함	사단의 권세를 이기는 믿음의 능력을 가졌다.	부패된 교리와 이단들을 용납했다.	이기는 자에게 흰돌에 새이름 주리라(2:17)
두아디라	악한 여선지자의 교회	사랑과 봉사와 믿음이 장성했다.	이세벨과 같은 이단을 용납했다.	만국을 다스리는 권세 주리라(2:26)
사데	죽어가는 교회	옷을 더럽히지 않은 소수가 있었다.	살았다 하는 이름은 가졌으나 죽은 자로다.	이름이 생명책에 흐리지 아니하리라 (3:5)
빌라델비아	연약하지만 충성스러운 교회	내 말을 지키며 내 이름을 배반치 아니했다.		네 면류관을 빼앗지 못하리라(3:11)
라오디게아	부요하나 가난한 교회		차지도 아니하고 덥지도 아니하였다.	내 입에서 토해내리라 (3:16)

탐 구 문 제

1. 사도 요한은 누구에게 계시를 받았으며 계시자의 얼굴은 무엇과 같다고 했습니까? (1:1, 16)

　　계시자는 예수 그리스도시며 계시자의 얼굴은 '해가 힘있게 비취는 것 같더라' 했다. 이는 그리스도의 영광과 위엄을 드러내는 것으로 변화산의 주님의 모습(마 17:2)도 동일했다. 시내산에서 하나님께 10계명을 받아가지고 내려오는 모세의 얼굴도 광채가 났다.(출 34:35)

2. 7교회에 보내는 메시지는 모두 어떤 말로 끝맺음을 하고 있습니까? (2:7, 11, 17, 29, 3:6, 13, 22)

　　'귀 있는 자들은 성령이 교회들에게 하시는 말씀을 들을찌어다' 라고 하였다. 이는 무서운 심판의 예고로서 강력한 경고에 속한다.

3. 24장로들은 흰 옷을 입고 머리에는 무엇을 쓰고 있었나요? (4:4)

　　금면류관을 쓰고 앉았더라 했다. 뒤에 보면 24장로는 보좌에 앉으신 이 앞에 엎드려 경배하며 자기의 금면류관을 보좌 앞에 던지며 주께 찬양과 영광을 돌렸더라 했다.(4:10) 면류관을 벗어 던진다는 것은 고대에서 어떤 왕이 다른 왕에게 항복할 때 승자의 발앞에 자기의 왕관을 벗어 던졌던 관습이 있었다. 그러니까 면류관을 던졌다 하는 것은 완전한 승복을 뜻한다. 찬송가 가사에도 면류관 드리세(12장)했고 영국의

빅토리아 여왕도 왕관을 주께 드렸다.

🌸 4. 요한이 보았던 보좌 주위에 있는 네 생물의 모습은 어떠하였습니까? (4:7)

첫째 생물은 사자 같고, 둘째 생물은 송아지, 셋째 생물은 사람, 넷째 생물은 독수리 같더라 했다. 이 네 가지 생물은 4복음서를 잘 상징한다는 것이 초대교회 이래의 전통적이며 보편적인 생각이다. 그러면 과연 어느 생물의 현상이 어느 복음을 상징하느냐는 다음과 같은 네 가지 견해가 있다.

1) 이레니우스(Irenaeus)의 견해 : 마태복음 – 사람, 마가복음 – 독수리, 누가복음 – 소, 요한복음 – 사자
2) 아다나시우스(Athanasius)의 견해 : 마태복음 – 사람, 마가복음 – 소, 누가복음 – 사자, 요한복음 – 독수리
3) 빅토리누스(Victorinus)의 견해 : 마태복음 – 사람, 마가복음 – 사자, 누가복음 – 소, 요한복음 – 독수리
4) 어거스틴(Aurustine)의 견해 : 마태복음 – 사자, 마가복음 – 사람, 누가복음 – 소, 요한복음 – 독수리

이상과 같은 네 가지 견해 중 어거스틴 설(設)이 가장 보편적으로 받아들여지고 있으며 또 그의 설이 사실과 잘 부합된다. 어거스틴에 의하면 마태복음은 모든 짐승의 왕자인 '사자'로 표시되었는데 그 이유는 마태복음에서 예수는 모든 선

탐 구 문 제

지자들의 예언을 성취하시는 유대의 왕(사자)으로 태어나셨기 때문이다.(마 1:1, 21) 다음 마가복음은 '사람'으로 표현되었는데 이는 마가복음이 예수의 인간 생활에 대한 사실적인 기록을 많이 담고 있기 때문이다.(참조, 막 3:20, 4:38) 다음 누가복음은 '소'로 나타내었는데 이는 누가복음이 하나님의 종으로 모든 사람들을 구원하시기 위해 희생하신 예수 그리스도를 잘 묘사하고 있기 때문이다.(참조, 눅 2:32, 19:10) 끝으로 요한복음은 '독수리'로 표현되었는데, 이것은 독수리가 모든 새들 중에서 가장 높이 날 듯이 예수가 하나님의 아들이라는 것을 잘 묘사했기 때문이다.

5. 구원받은 수는 몇 명이라고 하였으며 이 수는 무엇을 의미합니까? (7:4, 14:1)

구원받은 유대인과 이방인을 합한 수가 144,000명이라고 하였다. 이것은 계시록의 특색과 같이 상징적인 수를 말한다.

144,000명이란 것은
12 × 12 × 1,000=144,000
만수　만수　상당히 많은 수

12는 만수에 해당한다. 만수에다 만수를 곱하고 거기다가 무한히 많은 수 1,000을 곱한 수이니까 그야말로 한없이 많은 수를 의미한다.

6. 짐승의 표를 받은 사람은 몇 사람이라고 하였습니까?
(13:18)

666이라 했다. 6은 완전수 7에서 1이 모자라는 수 불안전한 수로 세상 마귀를 상징하는 수이다. 이 수를 3개 포개놓은 666을 흔히들 마귀의 삼위일체의 수라 칭한다. 그리고 그 의미를 '그 짐승의 수를 세어보라 그 수는 사람의 수니 육백 육십 육이니라'(13:18)라는 말을 문자적으로 이해해 이것이 누구의 이름을 가리키며 무엇을 가리키는가의 초점을 맞추어 여러 사람과 여러 사실을 찾아내고 있다. 몇 가지를 예시한다.

참고 1. 영어를 숫자로 계산하는 방법 (학계 공인된 것은 아님)

A	B	C	D	E	F	G	H	I	J	K	L	M
6	12	18	24	30	36	42	48	54	60	66	72	78
N	O	P	Q	R	S	T	U	V	W	X	Y	Z
84	90	96	102	108	114	120	126	132	138	144	150	156

1) 영어 – New York = 84+30+138+150+90+108+66=666
   Computer = 18+90+78+90+126+120+30+108=666
   키신저(Kissinger) = 666
2) 라틴어 – 사단(TEITAN) = 666
3) 히브리어 – 네로 가이사(NRON KSR) = 666
4) 로마 – 로마 교황(VICARIUS FILJI DEI) = 666
   (하나님의 아들의 대리자)

탐 구 문 제

5) VISA카드 - V:5   I:1   S:6   A:6   = 666
   (로마어) (로마어) (희랍어) (갈대아어)

7. 천년왕국에 대하여 설명해 보세요. (20:1-6)

1) 천년왕국

(1) 정의 : 현세와 천국(영원한 세계) 중간에 그리스도가 재
         림하여 이 땅에 왕국을 건설하고 1,000년동안
         통치하신다.

(2) 성서적인 근거 : 계시록 20:1-6(참고, 마 19:28, 살전
                 4:17, 골 3:4, 벧전 2:9)

(3) 유대 랍비들의 견해(시 90:4)

　① 하루를 1,000년으로 계산

　② 6일동안 천지창조 - 현세 6,000년 ─┐
                                    │
                          7,000년부터 영원세계
                                    │
　　제7일 안식 - 천년왕국 1,000년 ─┘

　③ 땅의 결실 - 1,000배, 질병, 요사 없고 야수와 아이가
              함께 놀다 (사 65:17-25)

(4) 찬반논쟁

　① 초대교회 - 찬성

　② 2세기 - 부정

　③ 중세(카톨릭) - 완전히 폐지

　④ 종교개혁시대 - 재론

⑤ 현대신학 – 반대보다 소외시 하고 있는 경향

(5) 천년왕국에 대한 제학설

① 역사적 전천년설

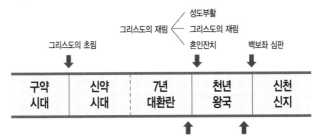

② 세대주의적 전천년설

③ 보수주의적 후천년설

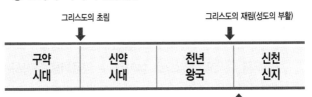

탐구문제

④ 자유주의적 후천년설 ────────────

그리스도의 초림

구약 시대	신약 시대	하나님 나라

하나님나라 건설시기 (이 땅에 실현된 완전한 하나님 나라)

⑤ 무천년설 ────────────

그리스도의 초림   천년 왕국   그리스도의 재림
                              백보좌 심판

구약 시대	신약 시대	7년 대환란	신천 신지

아마겟돈(곡과 마곡) 전쟁

　　천년왕국과 관련한 제학설은 특히 요한계시록 20장의 해석
과 관련이 있는데 어느 해석을 취하든 각각 영적인 가치를 가
지고 있다. 이제 우리는 과거에 하던 방식과는 달리 어느 것을
택하느냐의 문제보다도 왜 택하느냐를 질문해야 할 것이다. 필
자는 무천년설도 인정하면서 역사적 전천년설의 입장에 서기
를 원한다. 따라서 우리는 어떻게 주님의 재림을 기다리며 하
루하루를 내세의 소망으로 살아갈 수 있을까를 생각하는 동시
에(역사적 전천년설의 강조) 오늘 주어진 삶에서 어떻게 예수

그리스도의 왕권을 인정하고 책임있는 그리스도인의 삶을 살
수 있을까를 생각하면서(무천년설의 강조) 오늘을 살아가야
할 것이다.

8. 성경의 첫 권인 창세기와 마지막 권인 요한계시록과 관계를
설명해 보세요.

창세기와 계시록은 서로 연결되어 있다.

제목	창세기	계시록
바다	모인 물을 바다라 칭하시니라 (1:10)	바다는 다시 있지 않더라
밤	해와 달을 지으시고 낮과 밤을 만드셨다.(1:15, 16)	다시 밤이 없었고(22:5)
생명과	생명의 나무는 죄지은 인간에게 주어지지 않는다.(3:22)	강 좌우에 생명나무가 있어 열두가지 과실을 맺히되 (22:2)
저주	땅은 너를 인하여 저주를 받고 (3:17)	다시 저주가 없으며(22:3)
사단	사단은 인간을 괴롭히기 위하여 나타난다.(3:1)	사단은 영원토록 괴로움을 당하기 위하여 사라진다. (20:10)

부록 1

공관복음서 대조표

공관복음서 대조표

번호	사 건	마 태	마 가	누 가
1	예수님의 족보	1:1-17		3:23-38
2	세례요한의 출생 예고			1:5-25
3	예수님의 탄생 고지			1:26-38
4	마리아의 엘리사벳 방문			1:39-56
5	세례요한의 출생			1:57-80
6	예수의 탄생	1:18-25		2:1-7
7	아기에 대한 경배	2:1-12		2:8-20
8	예수의 할례			2:21-32
9	애굽으로 도피	2:13-15		
10	예수의 유년시대	2:22-23		2:40-52
11	12세때의 기사			2:41-52
12	세례요한의 출현	3:1-6	1:2-6	3:2-20
13	예수의 세례	3:13-17	1:9-11	3:21-22
14	예수의 시험	4:1-11	1:12-13	4:1-13
15	최초의 제자 부르심	4:18-22	1:16-20	
16	가버나움 회당에서의 예수	7:28-29	1:21-28	4:31-37
17	베드로 장모를 고치심	8:14-15	1:29-31	4:38-39
18	저녁에 병자를 고치심	8:16-17	1:32-34	4:40-41
19	1차 갈릴리 전도여행	4:23-25	1:35-39	4:42-44
20	베드로 고기를 잡음			5:1-11
21	산상수훈의 전서	5:1-2		
22	8복	5:3-12		6:20-26
23	소금과 빛	5:13-16	4:21, 9:50	14:34-35
24	율법에 대한 예수의 입장	5:17-20		16:16-17
25	살인하지 말라	5:17-20		

번 호	사 건	마 태	마 가	누 가
26	간음하지 말라	5:27-30	9:43-48	
27	이혼에 대하여	5:31-32	10:2-12	16:18
28	맹세에 대하여	5:33-37		
29	복수에 대하여	5:38-42		6:29-30
30	원수를 사랑할 것	5:43-48		6:27-28
31	구제에 대하여	6:1-4		
32	기도에 대하여	6:5-8		
33	주기도문	6:9-13		11:1-4
34	재물에 대하여	6:19-21		12:33-34
35	눈의 비유	6:22-23		11:34-36
36	두 주인의 비유	6:24		16-13
37	황금률	7:12		6:31
38	좁은 길	7:13-14		13:23-24
39	나무와 그 열매	7:15-20		6:43-45
40	거짓 선지자	7:21-23		6:46
41	집 짓는 비유	7:24-27		6:47-49
42	문둥이를 고치심	8:1-4	1:40-45	5:12-16
43	가버나움의 백부장	8:5-13		7:1-10
44	나인성 과부의 아들			7:11-17
45	풍랑을 잔잔케 하심	8:23-27	4:35-41	8:22-25
46	가다라 지방의 귀신들	8:28-34	5:1-20	8:26-39
47	중풍병자를 고치심	9:1-8	2:1-12	5:17-26
48	마태를 부르심	9:9-13	2:13-17	5:27-32
49	금식문제	9:14-17	2:18-22	5:33-39
50	야이로의 딸과 혈루증 여인	9:18:26	5:21-43	8:40-56
51	두 소경을 고치심	9:27-31		
52	벙어리를 고치심	9:32-34		11:14-15

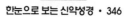

번호	사 건	마 태	마 가	누 가
53	12제자 선정	10:1-4	3:13-19	6:12-16
54	12제자 파송	10:5-16	6:7-13	9:1-6
55	제자들의 앞날	10:17-25		12:11-12
56	제자되는 조건	10:37-39		14:25-27
57	제자의 보수	10:40-42		10:16
58	세례요한의 질문	11:2-6		7:18-23
59	요한에 대한 예수의 증언	11:7-19		7:24-35
60	예수의 감사	11:25-27		10:21-23
61	안식일에 밀 이삭을 자름	12:1-8	2:23-28	6:1-5
62	안식일에 손 마른자를 고치심	12:9-14	3:1-6	6:6-11
63	예수의 반박 (발알세불)	12:22-30	3:22-27	11:14-23
64	요나의 표적	12:38-42	8:11-12	11:29-32
65	예수의 참 부모 형제	12:46-50	3:31-35	8:19-21
66	씨 뿌리는 비유	13:1-9	4:1-9	8:4-8
67	가라지 비유	13:24-30		
68	겨자씨 비유	13:31-32	4:30-32	13:18-19
69	누룩 비유	13:33		13:20-21
70	나사렛에서 배척당함	13:53-58	6:1-6	
71	세례요한의 죽음	14:3-12	6:17-29	3:19-20
72	5,000명 먹이심	14:13-21	6:32-44	9:10-17
73	바다 위를 걸으심	14:22-33	6:45-52	
74	손 씻는 유전에 대하여	15:1-20	7:1-23	11:37-41
75	가나안의 여인(수로보니게 여인) 축복하심	15:21-28	7:24-30	
76	4,000명을 먹이심	15:32-39	8:1-10	
77	베드로의 신앙고백	16:13-20	8:27-30	9:18-21
78	수난 예고	16:21-23	8:31-33	9:22
79	예수의 변모	17:1-13	9:2-13	9:28-36
80	간질병 아이를 고치심	17:14-20	9:14-29	9:37-43

번호	사 건	마 태	마 가	누 가
81	성전세 문제	17:24-27		
82	길 잃은 양 비유	18:10-14		15:3-7
83	형제의 죄에 관해서	18:15-18		17:3
84	선한 사마리아인의 비유			10:29-37
85	마르다, 마리아			10:38-42
86	이혼에 대하여	19:3-12	10:2-12	
87	어린아이를 축복하심	19:13-15	10:13-16	18:15-17
88	부자 청년	19:16-30	10:17-31	18:18-30
89	소경 바디메오를 고치심	20:29-34	10:46-52	18:35-43
90	승리의 입성	21:1-11	11:1-11	19:28-40
91	무화가 나무를 저주하심	21:18-19	11:12-14	
92	성전을 숙청하심	21:12-17	11:15-17	19:45-46
93	예수의 권위 문제	21:23-27	11:27-33	20:1-8
94	약한 농부의 비유	21:33-46	12:1-12	20:9-19
95	납세 문제	22:15-22	12:13-17	20:20-26
96	부활 문제	22:23-33	12:18-27	20:27-40
97	어느 계명의 크냐	22:34-40	12:28-34	10:25-28
98	다윗의 자손문제	22:41-46	12:35-37	20:41-44
99	바리새인의 책망	23:1-36	12:37-40	20:45-47
100	과부의 랩돈		12:41-44	21:1-4
101	성전파괴의 예언	24:1-2	13:1-2	21:5-6
102	재림의 징조	24:3-8	13:3-8	21:7-11
103	핍박의 예고	24:9-14	13:9-13	21:12-19
104	유대에서의 고난	24:15-22	13:14-20	21:20-24
105	거짓 메시야에 대한 경계	24:23-28	13:21-23	17:23-24
106	그리스도의 재림	24:29-31	13:24-27	21:22-28
107	무화과의 비유	24:32-36	13:28-32	21:29-33
108	재림의 시기	24:34-36	13:30-32	21:32-33

번호	사 건	마 태	마 가	누 가
109	예수를 죽이려는 계획	26:1-5	14:1-2	22:1-2
110	기름부음을 받으심	26:6-13	14:3-9	
111	유다의 반역	26:14-16	14:10-11	22:3-6
112	유월절의 준비	26:17-19	14:12-16	22:7-13
113	반역자의 지시	26:21-25	14:18-21	22:21-23
114	최후의 만찬	26:26-29	14:22-25	22:15-20
115	베드로의 부인의 예고	26:30-35	14:26-31	22:31-34
116	겟세마네의 기도	26:36-46	14:32-42	22:39-46
117	잡히심	26:47-56	14:43-52	22:47-53
118	공회앞에 서심	26:57-68	14:53-65	23:1-7
119	베드로의 부인	26:69-75	14:66-72	22:56-62
120	빌라도에게 넘기움	27:1-2	15:1	23:1
121	빌라도의 재판	27:11-14	15:2-5	23:2-5
122	예수냐, 바라바냐?	27:15-23	15:6-14	23:17-23
123	십자가의 판결을 받으심	27:24-26	15:15	23:24-25
124	희롱 받으심	27:27-31	15:16-20	
125	골고다에의 길	27:32-33	15:21-22	23:26-32
126	십자가에 달리심	27:34-37	15:22-26	23:33-34
127	십자가 위의 희롱	27:38-43	15:27-32	23:35-38
128	두 강도	27:44	15:27, 32b	23:39-43
129	예수 운명하심	27:45-54	15:33-39	23:44-47
130	십자가의 증인들	27:55-56	15:40-41	23:48-49
131	매장 당하심	27:57-61	15:42-47	23:50-56
132	무덤으로 간 여인들	28:1-8	16:1-8	24:1-9
133	여자들에게 나타나심	28:9-10	16:9-11	24:10
134	엠마오 도상의 두 제자		16:12-13	24:13-35
135	최후의 명령	28:18-20		24:44-49
136	승천하심		16:19-20	24:50-53

부록 2

성경 번역사

성경원본

구약성경은 주전 1450년경부터 약 1000년에 걸쳐서 히브리어로 39권이 기록되었고 신약성경은 주후 50년에서 100년 사이에 헬라어로 27권이 기록되었다. 고대 성경은 파피루스나 동물의 가죽에 기록하였기 때문에 오래 보존될 수가 없어서 지금까지 신구약 성경 어느 책도 그 단편조차 보존된 것이 없다. 그러면 성경이 어떤 경유를 통해서 오늘 우리 손에 들어오게 되었나 그 과정을 약술 한다.

1. 고대 책재료와 제본법

1) 재료(종이)

15세기 중엽에 활자 인쇄술이 발명되기 전까지는 누구나 책을 내려고 하면 반드시 손으로 써서 필요한 만큼 만들었는데 책을 쓰는데 주로 두 가지 재료를 사용하였다. 하나는 파피루스이고, 또 하나는 가죽 종이였다. 파피루스는 이집트의 삼각주(三角洲) 습지(濕地)에 풍성하게 자라는 사초과(莎草科, Sedge)에 속하는 수생(水生)식물로서, 이를 재료로 하여 만든 종이였다. 또 하나는 파피루스 보다 더 질기고 오래 가는 가죽 종이로서 주로 염소, 양, 송아지, 기타 동물의 가죽으로 만든 것이며 동물이 어릴수록 거기서 나오는 가죽 종이의 질도 더욱 좋다고 한다. 때로는 아직 어미 배에서 나오기 전 동물의 가죽을 벗겨서 피지를 만드는 경우도 있었다.

2) 제본방법

옛날 책을 만드는 제본방법은 두 가지 종류가 있었다. 첫째는 두루마리 형식으로 파피루스나 가죽 종이 조각들을 꿰매거나 풀로 붙여서 길게 만든 다음 양쪽 끝에다가 나무나 뼈나 쇠붙이로 된 둥근 막대기를 붙였다. 글을 쓸 때는 위에서부터 아래로 횡서로 썼고, 대개는 두루마리의 한쪽만을 사용하는 것이 상례였다. 또 한가지 제본형식은 코덱스(Codex)라는 것으로 가죽 종이나 파피루스를 재료로 하여 현대의 책과 비슷하게 만드는 형식이다. 종이를 몇 장이고 겹쳐 놓은 다음 그 한가운데를 접어 만드는 것인데 두루마리와는 달리 코덱스는 매 장의 앞뒤에 모두 글을 쓸 수 있는 것이 이점이 있다. 코덱스 형의 책이 여러 면으로 편리하기 때문에 두루마리형의 책을 능가하게 되었다. 교회에서도 성서 사본을 만들 때 처음에는 두루마리로 제본했다가 점차 코덱스로 바꿨다.

2. 신구약 고대 사본 (寫本)

성경이 문서화되었지만 그 재료가 파피루스나 종이였기 때문에 오래 보존될 수가 없어 필요에 따라 계속 사본을 만들어 왔다. 현존하는 신구약 성경 고대사본으로 유명한 것은 아래와 같다. 먼저 구약성경 사본은 두 개가 있다.

1) 맛소라 사본

기원 후 9세기말에 맛소라(Massora)학자라고 하는 유대인 학자들에 의해서 필사되어 편찬된 것이다. 여기에는 예언서가 기록된 카이로 사본(895년), 구약 전문이 기록된 알렙포(Aleppo) 사본(925년경), 레닌그라드 사본(1108년) 등이 있다.

2) 사해 사본

1947년 이스라엘의 사해 서북 연안의 쿰란(Qumran)이란 곳에 있는 동굴들 속에서 고대의 두루마리 책들이 발견되었는데 이것이 바로 사해 사본이다. 거기서 구약의 에스더서를 제외한 모든 책의 사본들을 얻을 수 있었다. 주후 100-200년 어간에 기록된 것으로 판명되었다. 그러므로 지금까지 알려진 9세기 사본보다 1000년이나 더 오래된 것들이다. 놀라운 사실은 이 낡은 사본들이 맛소라 원문과 일치한다는 사실을 발견하게 된 것이다. 신약성경 사본의 경우 19세기 이후로 중요한 고대 사본들이 많이 발견되었다.

3) 시내산 사본

1859년에 독일 학자 티센도르프(C. von Tischendorf)가 시내산에 있는 한 수도원에서 그 유명한 시내산 사본(Codex)을 발견하였다. 이것은 4세기의 것으로 훌륭한 양피에 기록된 헬라어 성서 사본이며 지금 대영 박물관에 보존되어 있다.

4) 워싱톤 사본

1906년에 프리어(C. L. Freer)가 이집트 카이로의 고물상인에게서 산 4복음서 사본은 4세기 말 내지 5세기초에 필사된 것으로 지금은 미국 워싱턴 프리어 미술관에 보관되어 있다. 이외에도 많은 신약 성경 사본들이 발견되고 있다. 1935년에 고문서 학자 로버츠(C. H. Roberts)가 발견한 작은 사본 조각은 신약 사본 중 가장 낡은 것으로 알려져 있으며, 2세기 전반기에 된 것으로 보고 있다. 요한복음 18장의 내용 중 약 30단어를 포함하고 있는 작은 조각 두 개이다. 지금까지 발견된 신약성경 사본들은 약 5,500개나 된다.

3. 고대 역본 (譯本)

구약은 히브리 민족이 사용하였던 히브리서로 기록되었고 신약은 헬라
어로 기록되었다. 신약성경을 기록할 당시는 헬라 문명이 지중해 연안 일
대를 좌우하던 시대였다. 정치적으로 로마 제국이 세도를 쓰던 때였지만
알렉산더 대왕 이래로(기원전 330년경부터) 누구나 헬라어를 말하며 이해
할 수 있었다. 가장 통속적이고 평범한 헬라어로서 그때의 하류 사회에서
까지 사용되던 말이 코이네 헬라어였다. 그러므로 만민을 위한 하나님의
복음이 당시의 세계어였던 코이네 헬라어로 기록되었다는 것은 너무나 당
연하였다. 그러나 하나님의 말씀은 반드시 히브리어를 말하는 사람이나
헬라어를 말하는 사람에게만 주어진 것은 아니다. 그러므로 때가 되고 필
요한 환경이 될 때에 필연적으로 다른 언어로 번역하게 되었다. 역본 가운
데 중요한 것은 다음과 같다.

1) 헬라어 역 (70인역)

기원전 3,4세기에 이르러 특히 팔레스틴 이외의 지방에서는 히브리어
를 이해하는 사람이 별로 없었다. 기원전 280년경, 이집트의 알렉산드리
아에 있던 헬라어를 하는 유대인들과 이방인들을 위해서 구약의 5경이
먼저 헬라어로 번역되었고 뒤이어 나머지 부분들도 번역되었다. 그것을
'칠십인역'이라고 부른다. 70명이 70일 동안에 번역했다는 전설에서 온
이름이라고 한다. 이 번역 성서는 히브리어 성서보다 널리 퍼지고 읽혀졌
으며, 대개의 신약 기자들은 히브리어 원문 성서보다도 이 번역 성서를
인용하는 예가 더 많았다.

2) 아람어 역 (탈굼)

예수가 탄생하기 전 시대의 팔레스틴 주민들은 히브리어보다 아람어에

더 익숙했다. 따라서 회당에서 예배할 때 히브리어 성서를 읽고는 반드시 아람어로 번역해 주는 것이 통례였다. 이렇게 아람어로 번역하는 것이 구두로 전승되어 내려오다가 후대에는 그것이 고정되어 성문화하게 되었고, 마침내 탈굼(Targum)이란 책이 형성되었다. 다시 말해서 히브리어 성서의 아람어 번역 내지 해석(Paraphrase)이 탈굼인 것이다.

3) 라틴어 역 (라틴 벌게이트)

그리스도교가 급속하게 전파되자 복음이 들어가는 곳마다 자국어로 성경을 번역했다.

2세기에는 수리아어와 라틴어로 3세기에는 애굽어로 번역되었고 그 후 계속 번역이 이루어져 4-5세기에는 에디오피아, 누비아(Nubia), 속디아나(Sogdiana), 아라비아(Arabia), 불가리아(Bul-garia) 등지에서도 성서의 전부 내지 일부분이 앞다투어 번역되기에 이르렀다.

한편으로 날이 갈수록 헬라 문명은 쇠퇴하고 헬라어의 세력도 감퇴되어 갔다. 반면에 로마의 세력이 팽창하며 라틴어가 군림하게 되면서, 성서를 라틴어로 번역하는 일이 다반사(茶飯事)로 되어 버렸다. 헬라어와 라틴어를 할 줄 안다고 생각한 사람마다 성경 번역에 나섰다. 사정이 이렇게 되니 성서 번역의 통일성이 있을 수 없고, 잘못된 번역들이 수 없이 나돌아 혼란을 빚어낼 수 밖에 없었다.

그래서 4세기말에 다마수스(Damasus)라는 로마 감독이 당시의 유명한 성서학자 제롬에게 부탁하여 표준적인 번역을 만들게 하였다. 이것을 라틴 벌게이트(Latin Vulgate)라고 하며, 로마 카톨릭교회의 공식성서로 정해졌다.

4. 한국 성경번역사

1) 해방 이전

한국에 그리스도교가 언제 전래되었는지는 정확히 알 수 없다. 임진왜란 (1592) 때에 천주교 신부가 일본 장군 고시니 유키나와(小西行長)와 함께 건너왔다는 이야기가 있으나 그리스도교가 한국에 전래되었다고는 볼 수 없다. 그리스도교가 전래된다면 직접 간접으로 성서와의 관련이 있을 수밖에 없다. 그러나 천주교가 한국에 포교되기 시작하고 상당한 교세를 가지게 될 때까지도 성서에 대한 작업은 특기할 만한 것이 없었다. 다만 1795- 1800년 어간에 이가환(李家煥), 정약종(丁若種) 두 사람이 천주교 성서를 번역하였다고 하는데 구체적인 내용은 잘 알려져 있지 않다. 그러나 천주교보다 200년이나 늦게 들어온 개신교는 성경에 대한 관심이 많았다.

1832년 화란 선교사 귀츨라프 목사가 한국의 왕에게 성경을 봉정했다는 기록이 남아있고, 또한 그가 홍주 고대도에서 얼마동안 머물면서 주기도문을 한글로 번역하였다고 했다. 그것이 한글 성경 번역의 효시라고 할 수 있다. 그후에 1865년 토마스(R. J Ttomas)목사가 황해도 해안에 와서 한문 성경을 전파하였고 대동강을 따라 평양 근처에서 순교하기까지 성경을 전했다. 성경을 한국말로 처음 번역한 개신교 선교사는 스코틀랜드 연합 장로회 존 로스(John Ross)선교사이다. 로스 선교사는 쇄국 정책으로 한국에 들어오지는 못했지만 만주 심양을 근거지로 성경번역을 통한 전도를 시도하여 마침내 1875년 봄 한국어를 배우며 한문 성경을 한글로 번역하는 일을 시작하였다. 뒤에 이응찬(李應贊), 백홍준(白鴻俊) 두 사람이 협력하여 마침내 1882년 말에 처음으로 누가복음을 완역했다. 출판은 일본으로 보내어 거기서 활자를 만들어 이듬해인 1883년에 3,000부를 발행하였다. 1883년 중에 요한복음이 번역되고 계속 인쇄, 출판하게 되었다. 이

두 복음은 압록강을 건너가지는 못하였고, 다만 만주에 와서 사는 많은 정치 망명객들과 기타 거류민들에게 전파되었다. 그후 로스 목사는 같은 계통에서 파송된 매킨타이어(John McIntire) 선교사와 협력하여 1887년에 신약성경 전권을 번역하였다. 그 책의 이름은 『예수셩교 젼셔』라 하였다.

한편 일본에서는 미국 성서공회가 1884년 한문으로 된 4복음서와 사도행전을 이두(吏讀)로 토를 달아 3,000부를 인쇄하였다. 이때 토를 다는 일을 맡았던 사람이 한국 관비 유학생 이수정(李樹廷)이었다. 그는 같은 해에 마가복음을 한국어로 번역하였고 1885년에 언더우드 목사, 아펜젤러 목사가 이 한글 성서를 가지고 개신교 목사로서는 처음으로 한국에 들어왔다. 이와 같이 외국 선교사들이 한국 땅을 밟기 전에 이미 성경이 한국인들의 손에 의해서 번역되었고 선교사들이 그 성경을 손에 들고 선교를 시작했다는 것은 놀라운 사실이며 선교 역사상 좀처럼 그 유래를 찾아볼 수 없는 한국 선교 사업의 독특한 특징이다. 여기까지는 한글 성경 번역 사업이 외국에서 이루어졌던 것이다.

1882년 한국 문호가 개방되고 개신교 선교사들이 자유로이 입국 할 수 있게 되자 처음으로 입국한 선교사는 의사 알렌이었고(1884), 그 이듬해에 언더우드(H. G. Underwood)와 아펜젤러(H. G. Appenzeller)가 도착하였다. 그 후 계속하여 많은 선교사들이 입국했다. 이렇게 선교를 시작한 선교사들은 성경 번역의 시급함을 느끼고 성경 번역을 활발하게 개시했다. 1887년 아펜젤러 역 마가복음이 나오고 1890년에 언더우드 역 누가복음과 스크랜톤 역 로마서가 나왔다. 한편 1887년에 이미 한국 성경 위원회가 조직 되었고, 1892년에는 언더우드, 아펜젤러, 스크랜톤 3인 공역인 최초의 번역 위원회역 마태복음이 나왔다. 1893년에는 공선 번역 위원회가 또 조직이 되었고 초대 번역 위원은 언더우드, 아펜젤러, 스크랜톤, 트롤롭

(M. N. Trollop, 성공회 주교), 게일(J. S Gale), 레이놀즈(W. D. Reynolds) 등이었다. 1895년에는 이 위원회 역으로 4복음서와 사도행전이 번역되고 그것을 합본하여 '신약 전서'라고 하였다. 1897년에는 골로새서와 베드로전·후서, 다음 해에는 계시록을 제외한 나머지 신약성서 전부가 번역되고 1900년 5월에 신약 전서가 완역되어 9월 9일 서울 정동 감리교회에서 축하 예배를 드렸다.

1900년에 신약성서를 완역하였지만 미흡한 점이 많이 발견되어 계속 개역할 것을 작정하고 작업에 착수하였다. 성서 번역 사업이 순탄하기만 한 것은 아니었다. 레이놀즈 목사가 주재하는 위원회가 목포에서 모이게 되어, 아펜젤러 목사와 그의 어학 선생 조한규(趙漢奎)씨는 인천에서 배를 타고 목포로 향하던 중 밤 안개 때문에 다른 배와 충돌하여 파선하면서 이 두 사람이 희생되고 말았다. 이 두 분은 한국 성서 번역사상 최초의 순교자들이었다. 아펜젤러 목사 서거 후에 존스(G. H. Jones) 목사가 번역 위원으로 임명되었다. 1904년에 신약 전서가 개역, 완료되었고, 1906년에는 그것을 재수정하여 결정본으로, 공인역으로 출판하였다. 성경번역은 단번으로 완역할 수가 없기에 1937년에 다시 개역성경이 나와 일제 말기를 지나 8·15해방을 거쳐 오늘까지 한국교회 공인 성경으로 사용되고 있다.

2) 광복이후

광복을 맞은 한국교회는 혼란스러웠다. 광복 전에는 일본의 탄압 아래서 공동전선을 폈으나 자유를 누리게 되자 저마다 자기 길을 가면서 많은 혼란을 가져오고 차분한 안정을 얻기까지 상당한 시간이 걸렸다.

1957년 재경 중견학자들로 복음동회지가 결성되어 마태복음 번역에 착수했다. 마태복음 한 책을 번역하기 위해서 무려 116회라는 회합을 가진 후 마침내 1961년 1월 25일에 세상에 내어놓게 되었다. 순전히 한국 학자들만의 공동 노력으로 번역한 첫 사례이다.

성서공회가 1960년 9월부터 한국 사람이면 누구나 이해하기 쉽도록 신약성경 새 번역사업에 착수하여 번역 위원들의 작업만도 만 4년 반이 걸렸고, 원문 대조 위원, 문장 위원들의 막대한 노고를 거쳐 마침내 1967년 12월 15일에 새 번역이 출판되었던 것이다. 한글 고문으로 한갑수 선생이 얼마 동안 수고하였고 문장 위원으로는 전영택, 안신영, 임한영, 박영준, 석용원, 김재준 제씨가, 원문 대조 위원으로는 지원용, 윤성법, 곽안전 제씨가 수고하였다. 서기는 정용섭 목사가 수고하였다.

1968년 2월 15일에 신·구교가 협력하여 공동으로 성경을 번역하기 위하여 신·구교 성경 번역 공동위원회를 조직하였다. 위원으로 구교측에 백민관 신부, 최창덕 신부, 김창렬 신부(사정상 사퇴), 평신도측에 김진만 교수(성공회), 이근섭 교수(감리교), 신교측에 정용섭 목사(성서공회 직원), 박창환 목사가 임명되었다. 신약은 성서공회가 번역한 신약 새번역을 토대로 약 2년동안 작업을 끝냈고 그 다음 구약번역에 들어가서 마침내 1977년 부활주일에 공동번역 성서가 출판되었다. 특별한 것은 구약성경에 외경 14경 가운데 11경이 포함되어 있다. 세계성경 번역 역사상 신·구 공동번역을 낸 것은 한국이 처음이었다. 공동번역이 출판되자, 천주교회에서는 대대적으로 환영하고, 모두가 앞다투어 그것을 사용했지만, 개신교에서는 고유명사가 많이 달라졌다든가, 특히 '하나님'이 '하느님'으로 바뀌었다든가, 과격한 표현이 있다든가, 과도한 의역이라는 등의 이유로 어느 교단도 수락하지 않았다.

한편 '생명의 말씀사'에서는 성경을 읽는 사람은 누구다 다 이해할 수 있게 하는 것을 목적으로 영어판 '리빙 바이블'을 기초로 하여 1977년에 〈현대인의 성경 신약〉을, 그리고 1985년에는 〈현대인의 성경〉을 출판했다.